国家社科基金项目

新疆南疆产业结构调整
与劳动力转移就业问题研究

苏　荟　张继伟　著

中国农业出版社
农村读物出版社
北　京

图书在版编目（CIP）数据

新疆南疆产业结构调整与劳动力转移就业问题研究 /
苏荟，张继伟著. —北京：中国农业出版社，2022.9
ISBN 978-7-109-29539-1

Ⅰ.①新… Ⅱ.①苏… ②张… Ⅲ.①产业结构调整
－研究－南疆②农村劳动力－劳动力转移－研究－南疆③
农村劳动力－劳动就业－研究－南疆 Ⅳ.①F269.274.5
②F323.6

中国版本图书馆 CIP 数据核字（2022）第 103237 号

中国农业出版社出版
地址：北京市朝阳区麦子店街 18 号楼
邮编：100125
责任编辑：赵　刚
责任校对：吴丽婷
印刷：北京中兴印刷有限公司
版次：2022 年 9 月第 1 版
印次：2022 年 9 月北京第 1 次印刷
发行：新华书店北京发行所
开本：720mm×960mm　1/16
印张：14.5
字数：220 千字
定价：68.00 元

摘　要

ABSTRACT

新疆南疆地区经济社会发展相对落后，贫困问题较突出，特别是南疆三地州，经济社会发展滞后，产业结构不合理，吸纳劳动力就业的劳动力密集型产业没有聚集，劳动力就业压力大。南疆稳定和边疆地区国家安全，归根结底要依靠南疆经济社会快速发展，提高劳动力收入，提升人民生活水平，提高教育发展和水平，弘扬中华民族先进文化，增强各族人民的凝聚力。稳边固疆，经济是基础，劳动力转移是致富南疆人民的重要路径，产业结构调整是劳动力转移的重要途径。而调整产业结构配比，促进产业结构优化转型，提升产业结构布局是实现劳动力转移，促进劳动力收入增长，维护边疆安全的重要途径。

基于此，本研究结合宏观数据与微观调研数据，采用多学科交叉研究以及实证研究的方法，依次探究了新疆南疆劳动力转移就业与边疆安全的相互关系、产业结构调整背景下南疆劳动力转移对就业收入的影响、南疆产业结构调整对劳动力转移就业的影响，以及南疆产业结构调整的战略选择和产业布局等内容。研究发现，随着受教育水平的提高，不断积累的人力资本水平能够帮助南疆劳动力最大限度地理解政府的相关转移就业政策，对维护国家统一和反"三股势力"有着进一步的正确认识；在南疆劳动力培训中进行国家安全教育的效果是显著的，劳动力通过培训不仅能够获得专业的职业技能，还能通过安全教育提高维护边疆稳定和社会和谐发展的意识；教育对南疆农村转移劳动力收入具有正向作用，但随着南疆农村转移劳动力教育层次的不断提高，学校教育对收入的影响高于职业培训，而学校教育和职业培训的交互作用可以共同促进南疆农村转移劳动力获得较高收益，但需合理控制培训次数，提升培训质量；城乡收入差距为南疆劳动力转移提供了正向信号，农业技术进步也为南疆劳动力转移形成了"推力"，南疆产业结构升级未能够为劳动力转移提供"拉力"，从而形成了劳动力转移的"倒逼"机制。南疆劳动力质量与产业结构调整需求不匹配，导致劳动力转移作用较低，南疆劳动力转移能够促进产业结构调整。

对此，本研究认为：第一，充分发挥维护边疆社会稳定的政府职能，构建和谐劳动力转移就业环境。第二，加快南疆新型城镇化进程，促进城乡统筹发展，实现社会稳定、长治久安。第三，优化南疆地区产业结构调整战略，拓展南疆产业发展空间。第四，强化南疆教育培训体系，提高南疆劳动力转移就业能力。第五，完善南疆劳动力就业市场制度，鼓励南疆劳动力理性教育投资。第六，倾斜公共财政资源，保障南疆地区公共服务质量。第七，规范南疆劳动力社会保障制度，营造良好的就业环境。第八，加大财税扶持力度，促进中小微劳动密集型产业发展。

关键词：边疆安全；产业结构调整；劳动力转移；新疆南疆

目 录 CONTENTS

第六章　南疆产业结构调整背景下人力资本对转移就业
　　　　劳动力收入的影响研究 ············· 120

第一章

绪　论

第一节　研究背景及意义

一、研究背景

新疆地处我国西北边疆，国界线长 5 600 多千米，约占我国陆地国界线总长的 1/4，与多国接壤，是我国国界线最长的省区。新疆的地理特征是"三山夹两盆"，以天山为分界，将新疆划分为北疆地区和南疆地区。20 世纪 90 年代以来，南疆地区在我国经济、能源、国土安全等战略中的地位越来越重要，随着 2015 年"一带一路"倡议的实施，新疆成为连接中亚以及欧洲地区的重要节点。但是新疆经济社会发展水平还比较落后、区域内经济发展不平衡等状况，在很大程度上制约了这一作用的发挥。新疆南疆区域内经济发展落后，既有历史、自然、文化等方面因素，也与产业结构调整与劳动力人力资源开发不足有密切关系。环塔克拉玛干沙漠的绿洲区虽地理位置偏僻，但仍是南疆地区人民主要聚居区。区域内生态脆弱，居民主要以农业为主，人多地少。南疆地区人口分布以少数民族人口为主，根据《新疆统计年鉴》数据显示，2018 年南疆地区少数民族人口数占地区总人口数的 86.8%，且大多信仰宗教。南疆地区居民在语言、文化和生活习惯等方面具有很强的区域特点。南疆地区少数民族劳动力由于语言因素制约很难在新疆以外的省区生活和发展，又受宗教、传统习俗等因素影响，部分劳动力生产经营和生活观念较陈旧，劳动力的转移和输出受到极大的限制。同时，新疆由于社会经济发展水平较为落后，居民整体受教育程度不高。据《2018 年中国统计年鉴》数据分析，新疆地区劳动力受教育程度占比为：未上过学人数占比为 1.4%，受小学教育人数占比为 16.3%，初中教育人数占比为 40.7%，普通高中教育人数占比为 10.6%，大学专科及以上学历人数占比为 23.9%。南疆地区地处偏远，经济发展水平落后，2017 年南疆五地州地区国内生产总值仅占全疆的 28.61%，教育水平的落后进一步导致了劳动力文化水平和生产技能低，致使南疆地区劳动力自身人力资本存量较低，劳动力就业困难。

新疆南疆地区第二、三产业发展起步较晚，通过对《新疆统计年鉴》数据整理分析可以发现，直到 2015 年，第一产业产值占比是 24.34%，第二产业产值占比为 38.69%，第三产业产值占比为 36.98%，反映出南疆地区产业结构仍然处于"二、三、一"橄榄球型结构状态。虽然近两年来，随着南疆地区旅游业及其他相关行业的发展，第三产业得到了迅猛发展，但是截至2017 年，第二产业产值比重下降速率大于第一产业下降速率，其下降速率是第一产业的 2.3 倍。[①] 且南疆地区发展初期第二产业以重化工业（石油化工产业）为主，对资本投入依赖程度较高，后期发展增长速度出现减缓甚至负增长现象。配第一克拉克定理提出，随着经济发展，劳动力依次由一产向二、三产业移动，第二、三产业中就业人口比重逐步增加。受产业结构升级和城乡收入差距的影响，大量农村剩余劳动力会选择转移就业，他们有的选择在产业间流动，有的选择进入就业率和收入较高的城市就业。产业结构不合理，劳动力缺乏职业技能导致人力资本积累水平低，形成南疆劳动力在转移就业效率增长以及劳动力工资收入增长缓慢等问题。南疆地区经济社会发展相对落后，贫困问题较突出，特别是南疆三地州，经济社会发展滞后，产业结构不合理，吸纳劳动力就业的劳动力密集型产业没有聚集，劳动力就业压力大，对南疆地区边疆稳定及国家安全有一定影响。南疆稳定和边疆地区国家安全，归根结底要依靠南疆经济社会快速发展，提高劳动力收入，提升人民生活水平，提高教育发展和水平，弘扬中华民族先进文化，增强各族人民的凝聚力。稳边固疆，经济是基础，劳动力转移是致富南疆人民的重要路径，产业结构调整是劳动力转移的重要途径。而调整产业结构配比，促进产业结构优化转型，是实现劳动力转移，促进劳动力收入增长，维护边疆安全的重要途径。

近年来，国家加大对西部地区的扶持力度，新疆地区产业结构有了较大调整。2010 年《新疆维吾尔自治区人民政府工作报告》指出，第一产业要

---

① 数据来源：《2018 年新疆统计年鉴》。

以市场为主导，调整结构为主线，发展现代农业，实现农民增收。第二产业着力推动信息化和工业化融合，加速新型工业化进程，培养特色优势产业，提高经济发展的质量与效益，实现重化工业向轻工业的转型。第三产业要满足人民群众的多维度需求，重点发展旅游、文化等产业的同时，加强社区、养老以及市政公用事业等，完善现代农村社会化服务体系，稳步推进"万村千乡市场工程""双百市场工程"建设。① 同年，新疆维吾尔自治区政府出台了《关于做好去冬今春农业富余劳动力转移就业培训工作的通知》要求，加快推进农业富余劳动力转移就业工作，大力开展劳动力转移就业培训。为进一步有效促进南疆农村劳动力转移就业，改善南疆民生问题，新疆根据《关于开展固定资产投资项目促进农村劳动力技能培训工作的通知》成立相应的管理部门以及监督组织，鼓励南疆更多的农村劳动力积极参与技能培训，切实提高劳动力的人力资本积累水平。② 2012 年 2 月，通过对西部大开发"十二五"规划进行解读，国家发改委明确了战略部署的基本思路。根据国内外市场变化，实施西部大开发战略，根据地区特点与优势，结合科学技术，瞄准产业结构调整的关键时期，发展特色经济与优势产业，形成新的经济增长点。加强农业基础，发展现代化农业；合理开发应用地区资源，加快工业调整、改组，依靠地区优势发展旅游业等。2018 年，自治区继续实施《促进企业就业服务"千乡万村"行动计划》，该计划明确指出应统筹各地就业资源，深入开展就业服务，及时为劳动力提供就业信息，以农村贫困劳动力为主要扶贫对象，充分发挥企业吸纳就业的主渠道作用，促进城乡富余劳动力就业，帮助南疆四地州贫困地区脱贫，实现企业稳定就业和增收脱贫目标。就业是民生之本，产业结构优化升级，带来了大量的就业机会，提高劳动力的工资收入水平，进而消除贫困状态，有助于民族团结、社会和谐，提高社会认同感和社会凝聚力。

二、研究意义

本项目针对新疆南疆地区产业结构调整与劳动力转移就业的问题，从边

① 中国政府网 . http：//www. gov. cn/test/2010 - 02/05/content _ 1528810 _ 3. htm.
② 新疆维吾尔自治区人力资源和社会保障厅 . http：//www. xjrs. gov. cn/zwgk/zxfb/201106/t5236. html.

疆安全的视角，分析南疆地区产业结构调整对南疆地区农村剩余劳动力转移就业的重要作用和实现途径，提出促进产业结构调整和劳动力转移就业的途径及策略。

第一，新疆南疆产业结构与劳动力专业具有不合理性与特殊性。一是产业发展所依赖的自然禀赋不丰富。南疆地区人口居住在环塔克拉玛干沙漠周边的绿洲地区，以主要以维吾尔族、柯尔克孜族等民族居民为主，少数民族居民擅长农牧，主要以第一产业为主，而农业的耕地和水资源又十分稀缺。新疆南疆是我国"西气东输"起始地且有着丰富的石油资源。但是，第二产业生产值主要来自以塔里木油气资源开发以及以油气资源为基础建立的重化工业；由于油气开发及重化工产业属于资本密集型产业，劳动力吸纳能力有限，也随着大量矿产资源的消耗，第二产业发展潜力不足。南疆地区位于内陆深处，接壤中亚诸多国家，地域辽阔，劳动力丰富并且价格较低，吸引了大批内地以及外商前来投资建厂，虽在很大程度上推动了南疆地区的第二产业发展，但是，企业发展所依赖的原材料采购、产品销售等产业链由于空间距离及交通等受到较大制约。二是产业结构调整所用人力资本的特殊性。南疆地区社会经济水平较为落后，教育资源不够充足，劳动力受教育程度较低。尤其是少数民族人口占地区总人口比重为86.8%，很多少数民族劳动力文化程度低，不懂国家通用语言，在进行劳动力转移时因受文化程度、语言、宗教、习俗等因素制约，劳动力转移就业难度较大。此外，南疆近邻中亚、南亚国家，印度、巴基斯坦、阿富汗等国家局部动荡不安，恐怖活动、跨境犯罪活动时有发生，因此，南疆面临生态环境和国际环境都十分特殊。三是劳动力转移的动力机制和模式特殊。南疆劳动力受自身素质、自然禀赋和社会环境等制约靠个人自主转移很难，南疆劳动力转移需要以政府为主推动劳动力转移。四是产业结构调整和劳动力转移的功能和意义特殊。南疆地区产业结构调整可为农村劳动力提供就业机会，增加农民收入水平，解决地区三农问题，而更重要的功能是提高劳动力就业技能和基本素质，提升基层群众反恐维稳力量，保障南疆社会稳定，具有维护新疆稳定和国家安全的重大战略意义。五是产业结构调整与劳动力转移路径的特殊性。随着新兴科技以及信息化的发展，南疆开始从石油化工业占工业生产值较大比例向轻工业劳动密集型产业生产值逐渐增加的趋势转变，要积极引导发展纺织服装业、农产品加工业等为主的劳动密集型产业。基于南疆劳动力转移就业受其自身特征、所处环境、转移功能和意义的特殊性，探索南疆劳动力转移的特殊路径以及适应优化升级的产业发展方向和战略导向，以达到通过产业结构调整与劳动力转移相协调发展最终推动劳动力收入增长、维护边疆稳定双重功能的目标，这也是本课题研究价值和意义所在。

稳边固疆，经济是基础，劳动力转移是致富南疆人民的重要路径，产业结构调整是劳动力转移的重要途径。转移过程中的劳动力素质提升及文化价值观的认同，是符合国家维护边疆稳定的中长期战略。从新疆南疆产业结构调整与劳动力转移的特殊性及转移制约因素分析可知，经济发展落后影响了教育，教育水平落后影响了劳动力的素质，从而使得产业结构调整没有得到及时的人力资本补充进而影响经济发展。南疆地区由于多种原因，产业发展与新疆北疆及全国水平相差较远，不合理的产业结构是制约南疆劳动力转移的重要影响因素，优化产业结构是破解劳动力转移困局的重要途径，更是促进劳动力转移与边疆稳定的举措。

第二，就理论层面来看，本课题揭示了南疆产业结构调整、劳动力转移与边疆稳定三者的内在关系和互动机制。以边疆安全视角为切入点，针对新疆南疆产业结构调整问题进行研究，并将南疆地区少数民族劳动力转移就业与产业结构优化升级结合起来，有利于扩大就业进行就地转移，可避免少数民族劳动力因语言、习俗等因素造成的向内地异地转移的困难和问题，并将二者与南疆稳定和国家安全联系起来，运用多学科理论和方法系统探讨二者对国家安全的影响。

第三，就实践层面而言，首先，本课题提出了新疆南疆产业结构调整与劳动力转移就业的特殊保障政策。南疆劳动力转移具有特殊性，市场机制对南疆劳动力转移作用有限，基于边疆安全和国家战略基础上的政府主导是必不可少的，本书提出了促进南疆产业结构调整与劳动力转移协调发展和有利于南疆稳定的政策建议。其次，为新疆反恐维稳和稳疆兴疆提供了思路。在生态环境和区域特性限制条件下，本书提出了南疆产业调整战略及主导产业选择，探索适合南疆劳动力转移的路径和模式。南疆城镇化水平低，农村人口占绝大多数，南疆产业结构优化有利于劳动力就地消化，劳动力通过转移就业既提高农民收入，繁荣了区域经济；同时，农村劳动力转移过程前、中、后的专业技能培训和意识形态教育的全程跟进，能提高了农民素质和民族团结意识，推动文化交流，从经济、政治、文化、教育等多方面推动南疆反恐维稳工作，是解决各民族团结、共同富裕及新疆长治久安的重要思路，可为政府解决南疆经济发展问题提供政策建议。

三、研究综述

(一) 国外研究现状述评

有关产业结构的研究，国外经典文献有配第、克拉克、库兹涅茨、霍夫曼等研究成果。英国经济学家与统计学家柯林·克拉克在《经济进步的诸条件》一书中，阐述了产业结构与就业结构的相关性。他将三大产业进行结构分类，在此基础下研究各产业劳动力在各产业经济增长中所占的比重。同时，克拉克发现产业结构的变动与经济发展两者之间具有很强的规律性，该规律对劳动力的分配有着重大影响。克拉克选取多个国家为样本，深入研究了劳动力在各产业中的分配和转移规律。克拉克最终认为，随着各国（地区）经济发展总量的提升，劳动力从第一产业逐渐转移到第二和第三产业。[1] 此外，威廉·配第也同样发现了以上规律，为此该规律被合称为"配第—克拉克定理"。配第—克拉克定理提出劳动力在三次产业中的分布规律，随着经济发展，劳动力依次由一产向二、三产业移动，第二、三产业中就业人口比重逐步增加。库兹涅茨从国民收入和劳动力两个方面对产业结构演变规律做了研究，指出在整个工业化时期，产业结构转换为第一产业创造财富和吸收就业的比例逐渐转移到第二、三产业，在工业化前中后三个时期，三次产业及吸纳劳动力的比例逐步调整。[2] 霍夫曼分析了制造业中消费资料工业和资本资料工业的比例关系，即"霍夫曼比例"，指出在工业化的进程中，该比例呈下降趋势。此外，钱纳里的研究、赤松要提出的雁行形态说等都对产业结构演进提出相应的观点。Rostow 将宏观经济增长与主导产业联系在一起，提出：当一国的经济增长由"主导部门"带动时，经济成长阶段的变化规律就表现为"主导部门"的变化。然后他进一步论证了资金支持成为制

---

① Clack C. The conditions of economic progress [M]. London：Macmillan and Company，1940.
② 西蒙·库兹涅茨. 各国的经济增长 [M]. 常勋等，译. 北京：商务印书馆，1985.

约一国主导产业的发展的最大的瓶颈，一个良好的经济基础显得尤为重要。Mortensen 和 Pissarides（1999）通过研究发现劳动力就业结构改变是由来自于社会、国际制度以及生产力发展水平等不同方面的因素共同配合产生的影响，但是这些生产要素的变化往往是与科学技术的进步分不开的。新技术的出现打破了旧的劳动力就业结构，新的部门与行业的出现为劳动力市场带来了更多的就业机会。① Iammarino 和 Mccann（2006）研究认为影响产业集群发展的因素中，技术创新有重要作用，通过技术创新可以提供更多的就业岗位，对当地的就业率有提升作用。② Drucker（2013）在研究产业结构与就业变迁的关联性时，通过建立非因果回归框架研究发现区域就业变迁与产业发展之间的重要性。③

有关劳动力转移的研究，国外经典理论有刘易斯（W. A. Lewis）的二元经济模型、拉尼斯—费景汉模型（Fei - Ranis Model）、乔根森（Dale W. Jorgenson）模型、托达罗（M. P. Todaro）和哈里斯（Harris）的人口流动模型等，这些理论解释了发展中国家农村劳动力转移的动力、特点及机制等。Lewis 认为农业存在着边际生产力为零的剩余劳动力，揭示了发展中国家存在"二元经济结构"，因此农业剩余劳动力存在非农化转移，并能够促使二元经济结构逐步消减。④ Fei - Ranis Model 认为农村剩余劳动力并非无限供给，劳动力在农业与工业间的流转方式以及速度主要是由市场机制决定的。⑤ Jorgenson 认为劳动力转移的动力在于需求结构和消费结构的改变，否定存在劳动边际生产力为零的现象，在农业存在大量剩余的基础上，农业劳动力转移才有可能实现。⑥ Todaro 等认为农业劳动力转移是城乡经济结构

① Mortensen D. T. ， C. A. Pissarides. Unemployment Responses to ' Skilled - Biased ' Technology Shocks：The Role of Labour Market Policy ［J］. Economic Journal，1999（4）：65 - 72.

② Iammarino S，Mccann P. The structure and evolution of industrial clusters：Transactions，technology and knowledge spillovers ［J］. Research Policy，2006，35（7）：1018 - 1036.

③ Drucker J. An Evaluation of Competitive Industrial Structure and Regional Manufacturing Employment Change ［J］. Regional Studies，2013，49（9）：1 - 16.

④ 刘易斯．二元经济论［M］. 北京：经济学院出版社．1989.

⑤ Gustavranis，John C. H. Fei. A Theory of Economic Development ［J］. The American Econmic Review，1961，51（4）：533 - 558.

⑥ W. Jorgenon. The Development of a Dual Economy ［J］. The Economic Journal，1961，71（282）：303 - 334.

差异及迁移者对迁移成本和效益的权衡，其动力取决于城乡实际收入差异、城市就业率和预期收入。[①] Mary Tiffen（2003）从二元经济结构的角度，分析发现撒哈拉以南非洲地区劳动力转移问题是由城乡经济的二元结构导致。城市化进程的不断推进伴随着农村劳动力向城市不断涌入，如要稳定就业，就需要找到通过农村劳动人民转化而来的城市劳动力稳定的供给者。[②] Autor和Dorn（2013）指出，人才是一个国家从"人口大国"转化成为"人力资源强国"的基本保障要素，提高国家经济核心竞争力的根本途径是培养具有创新能力的，与产业结构调整、新兴行业相适应的新时代劳动力。[③] Acharya（2017）认为随着产业技术的发展，对劳动力的职业技能要求也有所提升，为促使企业更好地适应市场变化，企业更倾向于选择高技能工人，这些行为对劳动力市场结构进行着逐渐的调整。[④]

（二）国内研究现状述评

国内有着丰富的关于劳动力转移研究的成果，蔡昉、陈吉元、杜鹰等学者有关人口转移与城市化工业化进程研究，[⑤][⑥] 林毅夫（2004）等有关劳动力转移的动因及影响因素分析，认为改革开放后中国经济的快速发展，城镇化、工业化进程及收入差距等推动劳动力流动，劳动力流动受自身素质、教育、户籍等因素影响。[⑦] 就农村劳动力转移模式而言，国内研究借助国外经典理论提出了中国农村剩余劳动力转移的模式。一是就地转移模式。发展二三产业，就地消化农村剩余劳动力。二是异地转移模式。地方政府积极引导劳务输出，流动到国内外。三是多元复合转移模式。就地和异地转移结合，

---

① John R. Harris，Michall P. Todaro. Migration，Unemployment and Development：A Two-sector Analysis [J]. The Economic Journal，1970，60（1）：126-142.

② Mary Tiffen. Transition in Sub-Saharan Africa：Agriculture，Urbanization and Income Growth [J]. Economics Record，2003（27）：121-124.

③ Autor D，Dorn D. The growth of low skill service jobs and the polarization of the U. S. labor market [J]. American Economic Review，2013，103（5）：1553-1597.

④ Acharya R C. Impact of Trade on Canada's Employment，Skill and Wage Structure [J]. World Economy，2017，40（5）：849-882.

⑤ 蔡昉. 中国的二元经济与劳动力转移：理论分析与政策建议 [M]. 北京：中国人民大学出版社，1990.

⑥ 杜鹰. 走出农村：中国农村劳动力流动实证研究 [M]. 北京：经济科学出版社，1997（11）.

⑦ 林毅夫. 解决三农问题的关键在于发展农村教育、转移农村人口 [J]. 职业技术教育，2004，25（9）：31，34-35.

优化区域经济结构，加大本地就业与劳动力异地流动结合。此外，有关新疆少数民族劳动力转移问题研究，阿布都外力·依米提（2006）认为新疆农村少数民族劳动力转移对地方经济社会发展有积极的作用，是促进农民增收的有效途径。① 马戎（2007）对南疆疏附县调查得出维吾尔族农民跨省去沿海城市打工面对语言、宗教、生活习俗、社会文化等多方面的差异和困难，转移中容易出现民族问题。②

有关产业结构调整与劳动力转移相关性方面研究，何璇、张旭亮（2015）将产业结构转型分为两种形式，同时分析了两种产业转型模式对劳动力需求的影响，第一种是经济发展的主导产业变动，即由一种产业转变为另一种产业为主导，也称为横向转型。第二种纵向转型指的是由于科学技术的进步促使产业高级化的升级转型。③ 程红莉（2006）通过对比我国与发达国家的产业与就业布局的偏离情况，发现我国产业和就业布局偏离程度较为严重，三次产业均有不同程度偏离。分析得出，我国劳动力在产业间没有得到有效的合理配置，在未来可能会成为失业人数增加的主要原因。④ 张抗私、周晓蒙（2015）基于就业结构滞后于产业转型的现实，从微观层面分析个体的行为特征入手，了解劳动力对产业转型和政策调整的认知，建立理论建模分析产业结构转型升级过程中人力资本投资结构所能起到的作用。研究发现，人力资本与产业调整紧密相关，合理布局的人力资本投资结构对产业结构升级与经济增长有着推动作用。劳动者自身知识技能水平的低下，致使其人力资本的资源配置能力不足，是导致我国就业结构布局较慢于产业结构布局的重要原因。⑤ 薛继亮（2013）认为劳动力市场变化与产业结构转型是彼此作用的，劳动力市场完善与产业结构转型的协调发展可以通过产业和劳

① 阿布都外力·依米提. 制约少数民族农村劳动力流动因素的分析及其对策——以维吾尔族为例 [J]. 黑龙江民族丛刊, 2006 (5)：64 - 69.

② 马戎. 南疆维吾尔族农民工走向沿海城市——新疆喀什地区疏附县劳务输出调查 [J]. 中国人口科学, 2007 (5)：23 - 35, 95.

③ 何璇, 张旭亮. 浙江省产业转型升级对劳动力需求的影响 [J]. 经济地理, 2015, 35 (4)：123 - 127.

④ 程红莉. 我国产业结构与就业结构的偏离及对失业的影响 [J]. 统计与决策, 2006 (3)：97 - 98.

⑤ 周晓蒙. 就业结构缘何滞后于产业转型 [D]. 大连：东北财经大学, 2015.

动力的聚集与分散效应实现。① 郭凯明（2017）等通过使用中国 1978—2011 年的宏观经济数据，测算了这期间中国产业结构转变受不同因素的影响程度，分析发现第一、第二和第三产业分别主要受恩格尔效应、投资效应和转移成本效应影响。其中，以 2000 年为分界线，恩格尔效应对第一产业产生影响主要表现在 2000 年前，而投资效应和转移成本效应主要是在 2000 年后对第二、三产业产生影响；鲍默效应对第一和第三产业就业比重有较强降低作用，国际贸易效应对第二产业就业比重有一定提升作用。同时，导致第一产业就业比重高的原因主要包含需求收入弹性低、劳动密集度高和存在转移成本等，而技术进步、投资和国际贸易对各产业就业比重的影响的差别较小。②

以上研究方向虽主要集中在影响就业结构变动与产业结构布局相关作用上，但已经在一定程度上反映了产业结构变动影响因素的变化特点。曾湘泉（2013）对城镇化、产业结构调整与劳动力吸纳率进行了研究指出，为提升城镇吸纳农村劳动力的效率，可以进一步推动区域之间资本、市场、技术和劳动力之间相互流动配合，通过改变产业结构与城镇化模式相互作用路径达到。③ 杜传忠（2017）通过对我国 2000—2014 年省级面板数据分析得出，虽然随着产业结构的升级调整会在一定范围内增加大量劳动岗位，但依靠技术进步型的产业升级会降低劳动力需求数量，并对劳动力职业技能有进一步要求，因技术进步而产生的就业影响在不同地区存在明显的差异。④ 江小涓（2017）分析发现互联网技术的发展与应用对传统服务业产生了巨大的冲击，网络时代的到来衍生出了大量的新兴行业，对服务业资源再配置与结构调整提出了新的要求，这些现象表明互联网技术的开发与应用已成为影响产业结

---

① 薛继亮. 产业结构转型和劳动力市场调整的微观机理研究：理论与实践 [J]. 上海财经大学学报，2013，15（1）：66-73.

② 郭凯明，杭静，颜色. 中国改革开放以来产业结构转型的影响因素 [J]. 经济研究，2017，52（3）：32-46.

③ 曾湘泉，陈力闻，杨玉梅. 城镇化、产业结构与农村劳动力转移吸纳效率 [J]. 中国人民大学学报，2013，27（4）：36-46.

④ 杜传中. 技术进步与产业结构升级的就业效应——2000—2014 年省级面板数据分析 [J]. 科技进步与对策，2017（13）：6.

构变动的新的关键因素。① 张胜达、敬莉（2012）对新疆产业结构与劳动力转移演进关系进行了研究，得出新疆劳动力转移与产业结构调整是相互促进的；但由于新疆产业以矿产资源为依托，经济表现为暂时性增长形势，但其可持续发展应通过产业自身的未来选择以及政府对硬环境和软环境的双重优化实现。②

（三）国内外研究现状述评

国外有关劳动力转移的经典理论都是在一定假设基础上的研究，有局限性，但是产业结构的演变促进劳动力流动是这些理论的共性。此外，有关产业结构的经典理论提出了一、二、三产业比例及劳动力占比的演进规律，其演进蕴含着主导产业一般逐渐从劳动密集型向资本和技术密集型转变的规律。这些理论仍然对我国产业结构调整具有理论和实践的指导意义。但是，产业结构调整与区域资源禀赋、人文环境等具有相关性，因此，南疆特殊区域的产业结构调整与劳动力转移研究需具体问题具体分析。国内学者对产业结构调整与劳动力转移的研究多数是针对内地而言，对边疆少数民族聚居区少数民族劳动力转移问题的研究较少，且都是从单一学科角度出发。从经济学、政治学、民族学、社会学等多学科以边疆安全的角度针对新疆南疆地区少数民族劳动力转移就业中存在众多问题的研究较少。南疆经济、社会、民族和宗教问题等错综复杂，农村劳动力主要是以维吾尔族为主的少数民族，受教育、语言、宗教、习俗等影响转移就业十分困难，南疆劳动力转移就业承担政治和经济双重使命，具有不同于其他地区的特殊性，其路径、模式、功能和意义十分特殊。且南疆地区主要以传统农业为主，第二产业发展初期以地方丰富的矿产资源为基础，长期发展过程中，对吸纳大量农村转移劳动力存在不可持续性。南疆产业结构升级过程中，语言、教育水平以及风俗习惯等增加了南疆少数民族劳动力的人力资本积累与跨区域转移的难度，很大程度上制约了劳动力转移与产业结构的调整。南疆独特的地缘政治环境，以及相邻国家局部地区动荡不安，恐怖活动频繁，这些都导致产业结构调整与劳动力转移的特殊意义。通过劳动力的转移，不仅可以增加农民收入，并且

---

① 江小涓. 高度联通社会中的资源重组与服务业增长 [J]. 经济研究，2017，52 (3)：4-17.

② 敬莉，张胜达. 基于资源型区域的新疆产业结构调整与可持续发展 [J]. 新疆大学学报（哲学人文社会科学版），2012，40 (2)：18-22.

可以提升基层群众的反恐意识和维稳力量,保障南疆稳定和边疆地区国家安全。因此,基于南疆特殊的战略地位和区域环境,本课题将产业结构调整和劳动力转移就业问题与边疆稳定和国家安全联系起来研究,寻找产业结构优化的影响因素,探讨应如何进一步调整产业结构布局,为劳动力转移提出有效途径,从而促进边疆稳定和国家安全。

四、研究方法及路线

(一) 研究方法

1. 调查研究方法

采用重点调查、访谈调查、问卷调查等方法对新疆南疆五地州,即巴音郭楞蒙古自治州(简称巴州)、阿克苏地区、喀什地区、和田地区和克孜勒苏柯尔克孜自治州(简称克州)五个地州进行实地调查。南疆五地州由东向西,巴州和阿克苏地区经济发展较好,喀什、克州、和田南疆三地州有 19 个国家级贫困县(新疆 27 个),其中和田七县一市全部为国家级贫困县,是全国少有的集中连片的贫困地区。在五地州选取若干县作为重点调查地区,例如巴州库尔勒市、阿克苏的库车县,重点对南疆三地州贫困区,喀什的喀什市、泽普县、麦盖提县、巴楚县,克州的阿图什市、乌恰县,和田的和田市、墨玉县、策勒县等市县企业、农村、劳动力市场等进行调查,调查内容主要为劳动力的基本情况、劳动力转移意愿及产业吸纳情况、政府和企业对劳动力培训及国家认同教育、地方政府对劳动力转移及产业调整的政策等。

2. 统计与计量的方法

本研究基于边疆安全的视角,利用宏观和微观调研数据,采用统计与计量的实证范式探究了南疆产业结构调整与劳动力转移就业间的关系。主要运用到 logit 模型探究了南疆劳动力转移就业意愿,利用 var 模型的格兰杰因果检验、脉冲响应函数和方差分解等验证了劳动力转移与产业结构调整的关系,并进一步借助邓氏灰色关联模型,探讨各指标与南疆产业结构转型升级的紧密程度,保证了研究的科学性与规范性。

3. 多学科交叉研究方法

本课题以经济学、社会学、民族学、政治学为主,结合人口学、统计学、数量经济学、农业经济学、区域经济学、发展经济学、教育学等多学科交叉方法，对新疆南疆地区经济、社会、民族、安全等相关问题进行了调查研究。南疆劳动力转移就业和产业结构调整不仅仅是经济问题，与地区稳定和国家安全紧密相关，与政府维稳工作密不可分，劳动力转移就业、产业发展与边疆稳定实际上是一个相互联系的体系，利用经济学的计量方法、民族学和社会学的实地调查法等系统的分析方法将几者之间关系深入分析，可揭示它们之间彼此影响、相互关系的必然性和规律性，可从一个新视角解释、分析和提出解决南疆地区劳动力转移及维护边疆稳定的战略对策。

（二）技术路线（图1-1）

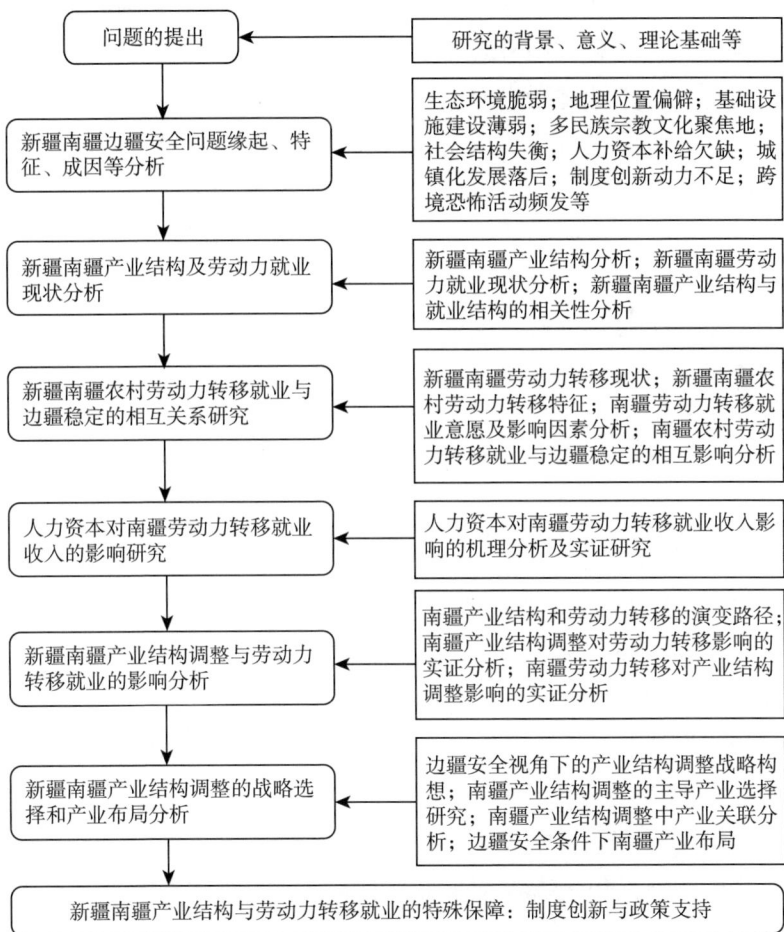

图1-1 本研究的技术路线

五、可能的创新点

（1）本课题在边疆安全视角下针对新疆南疆少数民族劳动力转移问题进行研究，将劳动力转移与产业结构调整结合起来，有利于就地转移和扩大就业，可避免向内地异地转移的困难，并将二者与南疆稳定和国家安全联系起来，提出了南疆产业结构调整与劳动转移的特殊方式和实现路径，不仅提供了一个新视角，而且丰富了相关领域的理论。这是本课题创新之一。

（2）南疆劳动力转移特殊性决定了转移动力与内地其他地区不同，市场机制对南疆劳动力转移作用有限，基于边疆安全和国家战略基础上的政府主导是必不可少的，本课题提出南疆劳动力转移就业的特殊路径和有利于南疆边疆稳定和国家安全的维稳固边模式。这是本课题的创新之二。

（3）提出新疆南疆劳动力转移及维护边疆稳定和国家安全的制度政策。新疆南疆环境复杂，贫困问题、三农问题、民族分裂问题等错综复杂，没有特殊的制度政策支持难以解决问题，本课题针对新疆南疆特殊的问题提出了特殊的制度支持和政策策略，提出解决新疆南疆产业结构调整和劳动力转移与边疆安全的具体对策建议。这是本课题创新之三。

第二节　相关概念及理论基础

一、相关概念

（一）产业结构和产业结构调整

产业经济学认为，产业结构是指产业间的技术经济联系与联系方式。这种产业间的联系与联系方式可以从"量"与"质"两个维度来考察："量"的角度是指静态地分析一定时期内产业间技术经济联系与联系方式的数量关系；"质"的角度则是动态地揭示产业间技术经济联系与联系方式不断发展变化的趋势。[①]

产业结构调整优化是指各产业协调发展、产业总体发展水平不断提高的

---

① 李孟刚．产业经济学（第二版）[M]．北京：高等教育出版社．2012.

过程。具体来说，产业结构的优化是指产业之间经济技术联系，包括数量比例关系由不协调走向协调的合理化过程，产业结构由低层次不断向高层次演进的高度化过程。[①] 产业结构调整优化的实质是要实现资源在产业之间的优化配置和高效利用，促进产业经济协调、稳定、高效发展。新疆南疆地区以传统农业为主导，第二、三产业起步较晚，且发展初期，第二产业以当地矿产资源为依托，占第二产业总产值较大的产业主要是石油化工工业。随着现代化进程的加快以及实际发展需求，南疆地区产业结构逐渐开始由石油化工占主导的工业向轻工业转变。近年来，旅游业也得到了大力发展，第三产业比重逐年上升。

（二）农村劳动力和农村剩余劳动力转移

农村劳动力是指农村人口中在劳动年龄范围内，具有一定的劳动能力并经常参加社会劳动的人数。而农村剩余劳动力是指农村劳动力中没有从事农业生产也没有从事其他生产或服务活动的劳动力，这部分劳动力因超过农业生产需求，没有实质性工作，所以称为剩余劳动力。在本课题中南疆地区以少数民族为主，南疆农村劳动力主要指南疆地区以维吾尔族等少数民族为主因农业现代化加速发展而产生的农村富余少数民族劳动力。

农村剩余劳动力转移动力取决于转移就业的就业率和预期收入，即劳动力为了提高个人收入水平，获得更加理想的职业，从农业部门向非农业部门转移就业的过程。其中，劳动力转移就业可划分为内部转移和外部转移，即劳动力从第一产业向第二、三产业转移就业，或劳动力选择进入收入较高、就业率高的地区转移就业。南疆地区劳动力主要以少数民族为主，受宗教、语言、教育水平等影响，在劳动力转移过程中，较多是以政府主导下的就近转移，分为行业间转移与异地转移两种。

（三）边疆安全

在全球化和国际安全演化的过程中，边疆安全是包含军事安全、政治安全、经济安全、社会安全、环境安全等多层次内容的"安全复合体"。[②] 国家的边疆已经突破有形以及单维度的界限，形成了新的无形边疆，并逐渐向

---

① 谢勇，柳华. 产业经济学 ［M］. 武汉：华中科技大学出版社 . 2008.
② 陈宇 . 总体国家安全观视野下的边疆安全复合体：边疆安全的区域和整体视角 ［J］. 西北民族大学学报（哲学社会科学版），2018（3）：23 – 30.

多维度转变。① 中国边疆地区是拱卫国家安全的保障，是国家总体安全的基石。本课题主要基于边疆安全的视角，在既定的环境中探讨南疆地区产业结构调整与劳动力转移就业间的关系，以期促进农村剩余劳动力转移，减小收入差距，维护边疆地区的社会安全。

（四）南疆与南疆五地州

新疆的地理特征是"三山夹两盆"，新疆最北部为阿尔泰山，中部为天山，最南部为昆仑山系。天山以南，昆仑山系以北，称之为南疆。新疆南疆五地州，即巴音郭楞蒙古自治州（简称巴州）、阿克苏地区、喀什地区、和田地区和克孜勒苏柯尔克孜自治州（简称克州）五个地州。从地理来说，南疆五地州是中国地缘政治的软肋，与北疆相比，南疆五地州相对封闭，多沙漠，路途艰险。特别是喀什、和田两地既封闭又通向境外，古今新疆割据分裂势力生事多发于这些地区。因此，促进南疆地区产业结构调整，推动农村剩余劳动力转移，提高居民劳动收入与地区经济发展水平，有利于边疆稳定，对保障国家安全有着重要意义。

二、理论基础

（一）人力资本理论

20 世纪 60 年代，美国经济学家舒尔茨和贝克尔创立人力资本理论，舒尔茨认为，人力资本是指体现在人身上的生产知识和技能的存量。社会进步取决于人力资本的存量与质量，人力资本存量越大，人力资本质量（人口受教育程度、科技文化水平和生产能力）越高，其国内的人均产出或劳动生产率就越高，经济增长速度也就越快。② 舒尔茨从理论上全面分析了人力资本的含义、形成途径及其"知识效应"，为我们解释出了人力资本投资和经济增长之间的紧密关系。③ 此后，国内外众多人力资本研究学者通过定量分析进一步论证了教育对宏观经济增长、微观收入增长的重要作用，认为人力资本是社会进步的重要原因。在理论相对成熟的今天，学者们对"一国或地区

---

① 何明. 边疆观念的转变与多元边疆的构建 [J]. 云南师范大学学报（哲学社会科学版），2013，45（5）：1-5.

② 西奥多·舒尔茨. 论人力资本投资 [M]. 北京：经济学院出版社，1990.

③ 周绍森、胡德龙. 中部地区人力资本先导和技术赶超 [M]. 北京：科学出版社. 2011.

的人力资本存量越大，人力资源质量越高，人均产出或劳动生产率越高，经济发展越快"这一说法基本达到共识。新疆南疆地区教育资源较少，教育水平落后。尤其是南疆少数民族劳动力还存在语言上的障碍，南疆地区劳动力受教育程度较低，知识存量少、技能水平低的问题导致新疆南疆劳动力市场人力资本积累水平较差。此外，南疆地区地处大陆深处，位置偏僻，大多环绿洲而居，人口分布既集中又分散。尤其是农村地区由于交通不便和网络通信覆盖的问题，严重影响了南疆劳动力收集就业信息的能力，增加了其就业流动的成本。教育问题以及地理位置等问题都在一定程度上抑制了南疆劳动力流动，不利于劳动力在产业间或向其他地区进行流动。

（二）产业结构理论

产业结构理论是指在社会再生产过程中，一个国家或地区的产业组成即资源在产业间配置状态，产业发展水平即各产业所占比重，以及产业间的技术经济联系即产业间相互依存相互作用的方式。产业结构理论中，配第—克拉克定理及库兹涅茨理论应用较多。早在 17 世纪，威廉·配第就指出：随着经济的发展，商业占据最重要的位置，其次是工业和农业。1935 年，费雷又进一步指出，生产结构的变化表现为各种人力、物力资源将不断地从第一产业转向第二产业，再从第二产业转向第三产业，即使政府进行干预也无法阻止这一进程。[①] 库兹涅茨作为美国当代著名的经济学家，在西方的经济学界享有"国民生产总值之父"的美誉。库兹涅茨在继承配第、克拉克等人提出的理论的基础上，从国民收入及劳动力在产业间的分布情况方面对产业结构进行探析。根据库兹涅茨的分析，产业结构变化要用产业结构和劳动力结构进行反映，即用不同产业的产值比重与不同产业的劳动力比重进行反映。而后，他将产业结构重新划分为代表着第一、第二和第三产业的"农业"、"工业"和"服务"三大部门，并使用了产业的相对国民收入这一概念来进一步分析产业结构，其产业结构的划分与我国三次产业划分大体一致。新疆南疆地区在以往时期主要以农业为主，随着时间的推移，农业部门的居民收入在整体收入的比重和第一产业产值占总产值的比重均处于不断下降之中；以工业为主的第二产业产值以及居民收入比重大体上呈上升趋势；以服

---

① 于刃刚. 配第—克拉克定理评述［J］. 经济学动态，1996（8）：63－65.

务业为主的第三产业在全部劳动力中的比重基本都是呈上升的。这一发展趋势与库兹涅茨理论基本吻合。

（三）二元经济发展理论

"二元经济"指发展中国家的经济同时存在传统部门与现代部门两个不同的经济部门。现代部门的大量劳动力主要从传统部门中吸收，其工资水平的下限与存在着大量剩余劳动的传统部门的人均收入水平相一致且基本保持不变。劳动产出大于工资总量的部门是现代部门的利润来源，在将传统部门剩余劳动力全部吸收前现代部门的利润将不断转化为资本进行扩大再生产。随着传统部门的剩余劳动被逐步吸收完毕，传统部门的劳动生产率呈现提高趋势，劳动力的收入才能出现改善，与此同时，现代部门通过积累规模也得以大大的扩张。

刘易斯认为，后起国家存在的二元经济特征：在一定的条件下，传统农业部门的边际生产率为零或负数，劳动者在最低工资水平上提供劳动，因而存在无限劳动供给。城市工业部门工资相对农业部门的工资稍高，并假定这一工资水平保持稳定。工资的差异导致了农业剩余劳动力向收入更高的城市工业部门转移。资本家利润的投入使用促使了经济发展，资本家的投资使得现代部门得以扩张，也从农业部门吸收着更多的剩余劳动。经济的二元结构在剩余劳动消失、边际成本生产率提高与工业一致时便会消失。拉尼斯—费景汉对刘易斯模型进行了进一步发展，他将资本积累作为扩大工业生产和经济发展的基础，强调了技术进步的重要作用，并发现了人口增长对农业剩余劳动力转移的阻碍，确立了临界准则。乔根森试图在一个纯粹新古典主义框架内探讨工业部门的增长是如何依赖农业部门发展的，他认为，为了使经济持续发展和避免陷入低水平均衡陷阱，工业部门的积累资本是必要的，但其先决条件是农业剩余大于零。[①] 新疆南疆地区的特殊性在沿着刘易斯经济发展模型实施的过程中对地区二元经济发展产生了制约，因受地区经济各因素的影响一元化不能顺利进行，从而导致二元经济结构"刚性"。二元"刚性"的产生与加强，对工业化发展与地区社会稳定都产生了阻碍，二元经济结构

---

① 刘易斯. 二元经济论［M］. 北京：经济学院出版社.1989.

在市场经济无法自动消除的情况下，政府在此过程中承担主导作用。[1]

（四）劳动力市场分割理论

20世纪60年代末至70年代初，多林格和皮奥里提出二元劳动力市场具有完全竞争的属性，认为劳动力市场存在一定的分割性质，将劳动力市场分割为次要劳动力市场和主要劳动力市场，并基于此提出二元劳动力市场分割理论[2]，即劳动力的收入水平在不同的劳动力市场有着明显的差异：在主要劳动力市场中，劳动力相关制度较为成熟，晋升与培养机制较为系统，劳动力人力资本积累水平相对较高，普遍具有稳定的工作和较高的收入水平。与之相应的次要劳动力市场中，劳动力接受的学校教育或培训的作用发挥不大的原因在于就业制度尚未完善，就业环境不稳定。对于本研究中的南疆转移劳动力而言，由于各劳动力间存在不同的人力资本存量，将增加劳动力进入不同劳动力市场的可能性，从而导致其收入存在一定差异。

---

[1] 张清泉. 二元经济结构条件下的中国农民工研究 [M]. 北京：经济科学出版社.
[2] 亚当·斯密. 国富论 [M]. 杨敬年，译. 西安：陕西人民出版社，2001.

第二章
新疆南疆边疆安全问题的缘起及特征

边疆安全问题是国家稳定发展、繁荣昌盛所必须面对和解决的重要问题。新疆南疆边疆安全问题更是复杂而尖锐，宗教、民族、贫困等各种问题交织、复杂多变，解决南疆边疆安全问题，促进南疆地区稳定发展，是实现新疆稳定发展、长治久安的关键。由于南疆特殊的地理位置、地缘特征、历史背景等诸多历史遗留问题与当今世界格局变化的新问题碰撞交织一起，使得南疆的边疆安全问题异常复杂和敏感，解决南疆安全问题必须用发展的眼光，从政治、经济、社会、文化等各层面解决好南疆经济社会问题，培育各族人民国家认同、社会认同、文化认同，促进各族人民共同发展、共同进步、共同繁荣，才能实现新疆社会稳定和长治久安。

第一节　新疆南疆地区的地缘特征

一、地理位置独特

南疆地理位置独特，是连接东西方的丝绸之路交通走廊，具有极重要的战略位置。新疆处于欧亚大陆的中心地带，是丝绸之路经济带的核心区，是连接东西陆地的纽带，战略位置十分重要。南疆地区是古代丝绸之路南线的重要通道，是现代新丝绸之路、中巴经济走廊的重要通道。

南疆处于新疆天山以南、昆仑山以北，人口居住的城镇分布在环绕塔里木盆地的沙漠边缘，依托塔里木河等流域的绿洲地带，是典型的绿洲农业区。南疆地区东面与甘肃、青海省相邻，南面与西藏阿里地区相接，西边与印度、巴基斯坦、阿富汗、哈萨克斯坦等六个国家接壤，占全疆边境线总长的46.8%，战略意义十分显要。南疆地区有喀什、阿克苏、和田、克州、巴州五个地州。其中，巴州是新疆石油化工的重要基地，库尔勒是进入南疆的南大门；阿克苏是贯通南疆与北疆交通东西走向的关节点，也是南疆向西开放的前沿地区和新丝绸之路经济带核心区南线中段重要关节点；克州境内有红其拉甫、卡拉苏等国家—类口岸，是南疆向西开放的重要通道；喀什是我国向西开放，通往中亚、南亚及欧洲等地区的国际通道，也是国家级经济特区，是新疆向西开放的重要门户；和田是古丝绸之路南道，是新疆进入西藏及国外的战略通道，是建设丝绸之路经济带、中巴经济走廊的重要支撑地区。南疆各地州地理位置特征明显，战略意义突出，具有极重要的战略位置。

二、矿产资源丰富

南疆地区幅员辽阔、拥有丰富的资源储备量，是我国能源供给和储备的重要基地，拥有承接海外能源输送的陆路通道。新疆坐落于中国西北边陲，是中国五个少数民族自治区中的一个，面积 166 万平方千米，是中国陆地面积最大的省级行政区，新疆占全国国土总面积的六分之一。新疆地广人稀，土地资源较为丰富，矿产资源丰富，矿产种类多样、储存量大，开发前景广阔。新疆现发现的矿产种类有 138 种，其中 9 种矿产资源储存量在全国居于首位，在西北地区有 32 种位于首位。新疆蕴藏丰富的石油、天然气、煤、金、铬、铜、镍、稀有金属、盐类矿产、建材等资源。新疆石油资源量占全国陆上石油资源量的 30%，总量达到 208.6 亿吨，天然气资源量和煤炭预测资源量分别达到 10.3 万亿立方米和 2.19 万亿吨。[①]

新疆是我国石油、天然气等重要资源的储备区。南疆地区储存着大量的矿产资源和油气资源，在塔里木盆地丰富的石油、天然气以及其他各种宝贵的矿产资源储藏于其中。国家在塔里木盆地进行油气资源的勘探开发，使得南疆已经成为我国石油、天然气资源开发的重要战略接替区。阿克苏有着"五大煤田"的俗称，藏着大量的各类矿产和非油气矿产、非金属矿产资源，资源的开发潜力巨大。其中，煤炭总储备量达到 109.6 亿吨，石油、天然气探明储量分别占塔里木盆地储量的 80%、90% 以上，是"西气东输"的主

---

① 新疆维吾尔自治区概况. 新疆维吾尔自治区政府网，http://www.xinjiang.gov.cn/ljxj/zrdl/dlwz/index. html.

气源地，也是国家油气资源重要接替区。克州作为新疆矿产资源最为富饶的地区，地跨天山成矿带和昆仑山阿尔金成矿带。矿产包括石油、天然气、煤、油页岩、铁、铬、钛等，其中石膏储量居全国前列，蛇纹岩储量居全国第三位，石油、天然气、水泥石灰岩、熔剂灰岩、饰面大理石、花岗岩、磁铁矿、硫铁矿、玉石储量丰富。[①] 和田地区是新疆勘探开发的重点地区，拥有丰富的石油、天然气储量，地质储量约有 616 亿立方米，可开采储量大约为 445 亿立方米。此外，充裕的光热资源，已促使和田成功建成总装机容量近 50 万千瓦的大型光伏发电项目。

三、区域贫困问题

南疆地区自然环境脆弱，干旱少雨，地区缺水，可供人类生存地域面积与人口规模匹配度较低，经济社会发展缓滞，是国家特大连片贫困区之一。塔里木盆地，地处南疆，是中国最大的内陆盆地，其中，我国最大的流动沙漠——塔克拉玛干沙漠也位于塔里木盆地中部，面积约 33 万平方千米。塔里木河作为国内河流最长的内陆河，全长 2 486 千米，贯穿塔里木盆地。新疆绿洲成片分布于盆地边缘和干旱河谷平原区，现有的绿洲面积达到 14.3 万平方千米，占国土总面积的 8.7%，其中天然绿洲面积 8.1 万平方千米，占绿洲总面积的 56.6%。从自然气候来看，新疆属于典型的温带大陆性干旱气候，降雨量稀少、蒸发量较大，年均降水量 154.4 毫米，境内山脉融雪形成大小河流 570 多条，冰川储量 2.13 万亿立方米，占全国的 50%，有"固体水库"之称。水资源总量 727 亿立方米，居全国前列，但水资源空间分布不均衡，单位面积产水量仅为全国平均水平的六分之一，存在资源性和工程性缺水问题。新疆土地资源丰富，农林牧业可直接利用土地面积 10 亿亩[②]，占全国农林牧业宜用土地面积的十分之一以上。[③] 受地理、人口结构和自然环境等多因素的影响，使得南疆阿克苏、喀什、和田、克州等区域经济难以快速发展，整体经济状况欠佳，是我国大力实行脱贫攻坚的主要

① 喀什地委党史地方志办公室. 喀什年鉴［M］. 喀什：喀什维吾尔文出版社，2015：29.

② 亩为非法定计量单位，1 亩≈667 平方米，下同。

③ 新疆维吾尔自治区概况. 新疆维吾尔自治区政府网，http：//www. xinjiang. gov. cn/ljxj/zrdl/dlwz/index. html.

地区。截至 2016 年，南疆四地州还有 1 639 个贫困村，占全疆贫困村总数的 94.03%；贫困人口数达到 111.95 万人，占全疆贫困人口总数的 92.08%；贫困发生率 15.04%，高于全国平均水平。

第二节　新疆南疆边疆安全问题缘起及特征

新疆边疆安全问题的最突出特征是三股势力的分裂活动，宗教极端思想的蔓延。19 世纪末至今民族分裂分子在国际势力的支持下一直企图分裂新疆，民族分裂主义、宗教极端主义、国际恐怖主义一直鼓动、散布和从事分裂新疆活动，是新疆边疆安全特别是南疆的核心问题。南疆地理环境独特，干旱少雨，人口遍布环塔里木盆地的塔克拉玛干沙漠周边绿洲，水资源十分稀缺，生态环境脆弱，生态环境问题也是南疆边疆安全的重要问题。南疆四地州自然环境恶劣，人多地少，又缺乏水资源，历来经济发展滞后，是国家特大连片贫困地区，贫困问题相当突出。复杂的生态环境、贫困等问题交织混杂，是影响南疆地区边疆安全的最主要问题。

新疆一盘棋，南疆是"棋眼"。南疆是反恐维稳的主战场，全国稳定看新疆，新疆稳定看南疆。南疆生态环境独特，南疆生态环境保护好，对南疆及新疆全区经济社会可持续发展意义重大。南疆是全国少有特大贫困区，南疆贫困区脱贫直接影响新疆脱贫攻坚重任。习近平总书记在第二次中央新疆工作座谈会上指出：做好新疆工作是全党全国的大事，必须从战略全局高度，谋长远之策，行固本之举，建久安之势，成长治之业。新疆局势事关全国改革发展稳定大局，事关祖国统一、民族团结、国家安全，事关实现"两个一百年"奋斗目标和中华民族伟大复兴。

一、边疆安全缘由

新疆从西汉开始便属于中国的领土，是多民族聚居和多种宗教并存的地区，是我国不可分割的一部分。新疆处于亚欧大陆中心地带，战略位置突出，地缘区位重要，自古以来都是敌对各方势力意图争夺之地。近代史上，沙皇俄国与英帝国对中亚的争夺，都欲图将新疆掌控在自己手中，新疆历来都是帝国主义侵略和分裂的对象，民族分裂主义隐藏活动不断，分裂行为从没停止，始终都处于分裂与反分裂斗争的前沿阵地。

（一）20 世纪初期军阀统治新疆以来，新疆边疆安全问题隐患犹存

清王朝结束后，新疆进入了军阀统治时期，从 20 世纪 20 年代开始，反动军阀杨增新、金树仁和盛世才相继统治新疆。苏联企图在中国新疆和外蒙古地区制造所谓"缓冲区"或"缓冲国"，以巩固苏联政权，插手新疆事务。在意识形态上利用"三区革命"，鼓动民族分裂分子，与民族分裂势力里应外合分裂新疆。这一时期，新疆受外国势力侵扰，民族分裂势力分裂活动时有发生，宗教极端主义思想蔓延传播，对新疆边疆安全和国家统一留下隐患。

（二）新中国成立后新疆和平解放，维稳戍边建设得以强化

1949 年 9 月 25 日新疆和平解放，王震将军带领中国人民解放军进驻新疆，驻疆解放军为巩固边防，加快新疆建设，减轻新疆当地政府和各族人民的经济负担，解放军官兵开展大规模生产建设，发展农牧工商经济，实现了自给自足，还为新疆地方政府建设许多工厂、水利设施等，使得新疆经济社会等各项事业得到快速发展。1954 年 10 月，进疆解放军官兵响应毛主席号召，集体转业留在新疆进行社会主义建设，组建新疆生产建设兵团。新疆生产建设兵团对新疆经济社会发展和边疆安全稳定发挥了不可替代的作用。但是，新疆民族分裂主义的隐患仍没消失，三股势力处于隐藏状态并时有破坏活动发生。

（三）改革开放以来新疆经济快速发展，边疆安全问题日益改善

改革开放以来，新疆处于一个新的发展时期，经济社会发展进入了快车道，各项事业取得了伟大成就。虽然，仍有少部分非法极端组织蓄意破坏新疆的长治久安，但经过政府从未松弛的反分裂斗争以及反恐维稳的长效机制，使得新疆边疆问题日益改善。新疆南疆历来都是一个多民族聚集、多种宗教传播的地区，为进一步防范宗教极端组织的渗透与蔓延，中央及新疆政府充分发挥社会职能，通过加强对南疆农村群众的思想政治教育，提高广大群众维护国家安全的意识。针对农村地区剩余劳动力新疆组织相应的教育和培训，在加强劳动力转移教育培训的过程中，积极引导广大群众以现代文化为引领，崇尚科学精神，抵制宗教渗透，共建团结和谐美好家园；组织参与教育培训的劳动力开展学习《自治区民族团结教育条例》、新疆"三史"、党

的民族理论、民族政策、宗教政策、国家民族区域制度、意识形态领域反分裂斗争再教育等知识，进一步武装头脑，切实把思想认识统一到中央和自治区党委关于维护新疆稳定的各项重大决策部署上来；推进了各民族间的顺利交流，使得各民族联系更加紧密，帮助农村劳动力树立正确的维护国家安全的意识，实现共同抵制"三股势力"的目标，从而促进民族团结，为新疆南疆转移就业劳动力提供了和谐稳定的就业环境。

二、生态环境脆弱

新疆南疆地区属典型的大陆干旱气候，光、热及土地资源丰富，地面蒸发强烈，植物多以耐寒植物为主，生态系统较为脆弱，自然灾害频繁发生。南疆地区生态环境脆弱的主要表现：一是沙漠戈壁面积广袤，绿洲面积较小。南疆地域占新疆国土面积的半数以上，约占全国国土面积的 1/9，但是，适合人类居住生存的绿洲（含湿地）仅占南疆国土总面积的 7.4%，可有效利用的土地面积稀少。二是环境恶劣、生态系统复杂脆弱。南疆地区的自然环境和气候特征形成了南疆的山地、绿洲、湿地及荒漠复杂多样的生态系统，其中，荒漠生态系统占据了 60% 以上，只有少部分绿洲适合人类生活。南疆地区降水稀少，被视为亚欧大陆的干旱区，恶劣的自然环境使得南疆生态系统脆弱。三是水资源时空分布不均衡。南疆地区水资源总量高于新疆以及全国平均水平，但是水资源的空间分布很不均匀，呈现东少西多分布。四是植被稀疏，质量不高。南疆地区内森林覆盖率低，植被稀疏，且分布不均匀。五是自然灾害种类多，发生频繁。南疆地区主要自然灾害有干旱、风沙、地震等，特别是具有突发性和高强度属性的风沙灾害频繁发生。和田地区坐落于昆仑山以北、塔克拉玛干大沙漠南缘，该地区时常发生大风伴有沙尘，风沙危害淹埋村庄、吞没农田、阻塞道路渠系，导致林果农作物受到极大损害，严重阻碍了当地经济发展和人民群众生命安全。六是本土居民生活条件艰苦。尤其是聚居在塔里木盆地南部边缘的农牧民群体，由于缺乏基本的生活资料，为维持正常生活，其只能选择砍伐植被，使得荒漠植物遭到破坏，大量减少，从而形成了"恶劣环境—经济滞后—损毁环境—环境更恶劣"的循环。恶劣的生存环境不仅严重影响人们的身体健康还影响着人们的精神健康，医疗体制的不完善使得部分人因病而穷，最终成为南疆地区可持续发展进程中的阻碍。

总而言之，南疆地区虽然土地资源丰富，地广人稀，但可有效利用的土地面积少，自然灾害种类繁多，特别是大风、沙尘暴、扬沙、浮尘等突发性高强度的风沙灾害发生频率较高。恶劣的自然环境，使得南疆的荒漠和山地生态系统变得非常脆弱。[①]

三、返贫风险突出

南疆地区曾作为国家确定的深度扶贫"三区三州"之一，人口以少数民族聚居为主，人口众多，土地资源稀缺，经济发展滞后，贫困问题较突出。南疆由于特殊的地理位置、自然环境及历史原因等致使经济社会发展相对滞后，贫困问题较突出，是国家和新疆扶贫攻坚的重点地区，也是社会稳定与长治久安最突出的"短板"。[②] 南疆四地州，是国家和新疆脱贫攻坚的主战场，是我国 14 个集中连片特殊困难地区中面积最大、边境线最长、贫困程度最深的地区，也是经济社会各种难点及贫困要素相对集聚的片区。[③]

2014 年，新疆全区建档立卡贫困人口总规模是 79.31 万户，313.18 万人，贫困村 3 668 个、贫困县 35 个，贫困人口多集中在南疆四地州。南疆四地州人口呈现出少数民族多，占 90.6%；农村人口多，占 80% 左右；贫困人口多，占全疆贫困人口的 84.4% 等特点。[④] 截至 2020 年，新疆 306.49 万现行标准下贫困人口全部脱贫，3 666 个贫困村全部退出，35 个贫困县全部摘帽。然而，由于南疆人口主要以少数民族为主，特别是南疆四地州农村人口维吾尔族人口达到 90% 以上，受语言、宗教、习俗、教育等影响因素制约，一方面依旧存在着城乡间发展不平衡的问题；另一方面，由于脱贫农户自身可持续生计能力不足和区域经济社会发展受限，已退出帮扶计划的精准脱贫户极可能由于遭遇风险冲击和生计动荡而再度陷入贫困。

---

① 李新华. 影响新疆南部地区环境变化的因素分析 [J]. 干旱区研究，2012，29 (3)：534－540.

② 李学军. 新疆南疆三地州精准扶贫与精准脱贫问题研究 [J]. 新疆社科论坛，2016 (6)：32－40.

③ 单信凯，王健. 新疆南疆四地州片区贫困现状分析及对策建议 [J]. 实事求是，2017 (1)：87－91.

④ 王忠山，陈虹，孙淑萍. 新疆南疆地区就业问题研究 [J]. 新疆财经，2015 (1)：33－46.

第三章
新疆南疆产业结构及劳动力就业现状

第一节　新疆南疆产业结构现状分析

一、南疆社会经济发展状况

《中华人民共和国国民经济和社会发展第十三个五年规划纲要》（简称"十三五"规划）提出推动民族地区健康发展，加大财政投入和金融支持，大力发展民族地区优势产业和特色经济。"丝绸之路经济带"和"21 世纪海上丝绸之路"倡议（简称"一带一路"倡议）倡导共商、共享、共建的双边国际化合作，新疆把握机会，发挥独特的区位优势和向西开放重要窗口作用，深化与中亚、南亚、西亚等国家交流合作，形成丝绸之路的交通枢纽、商贸物流和文化科教中心，打造丝绸之路经济带核心区。因此，新疆经济发展迎来新的契机，南疆作为"一带一路"倡议核心区的腹地，经济社会发展有明显进步，人民生活水平得到明显提升。

（一）南疆地区经济实力增强

近年来，新疆南疆经济发展取得了很大成效。2011—2014 年，中央、自治区和地方财政重点向南疆累计投入 708.6 亿元，南疆实现生产总值976.76 亿元，年均增长 14.7％，比 2010 年末增长了 1.6％。《中国农村扶贫开发纲要（2011—2020 年)》战略实施下，南疆四地州贫困区经济社会发展显著，缩小地区发展差距，保障和改善民生，促进就业，人民生活水平得到较高提升。

区域生产总值是指本区域中所生产出的全部最终产品和劳务的价值，是衡量区域经济状况的最重要指标，南疆生产总值的变化能够反映出本区域经济发展的总体状况。人均区域生产总值因能考虑到人口的变化从而体现出南疆经济发展水平以及人民生活水平，成为衡量本区域经济发展的又一重要指标。根据《新疆统计年鉴》数据整理，2008—2017 年的经济生产总值数据见表 3-1、图 3-1，南疆地区这期间经济发展态势良好，经济总体呈持续增加趋势。南疆地区生产总值从 2008 年的 1 210.14 亿元，增长到 2017 年的 3 112.95 亿元，整体增长 157.24%。2008 年南疆地区人均生产总值为 14 547.2 元，2017 年人均生产总值已达到 29 997.2 元，整体增长 106.21%。相对新疆及全国，南疆地区人均生产总值发展速度较慢，有较大的提升空间。

表 3-1　2008—2017 年南疆生产产值及增速

单位：亿元

年份	一产产值	二产产值	三产产值	总产值	增速（%）
2008	305.27	548.61	356.26	1 210.14	44.1
2009	348.21	496.79	406.66	1 251.66	3.4
2010	442.05	627.14	469.41	1 538.60	22.9
2011	492.01	839.90	569.27	1 901.18	23.6
2012	578.69	974.42	692.23	2 245.35	18.1
2013	653.70	1 102.71	819.98	2 576.39	14.7
2014	683.43	1 195.55	965.76	2 844.74	10.4
2015	721.23	1 146.40	1 095.76	2 963.39	4.2
2016	772.40	955.60	1 066.21	2 794.21	−5.7
2017	740.96	1 164.85	1 207.14	3 112.95	11.4

如图 3-1 所示，2008—2017 年，南疆地区生产总值呈三段式发展。2008 年起中央进一步加大了对新疆地区边疆维稳治理以及投资建设力度，但由于多种因素影响，地区经济发展并不平稳，因此，2008—2010 年南疆生产总值较低且无明显增长。2010 年随着"十二五"规划的颁布以及 2010 年 5 月中央新疆工作座谈会的召开，部署了一系列援疆政策，自此新疆发展进入"黄金期"，南疆地区经济随之稳步提升。2015—2016 年，南疆地区生产总值不升反降，随后自治区颁布了《自治区促进企业就业服务"千乡万村"行动计划》，制定具体的行动计划，通过组织就业服务"大篷车"下乡

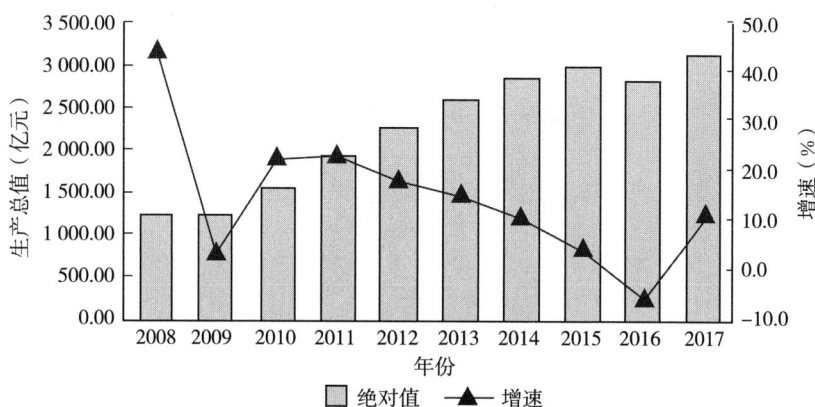

图 3-1　2008—2017 年南疆生产总值及增速

进村入户提供就业岗位信息、技能培训信息、就业政策咨询等服务，因地制宜地推动农村剩余劳动力转移就业，地区生产总值得以再一次增长。①

（二）人民生活水平及质量

2008—2017 年南疆五地州居民人均可支配收入呈上升趋势。2017 年南疆地区的居民人均可支配收入与上年相比增长幅度为 4.5%，为 37 085.4 元，如表 3-2 所示。阿克苏地区 2008 年城镇居民可支配收入为 11 495.5 元，2017 年城镇居民可支配收入为 28 211 元，增长约 16 715.5 元。克州 2008 年农村居民人均可支配收入为 1 695 元，2017 年增速约 2.85 倍，为 6 524 元；城镇居民可支配收入 2008 年为 6 950 元，到 2017 年为 26 467 元，增长约 3 倍；克州是南疆五地州中居民人均可支配收入增长率最高的地区。

南疆地区 2008 年城镇居民人均可支配收入为 10 223.6 元，2017 年城镇居民人均可支配收入为 27 226 元，增长 166.31%。农村居民人均可支配收入从 2008 年的 3 380.8 元增至 2017 年的 9 859.4 元，增长 191.63%。农村增长率高于城市增长率 25.32 个百分点。农村居民人均可支配收入的迅速增长反映出农业结构调整以及农村剩余劳动力转移就业等政策的实施效果较好。

---

① 新疆启动 2018 年促进企业就业服务"千乡万村"行动计划，中华人民共和国农业农村部官网，www. moa. gov. cn/ztzl/nmsjyyjnpxzl/hddt/201804/t20180419_0140611. htm.

表 3-2　南疆 2008—2017 年居民人均可支配收入

单位：元

年份	巴音郭楞蒙古自治州		阿克苏地区		克孜勒苏柯尔克孜自治州		喀什地区		和田地区	
	城镇	农村	城镇	农村	城镇	农村	城镇	农村	城镇	农村
2008	11 509.00	5 800.00	11 495.50	4 313.00	6 950.00	1 695.00	10 375.00	2 870.00	10 788.49	2 226.00
2009	12 500.00	7 122.00	12 050.00	4 833.00	7 700.00	1 801.00	10 957.00	3 270.00	12 743.30	3 150.00
2010	13 809.00	8 890.00	13 676.25	5 931.00	8 800.00	1 902.00	13 644.00	4 643.00	12 743.30	3 150.00
2011	15 607.00	9 990.00	15 820.00	6 895.00	12 071.20	2 426.00	12 811.00	3 670.00	14 652.74	3 443.00
2012	15 607.00	11 782.00	18 208.10	8 266.00	15 222.00	3 236.00	14 997.00	5 142.00	17 160.93	3 896.00
2013	20 408.00	13 343.00	20 049.00	9 657.00	17 094.00	3 963.00	15 454.00	6 143.00	18 478.00	13 542.00
2014	23 639.00	13 057.00	22 780.00	9 095.00	19 480.00	4 852.00	17 889.00	6 419.00	20 878.00	5 692.00
2015	26 523.00	14 154.00	23 987.00	9 831.00	22 465.00	5 434.00	20 662.00	7 201.00	22 549.00	6 346.00
2016	28 804.00	7 918.00	26 098.00	6 883.00	24 487.00	11 433.00	22 732.00	14 461.00	24 466.00	10 162.00
2017	30 853.00	16 337.00	28 211.00	10 982.00	26 467.00	6 524.00	24 103.00	8 013.00	26 496.00	7 441.00

数据来源：《喀什地区 2008—2017 年国民经济和社会发展统计公报》《和田地区 2008—2017 年国民经济和社会发展统计公报》《阿克苏地区 2008—2017 年国民经济和社会发展统计公报》《巴音郭楞蒙古自治州 2008—2017 年国民经济和社会发展统计公报》《克孜勒苏柯尔克孜自治州 2008—2017 年国民经济和社会发展统计公报》。

　　近年，新疆逐渐吸引内地发达与较发达地区进行援疆项目投资，援疆计划与政府政策的大力倾斜加快了新疆尤其是南疆地区经济发展，全疆大多数地区已覆盖基本养老制度，城乡居民基本享受社会养老保险，新型农村合作医疗保险试点不断增加，绝大多数集体企业为员工缴纳五险一金。随着互联网普及率的提高，网上交易不仅便利同时也改变新疆南疆地区人们的消费观念及方式，不断提高人们的生活质量与幸福感。

二、南疆三次产业发展现状

　　我国综合国力提升，国际地位提高，国际经济活动逐渐增多，产业整体迎来快速发展时期。新疆位于中国西北部，响应"一带一路"倡议，着力经济建设，加快经济发展，依靠地域及特色资源的优势，建立起较为完整的产业体系，并取得不错的成绩。近十年，南疆地区经济取得较快发展，产业结构不断优化，二三产业占比持续增加，基本形成"三一二"的产业结构布局，南疆长期以来以农业为主要产业的格局正在调整和改善，但所占比重仍然较大，短期内很难彻底改变，2016 年三次产业结构比重为 31：23.9：45.1，经济进入快速发展阶段。

产业结构表示国民经济各产业部门之间以及各产业部门内部的构成。按国民经济产业分类方法将以利用自然力为主，生产不必经过深度加工就可以消费的产品或工业原料的部门称作第一产业；第二产业是指对一产及本产业进行加工的部门；第三产业是指除一二产以外的其他行业，即不生产物质产品的行业。三次产业之间的结构变化趋势可以反映出区域经济发展水平和质量。

从表 3-3 可看出 2008—2017 年我国南疆地区生产总值及占比的变化趋势。首先，南疆五地州生产总值逐年递增。阿克苏地区经济发展水平在南疆五地州中相对较好，阿克苏地区名义 GDP 从 2008 年 273.12 亿元增长到 2017 年 914.74 亿元，十年间增长 641.62 亿元，增长额在南疆五地州中位居首位，年均增速达 15.03%。在五地州中，阿克苏地区拥有丰富的矿产石油资源，是"西气东输"的主要气源地，科研技术、自然资源等条件略优于其他地州，依托于丰厚的自然资源，阿克苏地区逐步形成稳定且规模较大的旅游、采矿等产业集群，提升了阿克苏地区经济发展实力。巴州和喀什地区水平相当，巴州名义 GDP 从 2008 年 585.76 亿元增长到 2017 年 976.37 亿元，增长 390.61 亿元，年均增长率为 8.47%。喀什地区名义 GDP 从 2008 年 249.07 亿元增长到 2017 年 837 亿元，增长 587.93 亿元，年均增长率达 12.57%。和田地区与克州水平相当，名义 GDP 从 2008 年 74.52 亿元增长到 2017 年 266.2 亿元，增长 191.67 亿元，年均增长率为 15.51%。克州发展水平相对落后，名义 GDP 从 2008 年 27.68 亿元增长到 2017 年 118.65 亿元，增长 90.98 亿元，年均增长率为 17.72%。其中克州与和田地区名义 GDP 增量较少但是年均增速较快的原因是，这两地州经济基础较为薄弱，但在西部大开发政策及精准扶贫政策的大力支持下，两地区经济发展速度有很大提升，而巴州由于劳动力就业空间转移，导致生产总值年均增长速度减缓。

其次，南疆五地州产业整体发展向好，五地州地区生产总值绝对额从 2008 年 1 210.14 亿元增长到 2017 年 3 112.95 亿元，增长了 2.57 倍，实际年均增速达 14.01％。值得注意的是，2016 年南疆五地州整体第三产业产值占比达 38.16％，首次超过第二产业比重。这也说明在经济持续发展的大环境下，南疆五地州第三产业正在崛起，逐渐占据地区经济发展主导地位。

表 3-3　2008—2017 年我国南疆地区生产总值

单位：亿元

年份	巴州	阿克苏	克州	喀什	和田	南疆	新疆	南疆占比（％）
2008	585.76	273.12	27.68	249.07	74.52	1 210.14	4 203.41	28.79
2009	525.94	320.45	32.46	284.24	88.58	1 251.66	4 277.05	29.26
2010	640.14	396.12	38.88	359.97	103.50	1 538.60	5 437.47	28.30
2011	799.87	506.14	48.03	420.15	126.99	1 901.18	6 610.05	28.76
2012	907.54	612.14	61.03	517.35	147.29	2 245.35	7 505.31	29.92
2013	1 017.00	692.60	77.84	617.30	171.65	2 576.39	8 360.24	30.82
2014	1 118.79	749.89	89.24	688.40	198.42	2 844.74	5 437.47	52.32
2015	1 039.00	810.18	100.03	780.12	234.05	2 963.39	6 610.05	44.83
2016	904.89	792.80	100.33	759.86	236.33	2 794.21	9 649.70	28.96
2017	976.37	914.74	118.65	837.00	266.20	3 112.95	10 881.96	28.61
地州/全疆（％）	12.35	8.80	1.01	7.99	2.39	32.53		

数据来源：《中国统计年鉴（2009—2018）》。

　　但是，值得注意的是，南疆五地州的发展还是属于低水平增长。2008 年以来，南疆五地州生产总值在新疆仅占 32.53％，五地州中较有优势的巴州也仅占全疆的 12.35％。克州与和田地区所占比例未达到 5％，南疆在全疆经济发展中还处于较劣势地位。由此可见，"一带一路"倡议、精准扶贫、西部大开发政策的实施，确实为南疆地区经济发展带来显著成效，南疆地区经济发展稳中向好，但由于南疆地区自然条件较差，产业发展起步较晚，原始经济基础较为薄弱，要达到北疆地区发展水平，甚至是全国发展平均水平，仍需抓住发展机遇，迎接困难与挑战。

三、南疆产业结构变化趋势

　　产业结构转型升级是产业升级优化的重要组成部分，南疆五地州经济发展的同时，产业结构也发生相应的变动，具体变动见表 3 - 4、图 3 - 2、图 3 - 3 所示。

表 3 - 4　2008—2017 年南疆五地州产业结构构成（％）

产业占比	年份	2008	2009	2010	2011	2012	2013	2014	2015	2016	2017
第一产业占比	巴州	12.30	16.00	16.90	16.30	17.10	17.40	16.50	17.50	22.00	18.30
	阿克苏地区	34.30	34.20	34.80	31.90	31.30	31.80	29.40	29.20	29.40	24.60
	克州	23.80	22.80	20.10	18.80	17.10	15.90	14.70	14.20	15.00	11.80
	喀什地区	41.60	40.60	42.20	35.90	33.90	31.00	30.00	29.10	34.20	31.50
	和田地区	38.90	35.90	35.10	32.10	31.00	30.90	29.50	26.80	27.40	22.30
第二产业占比	巴州	71.00	63.90	64.50	66.00	64.30	63.00	61.20	56.30	48.70	51.80
	阿克苏地区	26.40	28.40	30.90	33.20	32.80	31.50	31.70	31.60	32.00	37.80
	克州	20.80	19.60	23.40	25.30	28.60	32.60	32.10	30.00	33.60	39.50
	喀什地区	17.20	17.20	18.10	25.50	27.70	30.00	30.50	30.90	25.20	26.10
	和田地区	16.20	16.30	16.90	19.30	19.70	19.70	17.60	14.80	15.50	17.90
第三产业占比	巴州	16.70	20.10	18.60	17.70	18.60	19.60	22.30	26.20	29.30	29.90
	阿克苏地区	39.30	37.40	34.30	34.90	35.90	36.70	38.90	39.20	38.60	37.60
	克州	55.40	57.60	56.50	55.90	54.30	51.50	53.20	55.80	51.40	48.70
	喀什地区	41.20	42.20	39.70	38.60	38.40	39.00	39.50	40.00	40.60	42.40
	和田地区	44.90	47.80	48.00	48.60	49.30	49.40	52.90	58.40	57.10	59.80

数据来源：《喀什地区 2008—2017 年国民经济和社会发展统计公报》《和田地区 2008—2017 年国民经济和社会发展统计公报》《阿克苏地区 2008—2017 年国民经济和社会发展统计公报》《巴音郭楞蒙古自治州 2008—2017 年国民经济和社会发展统计公报》《克孜勒苏柯尔克孜自治州 2008—2017 年国民经济和社会发展统计公报》。

（一）南疆五地州三次产业构成

随着各类政策的支持和新兴技术的应用，南疆地区第二、三产业得到了空前发展。南疆地区 2008 年以来，除巴州外，阿克苏地区、克州、喀什地区、和田地区第一产业比重逐年下降，第二产业比重逐年上升，第三产业除阿克苏地区与克州以外比重逐渐提高。截至"十三五"规划中期，即 2017年，南疆产业结构基本处于"三、二、一"倒金字塔形结构。值得关注的是，2010 年克州一、二、三产比重为 20.10％、23.40％、56.50％，第二产业占比首次超过第一产业，产业结构实现"三、一、二"橄榄形结构向

"三、二、一"倒金字塔形结构转变。2011年阿克苏地区三次产业结构比重为31.90：33.20：34.90，在对经济发展的贡献率上二产首次超过一产。从南疆五地州三次产业构成的整体情况来看，产业结构转变趋势合理，并且基本符合产业结构转变的相关理论，即降低第一产业比重，增加以工业与服务业为主的第二、三产业的比重，最终将构建"三、二、一"倒金字塔产业结构模式。

（二）新疆南疆三次产业结构构成

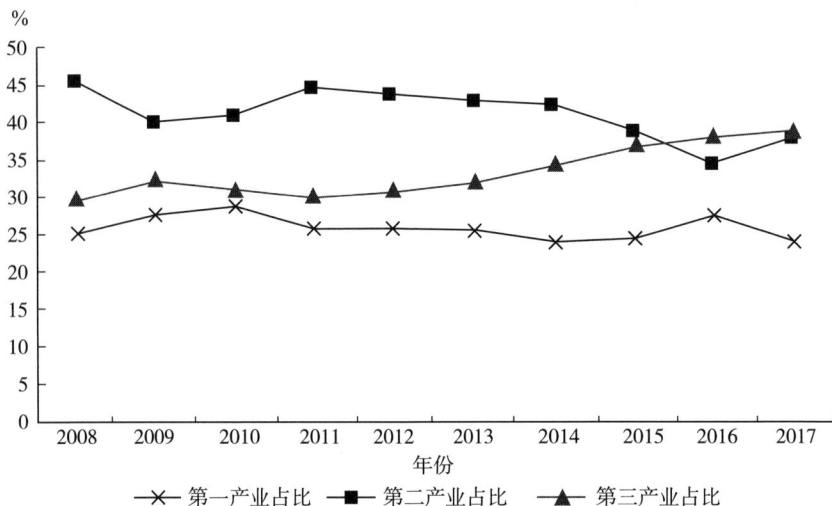

图 3-2　2008—2017 年南疆产业结构

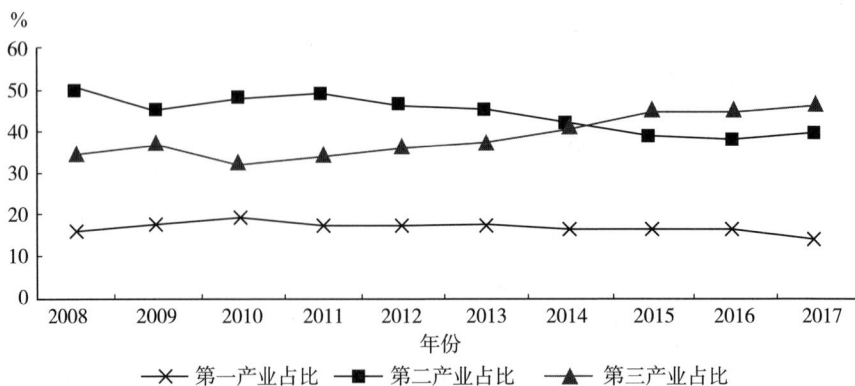

图 3-3　2008—2017 年新疆产业结构

如图 3-2、图 3-3 所示，对于南疆五地州整体而言，第一产业产值比重大体呈下降趋势，从 2008 年 25.23％下降至 2017 年 23.80％，降低 1.42 个百分点，但下降幅度小于全疆平均水平。直到 2017 年，南疆地区第一产业比重仍然比全疆平均水平高 14.26％。自 2008 年，南疆五地州第二产业发展进入加速期，在产业结构占比中逐渐上升，但第十二个五年计划期间略有下降，南疆二产占比变动基本符合新疆平均水平变化趋势，南疆地区第三产业占比呈现上升—下降—上升的趋势，也与新疆平均发展水平保持一致。第十三个五年计划以前，南疆地区二、三产业相比，第三产业发展始终处于下风，发展动力不足。一是由于地理位置所导致，自然资源、信息资源等促进第三产业发展的条件受限。二是在政策引导下，南疆地区积极进行工业升级转型，贯彻落实西部地区承接东中部地区产业转移等国家战略，已形成较为固定的发展模式，使得新疆尤其是南疆地区短时间内难以及时作出调整。第二产业依旧是南疆地区的支柱性产业，对经济发展的贡献率自然就高于第三产业。三是基于产业结构的计算价格。相对于劳动力来说，新疆南疆五地州劳动力资本不足，而以服务业为主的第三产业对劳动力的需求量较大，以工业为主的第二产业对劳动力资本含量要求较高，这就可以解释第二产业产品价格上涨幅度明显高于第三产业产品价格的原因。不可否认的是，南疆第三产业发展已经取得较大进步，十年间南疆地区第三产业增加了 9.34 个百分点，虽然仍低于全疆平均增幅 12.03％，但只要不断克服困难，寻找适宜的发展模式，取得长足进步只是时间问题。2016 年提出第十三个"五年规划"，在新常态发展背景下，我国产业结构发展实现较大的突破，南疆地区实现"三、一、二"的整体产业结构模式。就全疆产业结构发展而言，2015 年已迈入"三、二、一"倒金字塔形产业结构，全国 2013 年已实现产业结构倒金字塔形结构。新疆整体产业结构正在逐渐调整，南疆地区更是积极响应调整方案，虽滞后于全国平均水平，但提升较快，发展趋势良好。

南疆地区产业结构演进符合产业结构演进基本理论，即配第一克拉克与霍夫曼定理等，也就是说南疆地区一产的经济贡献率降低，二、三产业对经济增长的拉动作用愈发明显。虽然南疆五地州第三产业发展仍较为落后，但已经处于工业化发展加速阶段，这是一个良好的表现。南疆地区长期依赖于丰富的矿产资源发展经济，以传统采矿业为主，新经济环境下，依靠政府政策的大力支持与区域战略合作计划的实施，在发展重化工业的同时，构建了一批具有特色的产业集群，产业规模效逐渐凸显，第二产业创造的产值高于第三产业。为预防经济发展"棘轮效应"的发生与扩大，南疆地区经济发展应增加对第三产业的关注度，加大对第三产业的支持力度。

（三）南疆产业结构高级化趋势

产业结构高级化是指一个国家国民经济的产业结构由劳动密集型产业为主的低级结构向以知识、技术密集型产业为主的高级结构调整、转变的过程及趋势。本研究采用的产业高级化计算公式是地区第二产业产值与第三产业产值之和除以第一产业产值。根据所得数据绘制图3-4。

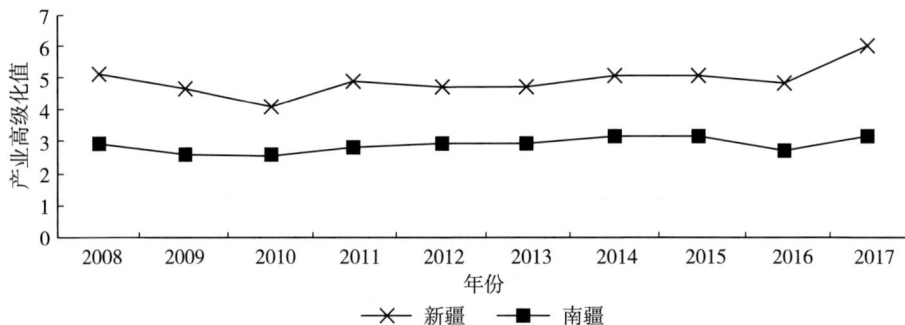

图3-4 2008—2017年南疆产业结构高级化趋势

据图3-4所示，南疆地区产业结构高级化趋势共分为三个阶段。第一阶段直线下降，2008年南疆地区产业结构高级化所得比值为2.96，至2010年为2.48，下降0.48。第二阶段曲折上升，2011年南疆地区产业结构高级化所得比值为2.86，到2015年为3.11，增长0.25。第三阶段锐增。南疆地区产业结构高级化所得比值在2016年为2.62，至2017年为3.20，增长0.58。全疆地区产业结构高级化趋势与南疆地区产业结构高级化趋势一致，但整体比值高于南疆地区。第一阶段，2008—2010年全疆地区产业结构高级化所得比值由5.08下降至4.04，下降20%。第二阶段，2011年全疆地区产业结构高级化所得比值由4.80增加至2015年4.98，上涨3.7%。第三阶段全疆地区产业结构高级化比值由2016年的4.85上涨至2017年6.01，上涨23.91%。

总体而言，随着国家第十一个"五年规划"结束，2008—2010年南疆以及全疆产业高级化趋势有所下降。整个第十二个"五年规划"期间，全疆产业结构高级化正在向好的趋势转变。第十三个"五年规划"的开展进一步加速了全疆产业结构的高级化步伐。其转变趋势具有阶段性的原因如下：2008—2010年正值全球经济低迷状态，以工业为主的第二产业产值较低，因此产业结构高级化趋势向下。2011—2015年为完整的第十二个"五年规划"时期，全疆根据本地区的需要进行产业结构调整，中央政府实行中东部地区产业转移战略，全疆在接受外来转移产业的同时不断调整自身产业结构占比。所以，南疆及全疆地区产业结构高级化趋势较为不稳定。截至2017年南疆及全疆地区产业结构高级化趋势锐增，一方面在"十二五"期间全疆已逐渐形成稳定且不断升级的产业结构，另一方面是因为第十三个"五年规划"对产业结构升级提出了更高的要求，农业专业化解放了大量的农村劳动力，加上2015年南疆实行农村剩余劳动力转移政策，一部分农村剩余劳动力就地转移就业，由原本以农业为主的第一产业转向以密集型劳动为主的服装加工业等第二产业，另一部分则进行了异地就业，从农村地区转移到以第二、三产业为主的城市地区。农村劳动力的转移改变了三次产业人员配比，进而推动了南疆产业结构高级化。

四、科学技术创新能力

（一）当地政府教育经费投入

人力资本是经济增长的重要源泉，教育是人力资本的主要构成元素，因此教育是提高人力资本储量的重要途径，对经济的发展与产业结构平稳转型起着至关重要的作用。一个地区科学技术创新能力是地区产业结构升级与就业结构调整的必要条件。根据以往文献与数据可得性，本研究选用南疆四地州2008—2017年政府对教育事业的财政投入作为地州科学技术创新能力的代理指标进行分析，具体如表3-5所示。

表3-5 2008—2017年南疆四地州教育支出费用

单位：万元

年份	阿克苏	克州	喀什地区	和田地区
2008	221 200	28 002	305 000	13 760
2009	255 040.5	29 079	393 400	12 691.6

（续）

年份	阿克苏	克州	喀什地区	和田地区
2010	292 819.6	26 925	465 200	20 000
2011	391 180.5	23 200	544 300	35 458.6
2012	445 599.3	28 600	685 900	547 600
2013	506 579.6	19 000	769 900	548 550
2014	517 500	24 000	887 700	549 500
2015	606 500	41 000	1 105 500	545 700
2016	629 000	75 000	1 157 700	553 300
2017	744 400	53 600	1 297 500	745 800

数据来源：《喀什地区 2008—2017 年国民经济和社会发展统计公报》《和田地区 2008—2017 年国民经济和社会发展统计公报》《阿克苏地区 2008—2017 年国民经济和社会发展统计公报》《巴音郭楞蒙古自治州 2008—2017 年国民经济和社会发展统计公报》《克孜勒苏柯尔克孜自治州 2008—2017 年国民经济和社会发展统计公报》。

南疆四地州 2008—2017 年教育支出经费呈逐年上涨态势。其中值得注意的是，和田地区 2008 年当地政府教育支出为 13 760 万元，至 2017 年增长为 745 800 万元，上涨 53.20 倍，位居南疆四地州教育支出上涨率榜首。喀什地区 2008 年教育支出为 30 500 万元，2017 年增加为 1 297 500 万元，增加 992 500 万元，是南疆四地州中教育支出经费增长额最多的地区。阿克苏地区从 2008 年 221 200 万元增加至 2017 年 744 400 万元，增长约 2.37 倍。四地州中增加幅度最小的地区是克州，2008 年地州教育经费投入为 28 002 万元，2017 年为 53 600 万元，增长 91.4%。

（二）南疆教育经费与全疆占比

地区教育经费的投入不仅能反映出地区对教育的重视程度以及地区人力资本存量，还能间接反映地区产业结构的特点与劳动力就业结构（表 3-6、图 3-5）。

表 3-6　2008—2017 年南疆、新疆教育经费支出及全疆占比

单位：万元

年份	南疆四地州	新疆	南疆四地州占比（%）
2008	567 962	2 150 813	26.41
2009	690 211.1	2 612 024	26.42

（续）

年份	南疆四地州	新疆	南疆四地州占比（%）
2010	804 944.6	3 283 310.2	24.52
2011	994 139.1	4 202 471.8	23.66
2012	1 707 699.3	4 908 565.9	34.79
2013	1 844 029.6	5 540 886	33.28
2014	1 978 700	5 867 150	33.73
2015	2 298 700	6 519 221	35.26
2016	2 415 000	7 208 923	33.50
2017	2 841 300	7 893 609	35.99

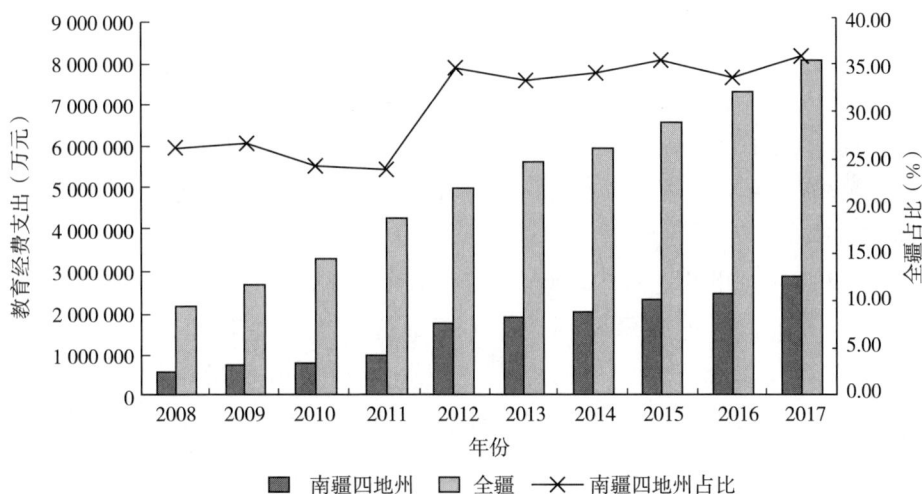

图 3-5　2008—2017 年南疆四地州教育经费支出及其在全疆的占比

如表 3-6、图 3-5 所示，就南疆四地州整体而言，2008—2017 年地区教育经费投入从 567 962 万元上涨至 2 841 300 万元，共增加 2 273 338 万元，增加 4 倍之多。全疆 2008—2017 年教育经费投入从 2 150 813 万元增加至 7 893 609 万元，共增加 5 742 790 万元，增加约 2.67 倍。南疆四地州教育经费支出占全疆教育经费支出比重呈上涨态势，从 2008 年的 26.41% 上涨至

2017 年 35.99％，上涨约 9.58 个百分比。产业结构的升级转型需要大量高素质人才的加入，教育经费的增加为南疆地区提供了更多、更好的受教育机会，提高南疆地区劳动力的基本素养与工作技能，可以使其更快地适应地区产业结构转型升级。

可以看出，南疆四地州教育经费支出与全疆教育经费支出走向一致，呈逐年上涨趋势，且南疆地区教育经费支出增长比例远远大于新疆总体增长水平。这说明中央及地方政府对新疆尤其是南疆地区教育事业的重视程度大大提高，这不仅有利于南疆劳动力资本的积累，更有利于促进南疆地区产业结构高级化，有利于南疆地区经济发展。

第二节 新疆南疆劳动力就业现状

一、南疆劳动力就业水平

地区劳动力就业总量是对一个地区就业水平的体现，进而反映地区产业结构及经济发展状况。在经济新常态背景下，我国经济实力不断增强，产业结构调整创造了许多就业机会，而政府对地区教育经费的投入也对劳动力自身的就业能力起到显著拉动作用。对于南疆地区而言，劳动力就业呈现良好的发展态势。

在南疆五地州的比较中，喀什地区劳动力就业总量在全疆占比排名第一，阿克苏地区、巴州紧随其后，和田地区和克州总就业量占比不相上下，其中克州最低。2008—2017 年，巴州劳动力就业量年均增幅最大，年均增长率为 6.74％。另外，阿克苏地区 2008—2017 年劳动力就业人数年均增长率最低，为 0.35％，增长幅度远远小于其他四地州和南疆地区十年来平均水平。本研究认为产生这种状况是因为众多就业普惠政策在落地实施时存在梗阻现象。近年来，随着劳动力转移就业与城市对口支援政策的下达与实施，南疆阿克苏等地区甚至新疆地区出现较多的就业空间转移现象，北疆地区剩余劳动力主要向内地转移，而大量南疆地区剩余劳动力由于民族、宗教、饮食等原因主要向北疆地区进行转移，至此出现南疆地区范围内劳动力就业数量年均增长幅度较小的现象（参见表 3 - 7、图 3 - 6）。

表 3 - 7 2008—2017 年南疆就业总人数及增长率

单位：万人

年份	2008	2009	2010	2011	2012	2013	2014	2015	2016	2017
就业总人数	63.42	63.16	65.20	70.33	74.84	79.27	81.75	82.40	85.87	92.46
就业增长率（%）	-9.15	-0.41	3.23	7.87	6.40	5.92	3.14	0.79	4.21	7.67

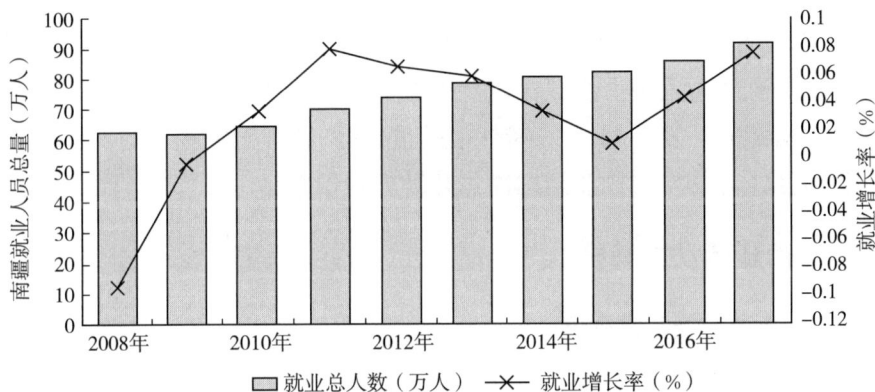

图 3 - 6 2008—2017 年南疆就业人员总量及增长率

但是南疆地区劳动力就业总量依然呈现增长态势。由表 3 - 7、图 3 - 6 可见，南疆地区总就业人员数量从 2008 年 63.42 万人增长到 2017 年 92.46 万人，绝对值增加 29.04 万人，年均增长 2.97%，小于全疆平均水平 0.09%。2008 年和 2009 年南疆五地州除和田地区外劳动力就业增速均为负，具体表现为巴州 2008 年劳动力就业人数总量为 17.72 万人，2009 年下降为 17.13 万人，总就业人数下降 0.59 万人；阿克苏地区 2007 年总就业人数为 21.21 万人，2009 年下降至 16.68 万人，总就业人数下降 4.53 万人；克州 2008 年总就业人数 3.50 万人，2009 年下降至 3.43 万人，下降 2.04%；喀什地区 2007 年就业人数为 18.71 万人，2008 年下降 9.74% 至 17.05 万人。通过进一步分析发现，南疆地区 2008 年和 2009 年劳动力就业年均增长率降低的原因一方面是 2008—2009 年世界经济大环境不景气，导致大量失业现象，南疆地区虽地处偏远，人口总量较少，但也深受其影响；另一方面，国家开始实施西部援疆计划，向西部输入东中部产业结构模式，新疆地区在落实此项战略进行产业结构调整时存在滞后性，进而导致劳动力就业结构与产业结构存在不匹配现象。最后，内地对口支援的城市为大量的南疆地区剩余劳动力提供了工作机会，并随着互联网的普及，南疆地区劳动力更加了解内地情况，内地相对于南疆地区发展空间、机会以及薪酬待遇较为理想，使得疆内劳动力大量转移至内地，因此对全疆范围内劳动力市场的活跃性带来了一定程度上的冲击。

南疆五地州总就业人员占全疆就业人员总量比重从 2008 年 25.55% 增长到 2017 年 27.6%，增长了 2% 左右，呈现出与总就业量相近的变化趋势。南疆五地州总就业人员占全疆比例持续上升，就业状况向好，中东部产业转移部署、西部大开发计划、"一带一路"战略及对口支援政策的实施对于推动全疆地区经济发展与产业结构优化升级起到积极作用。

二、南疆劳动力特征

（一）劳动力受教育程度

一个地区劳动力素质能直接影响劳动生产效率，进而影响生产结构与就业结构。而各级各类学校的毕业生数量能直接反映地区劳动力质量水平。南疆地区 2008—2017 年各级各类学校毕业生人数如表 3-8 所示。

表 3-8 2008—2017 年南疆地区各级各类学校毕业生人数

单位：人

年份	普通高等学校	中等职业学校	普通中学	高中	小学	特殊教育学校
2008	5 038	5 293	242 608	38 290	172 395	454
2009	5 180	13 691	227 712	39 972	168 847	389
2010	6 416	16 612	215 225	42 492	166 938	445
2011	5 525	13 468	200 105	38 563	165 305	322
2012	6 073	22 363	198 442	40 607	158 946	229
2013	6 680	26 428	198 515	44 043	164 539	295
2014	6 123	20 906	196 878	45 675	160 200	46
2015	6 748	20 304	191 736	45 172	155 941	61

（续）

年份	普通高等学校	中等职业学校	普通中学	高中	小学	特殊教育学校
2016	6 813	18 893	203 761	49 593	152 330	130
2017	8 556	32 030	220 884	67 429	158 999	105

数据来源：《喀什地区 2008—2017 年国民经济和社会发展统计公报》《和田地区 2008—2017 年国民经济和社会发展统计公报》《阿克苏地区 2008—2017 年国民经济和社会发展统计公报》《巴音郭楞蒙古自治州 2008—2017 年国民经济和社会发展统计公报》《克孜勒苏柯尔克孜自治州 2008—2017 年国民经济和社会发展统计公报》。

从表 3-8 可知，2008—2017 年，南疆毕业生人数中受过中等教育及以上教育的人数大体呈增加趋势。中等职业学校毕业生人数从 2008 年 5 293 人上涨至 2017 年 32 030 人，增长绝对值为 26 737 人，增长约 5.05 倍，位居南疆地区各级各类学校毕业生人数榜首。随后是高中毕业生人数增长较为明显，从 2008 年 38 290 人上涨至 2017 年 67 429 人，上涨约 76%。第三是普通高等学校毕业生人数，从 2008 年 5 038 人增加至 2017 年 8 556 人，增加约 70%。除此之外，基础教育的毕业生人数逐渐较少，小学毕业生人数从 2008 年 172 395 人下降至 158 999 人，下降绝对数为 21 724 人，下降 8 个百分点。普通中学人数从 2008 年 242 608 人减少至 2017 年 220 884 人，减少 9%。特殊学校毕业生人数从 2008 年 454 人下降至 105 人，下降 77%。中等职业学校、高中、普通高等学校毕业生人数逐年增长的原因如下，南疆地区接受全国"援疆计划"的支持，大量接受东中部第二、三产业转移，纺织与服务产业需要有技术有知识的劳动力，中等职业学校和普通高等学校可以根据产业特色的需要培养有相应技能的劳动力，因此，南疆地区中等职业院校和普通高等学校的毕业人数逐渐增加。高中培养出的毕业生是具有理论知识和专业技术的青年，他们在产业发展中结合实践经验更能使产业向好发展。而小学、普通中学与特殊学校学生毕业人数逐年减少的原因有：其一，劳动力的就业迁移，许多劳动力在北疆及其他地区就业其子女随迁。其二，不乏部分地区较为贫困无法保障孩子持续入学。其三，计划生育及优生优育政策的普及使特殊儿童数量有所降低。总体而言，南疆地区劳动力受教育程度不断提高，这得益于国家及地方政府政策的倾斜，以及教育经费投入的增加。受教育水平的提升，为南疆地区劳动力市场储备了大量的人力资本，为

单位：人

表 3 - 9　2008—2019 年南疆、新疆各类学校毕业生人数

年份	普通高等学校		中等职业学院		普通高中		普通中学		小学		特殊教育学院	
	南疆	新疆	南疆	新疆	南疆	新疆	南疆	新疆	南疆	新疆	南疆	新疆
2008	5 038	54 290	5 293	32 537	38 290	135 240	242 608	507 098	172 395	349 300	454	859
2009	5 180	57 071	13 691	59 414	39 972	137 290	227 712	492 259	168 847	339 836	389	935
2010	6 416	63 543	16 612	66 383	42 492	135 706	215 225	473 216	166 938	334 362	445	923
2011	5 525	63 798	13 468	64 508	38 563	129 478	200 105	457 944	165 305	327 704	322	652
2012	6 073	64 591	22 363	71 288	40 607	135 089	198 442	454 590	158 946	321 020	229	522
2013	6 680	69 983	26 428	74 860	44 043	139 843	198 515	451 275	164 539	321 294	295	680
2014	6 123	67 494	20 906	70 764	45 675	141 332	196 878	441 274	160 200	309 085	46	293
2015	6 748	69 660	20 304	65 161	45 172	139 054	191 736	436 574	155 941	300 407	61	267
2016	6 813	73 711	18 893	54 934	49 593	144 332	203 761	447 635	152 330	297 116	130	350
2017	8 556	78 686	32 030	64 318	67 429	161 857	220 884	462 418	158 999	308 950	105	386

南疆地区产业结构转型升级提供了保障。

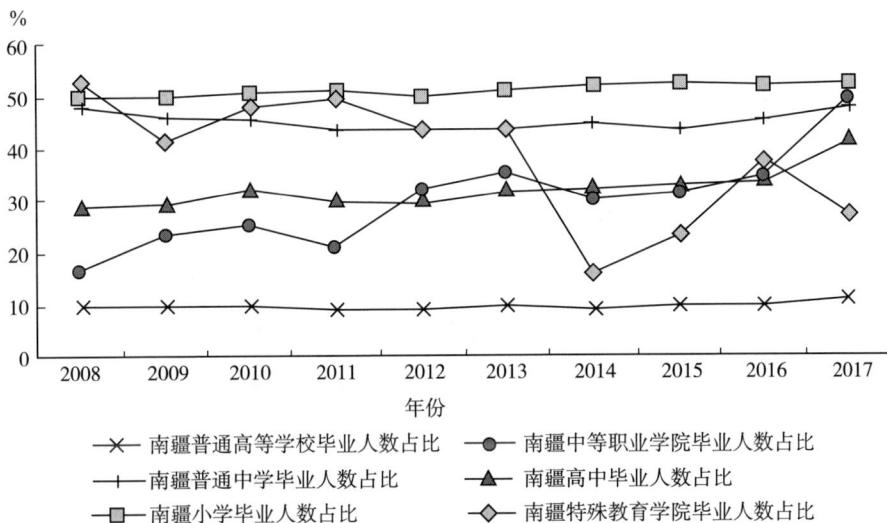

图 3-7 南疆各类学校毕业生人数在新疆的占比

分析表 3-9、图 3-7 发现，与新疆整体情况相比，南疆地区小学阶段毕业生人数持续保持在较低水平，在全疆的占比，从 2008 年 49.35％增长到 51.46％，十年间增长 2.11 个百分点。而普通中学毕业人数与特殊教育学院人数占比全疆十年间减少 0.08 与 25.65 个百分点。除此之外，值得注意的是南疆地区中等职业学校的毕业生人数在新疆的占比在十年期间持续上涨，从 2008 年 16.27％上涨至 2017 年 49.80％，增长 33.53 个百分点，位居南疆各级各类学校毕业生人数占新疆毕业生人数榜首。随后是高中，从 2008 年占比为 28.31％上涨至 2017 年 41.66％，上涨 13.35 个百分点。最后是普通高等院校 2008 年占比为 9.28％，2017 年为 10.87％，增加 1.59 个百分点。南疆地区中等职业学校毕业生人数占全疆中等职业教育学校毕业人数的占比不断增加的原因有：一方面，南疆地区由于经济发展得到中央与地方政府的大力支持，承接多数纺织服装类等第二产业，需要大量有技术能力的劳动力，为南疆提供大量就业机会，中等职业院校针对当地二、三产业发展需求开设相应的专业和技术培训课程。同时由于南疆地区教育水平较低，进行高等教育机会的可能性较低且居民可支配收入无法保障学生的长期受教育支出，因此，南疆多数劳动力会选择在中等职业院校学习后上岗就业。另一方面，由于南疆地区教育发展较为落后，汉语教育普及较为滞后但仍在积极推进，在中职培训后可以让南疆劳动力更加快速地融入工作岗位。教育政策的实施与支援，有利于提高劳动力的整体素质与生产技能，增强劳动力人力资本，推动南疆地区整体就业情况向好发展，从而推动新疆地区经济快速发展。

（二）劳动力民族、性别占比

劳动力的民族与性别也是劳动力就业结构发展的重要考虑因素。南疆处于少数民族人口众多之地，少数民族多以维吾尔族为主。产业结构中性别因素也能反映出地区经济与观念双重发展的情况。具体数据如表 3-10 与表 3-11。

表 3-10   2017 年南疆五地州少数民族人口数量及占比

单位：人

地区	总人口数	少数民族人口数	少数民族占总人口比重（％）
巴州	1 241 302	577 112	46.5
阿克苏	2 545 823	2 077 792	81.6
克州	620 591	579 187	93.3
喀什	4 649 670	4 361 640	93.8
和田	2 522 767	2 450 134	97.1

数据来源：《2018 年新疆统计年鉴》。

表 3-11   新疆各个产业女性劳动力数量占比（％）

年份	一产	二产	三产
2008	42.99	30.18	59.36
2009	43.88	29.76	59.48
2010	44.06	28.65	58.63
2011	44.00	27.44	59.59
2012	43.89	25.58	57.80
2013	45.05	24.09	56.30
2014	44.03	25.00	57.17
2015	43.40	25.06	56.16
2016	42.64	25.72	56.64
2017	40.86	24.65	54.35

数据来源：《中国劳动统计年鉴（2009—2018）》。

对新疆五地州少数民族人口数量进行统计发现，2017 年和田地区总人口数为 2 522 767 人，少数民族人口数为 2 450 134 人，占总人口 97.15%，是五地州中少数民族人口最多的地区。喀什地区与克州占比不相上下，分别为 93.8% 和 93.3%。阿克苏地区紧随其后为 81.6%。少数民族人口数量最少的地区为巴州，为 46.5%。分析各地州人口基本状况可以发现巴州人口基数少，劳动力就业转移较为明显。

新疆第三产业女性劳动力占比较高，平均在 55% 左右，其次是一产，平均在 43% 左右，最低的是二产。其原因是：随着教育的普及，女性地位的提高，女性在外工作已经成为现代和谐社会男女平等的重要标志。新疆地区第三产业主要以服务业为主，其行业特点是相对于以农业为主的第一产业，劳动力不用消耗过大的体力。而第二产业较大程度上具有一定的技术性，吸纳女性劳动力以年轻人为主，而大部分中年及以上女性，因受教育机会较少及年龄问题较难承受以密集型劳动为主的第二产业，因此第三产业吸引了众多女性就业。故第三产业女性劳动力数量远远大于以重工业为主、需要密集型劳动的第二产业劳动者数量，也略高于以体力为主的第一产业劳动力数量。随着人口的增加，新疆女性一、二、三产产业中劳动力数量在 2008—2017 年都有增长的趋势，这也是推动新疆产业结构升级的重要推力。

三、南疆劳动力就业结构现状

三产间劳动力资源配置状况可以直接反映出地区产业结构配比，也是劳动力就业结构最直观的表现。库兹·涅茨指出，工业化起步阶段，伴随着产业结构的变化，第一产劳动力占比不断降低，第二、三产劳动力占比呈现不断上升的状态；工业化发展到达中期阶段后，一产劳动力比例和产业产值比例将延续起步阶段的状态，持续下降，这时二产劳动力人口比例会维持相对稳定状态或许还会有些许增加。处于这个阶段时，二产的经济增长贡献依然不断提高，可是一旦达到一定程度，二产吸纳劳动力的能力会受到限制。第三产业兴起后，其劳动力比重会持续上升，增长速度会不断加快，并超过其产业产值比重增长速度。

（一）五地州三次产业劳动力就业结构构成

2008 年以来，我国不断加大对西部地区的政策扶持，产业结构调整部署、西部大开发计划和"一带一路"倡议实施后，南疆五地州积极响应调整产业结构和各项有利政策，就业结构发生变化（表3-12）。南疆五地州第一产业就业比重基本处于逐渐下降趋势，其中，巴州的第一产业就业比重至2017年仍处于南疆五地州中最高地区，工业化进程最缓慢。十年期间和田地区第一产业就业比重增长变化值最小仅2.52%，工业化进程相对较缓慢。2008—2017年间和田地区第二产业劳动力就业比重不断下降，从2008年11.92%下降至2017年5.42%，下降6.5%，这说明和田地区第二产业吸纳劳动力能力持续降低。但巴州2008年第二产业劳动力就业比重为23.21%，在2017年上涨为19.24%，上涨3.97个百分点，说明巴州在十年间第二产业吸纳劳动力能力持续上升，工业化程度较其他地州高。南疆五地州三产就业比例有明显提高，且一直呈上升趋势，第三产业发展创造了更多的就业岗位，自身也能够吸纳更多的劳动力。对比后发现，变动最小的是克州，就业比重仅增长2.20%。

表3-12 2008—2017年南疆五地州三次产业就业结构（%）

各地区就业结构	年份	2017	2016	2015	2014	2013	2012	2011	2010	2009	2008
第一产业劳动力比重	巴州	20.77	20.27	22.08	20.09	22.13	23.18	24.90	29.66	30.04	32.73
	阿克苏	10.46	11.08	14.40	14.52	16.76	18.64	21.02	20.50	20.87	22.90
	克州	3.58	4.10	4.14	4.51	4.84	5.17	6.35	7.63	8.16	8.29
	喀什地区	6.72	5.77	6.83	7.12	7.17	8.03	10.48	11.61	12.32	13.02
	和田地区	11.29	12.13	13.70	14.13	15.01	14.79	14.75	14.02	13.82	13.81
第二产业劳动力比重	巴州	23.21	24.89	22.58	30.01	28.26	27.27	27.37	20.24	20.22	19.24
	阿克苏	20.44	16.99	17.55	21.16	22.42	20.47	20.09	21.60	20.43	19.42
	克州	9.35	10.26	13.68	9.46	9.79	5.82	4.44	4.68	6.47	6.86
	喀什地区	13.09	15.07	12.97	14.73	15.24	17.09	11.83	11.50	11.38	11.67
	和田地区	5.42	7.33	6.58	7.00	7.35	5.95	9.87	9.31	9.92	11.92
第三产业劳动力比重	巴州	56.01	54.84	55.34	49.91	49.62	49.55	47.72	50.10	49.74	48.02
	阿克苏	69.09	71.93	68.05	64.31	60.82	60.89	58.89	57.91	58.70	57.67
	克州	87.06	85.64	82.18	86.03	85.37	89.01	89.22	87.69	85.37	84.86
	喀什地区	80.19	79.16	80.21	78.16	77.59	74.88	77.70	76.89	76.30	75.31
	和田地区	83.29	80.54	79.72	78.87	77.64	79.25	75.38	76.67	76.26	74.26

数据来源：《新疆统计年鉴（2009—2018）》。

（二）南疆和新疆各产业就业结构构成

南疆五地州农业生产模式的机械化改革使第一产业的所需劳动力数量不断减少，2008—2017年南疆地区第一产业就业人员比重不断下降，从2008年20.97％下降至2017年11.72％，下降9.25个百分点且低于全疆平均增长水平。二产从业人数与就业总人数的比重处于稳定状态，2008年二产就业人数占总就业人数的15.59％，至2017年为15.83％，十年期将上涨0.24个百分点，低于全疆第二产业就业人员数量占比平均水平，并且吸纳劳动力水平始终低于南疆地区第三产业。同时，南疆地区旅游资源的开发推动了一系列行业的发展，加上农村剩余劳动力的转移就业，第三产业就业人员比重在不断上升。从2008年的63.43％增加到2017年72.45％，十年间增加9.02个百分点（图3-8）。不仅如此，南疆地区第三产业劳动力吸纳能力高于全疆第三产业劳动力吸纳程度，并且还有进一步拉大差距的趋势（图3-9）。南疆地区劳动力资源配置基本与全疆的发展规律一致，符合库兹·涅茨法则的描述，证明了南疆地区正处于工业化发展中期阶段。

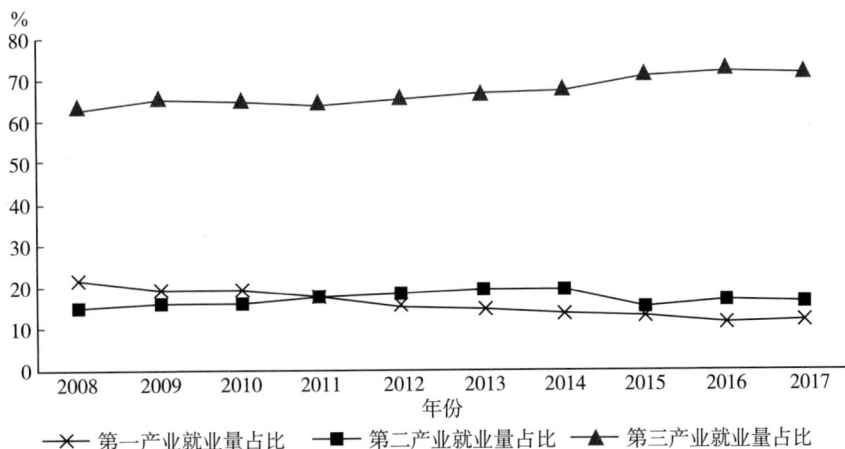

图3-8　2008—2017年南疆地区各产业就业结构构成

通过对比产业结构与就业结构分析可知：一方面，同一时期，当产业结构发生剧烈变动时，劳动力转移具有滞后性，其速度落后于产业结构升级速度，可能引发第一产业过度吸纳劳动力，而二、三产吸纳劳动力数量过少的现象，并会直接导致新兴部门劳动力短缺的问题。另一方面，南疆地区第二

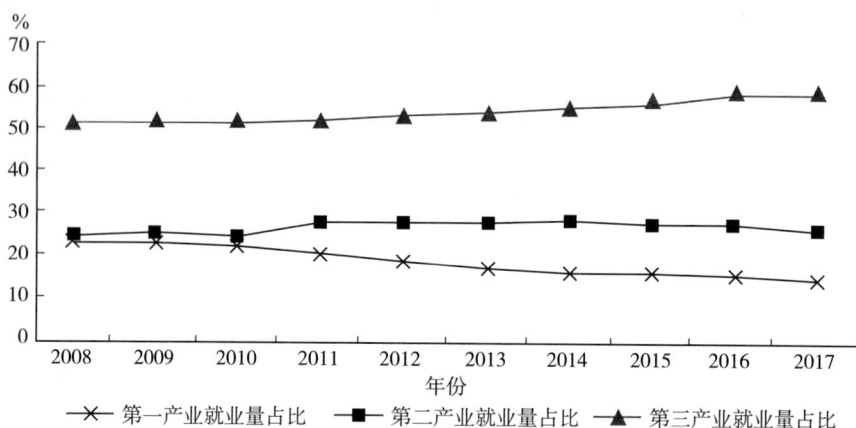

图 3-9　2008—2017 年新疆各产业就业结构构成

产业产值最高，但其吸纳劳动力数量却是最低的，第三产业产值与其他产业产值相比较低，但吸纳劳动力能力最强，能够吸纳更多的劳动力，使得产业结构和就业结构不对称，就业结构相较于产业结构具有滞后性。2008—2017年，南疆地区一产就业量占比下降幅度小于产值下降幅度，二产就业量占比增长幅度小于产值下降幅度，三产就业量占比增长幅度大于产值增加幅度。这说明相比于第一产业，第二、三产业劳动力带动作用更大。究其原因，南疆地区长期是以农业为主的第一产业占据主体地位。农业生产周期较长，且易受自然条件影响，南疆地区自然环境条件较差，这种弱势决定了南疆第一产业与第二、三产业相比，产值增长速度慢，处于劣势地位。因此，在产业结构优化升级过程中，第一产业应与市场需求相结合，实现第一产业发展与每单位产值增长对劳动力带动同时提升，面对第二、三产业发展中出现的就业结构滞后问题，应分析其两者相关性，对劳动力转移就业做出及时调整。

第三节　新疆南疆产业结构与就业结构的相关性分析

一、各产业结构偏离系数

产业带动就业是新疆南疆经济发展的重要手段，但南疆产业结构的发展状况与就业结构间的关系是否平衡，是其产业发展与经济增长间必须要解决的重要问题。探究产业结构与就业结构间适应性的重要手段便是通过了解产业结构偏离程度，就业结构偏离程度、产业结构与就业结构间的偏离程度，解决导致不相称结构的制约因素，从而解决新疆南疆产业结构与就业结构间不均衡问题，达到促进就业和经济发展的目标。

对于产业结构与就业结构之间的不对称性，具体可以用结构偏离系数表示，公式如下：

$$\varphi_i = \omega_i - G_i \tag{3.1}$$

其中，φ_i 指结构偏差系数，ω_i 指某一产业就业比重，G_i 指某产业 GDP 比重，当 $\omega_i = 0$ 时，产业结构和就业结构处于均衡状态，$|\varphi_i|$ 越大，产业结构和就业结构之间偏离程度越大，当 φ_i 为正值时，说明该产业劳动力较多，相对劳动生产率越低，劳动力很有可能转出；反之该产业存在劳动力转入可能。

表 3-13、表 3-14 分别反映了南疆和新疆各产业结构偏离系数的计算过程，由图 3-10、图 3-11 可以看出，南疆地区就业结构和产业结构已经严重偏离。主要表现为以下两个方面：第一，第三产业就业偏离最为严重，其次是第二产业，第一产业偏离程度最小。第二，第三产业就业偏离系数始终为正，虽有少许下降趋势，但下降速度与全疆平均水平相比极其缓慢。如果第三产业就业人数过多，会导致生产率的降低，在完成产值预期目标的前提下造成产业内部人员冗余，剩余的劳动力需要进一步转移。第二产业结构偏离系数为负，第二产业就业比重低于第二产业产值，说明劳动生产率较高，可以吸纳更多的劳动力。但是，南疆地区第二产业结构偏离系数与全疆平均水平的变化趋势有异，2008—2017 年在 -0.3～-0.2 内徘徊，并有向上的趋势。但值得注意的是 2016—2017 年略有减少，这反映出南疆地区第二产业发展向好，可以吸纳更多劳动力。第一产业结构偏离系数也为负值，并且第一产业就业结构偏离程度最小，就业结构与产业结构匹配度最高，并且逐渐具有趋于零的趋势。

二、劳动力就业弹性

南疆地区由于受到地理位置、历史等因素影响，经济发展相对落后。南疆地区教育发展也相对较落后，劳动力素质相对较低，因此就业能力较低。促进就业是攻克南疆贫穷问题的重要手段，南疆就业问题的解决可以缓解南疆地区的民生问题与贫困问题。党中央提出 2020 年全面实现小康社会总目

表 3 – 13　2008—2017 年南疆各产业结构偏离系数（%）

产业结构 偏离系数	2008	2009	2010	2011	2012	2013	2014	2015	2016	2017
ω第一产业	20.97%	19.38%	18.93%	17.58%	15.51%	14.54%	13.22%	13.29%	11.43%	11.72%
G第一产业	25.23%	27.82%	28.73%	25.88%	25.77%	25.37%	24.02%	24.34%	27.64%	23.80%
φ第一产业	-0.042 5	-0.084 4	-0.098 0	-0.083 0	-0.102 6	-0.108 4	-0.108 0	-0.110 5	-0.162 1	-0.120 8
ω第二产业	15.59%	15.72%	15.92%	17.60%	18.69%	19.37%	19.12%	15.58%	16.33%	15.83%
G第二产业	45.33%	39.69%	40.76%	44.18%	43.40%	42.80%	42.03%	38.69%	34.20%	37.42%
φ第二产业	-0.297 4	-0.239 7	-0.248 4	-0.265 8	-0.247 1	-0.234 3	-0.229 0	-0.231 1	-0.178 7	-0.215 9
ω第三产业	63.43%	64.90%	65.15%	64.82%	65.80%	66.09%	67.66%	71.14%	72.24%	72.45%
G第三产业	29.44%	32.49%	30.51%	29.94%	30.83%	31.83%	33.95%	36.98%	38.16%	38.78%
φ第三产业	0.339 9	0.324 1	0.346 4	0.348 8	0.349 7	0.342 6	0.337 1	0.341 6	0.340 8	0.336 7

表 3 – 14　2008—2017 年新疆各产业结构偏离系数（%）

产业结构 偏离系数	2008	2009	2010	2011	2012	2013	2014	2015	2016	2017
ω第一产业	24.16%	23.24%	22.88%	20.74%	19.46%	17.74%	16.72%	16.31%	15.22%	14.83%
G第一产业	16.44%	17.76%	19.84%	17.23%	17.60%	17.56%	16.59%	16.72%	17.09%	45.40%
φ第一产业	0.077 2	0.054 7	0.030 5	0.035 1	0.018 7	0.001 8	0.001 3	-0.004 1	-0.018 7	-0.305 7
ω第二产业	25.21%	25.39%	25.32%	27.56%	27.50%	28.43%	28.47%	27.22%	26.99%	26.14%
G第二产业	49.64%	45.11%	47.67%	48.80%	46.39%	45.05%	42.58%	38.57%	37.79%	12.23%
φ第二产业	-0.244 3	-0.197 3	-0.223 5	-0.212 4	-0.188 9	-0.166 2	-0.141 1	-0.113 5	-0.108 1	0.139 1
ω第三产业	50.63%	51.38%	51.79%	51.70%	53.04%	53.83%	54.81%	56.47%	57.79%	59.03%
G第三产业	33.91%	37.12%	32.49%	33.97%	36.02%	37.39%	40.83%	44.71%	45.12%	42.37%
φ第三产业	0.167 1	0.142 6	0.193 0	0.177 3	0.170 2	0.164 4	0.139 8	0.117 6	0.126 7	0.166 6

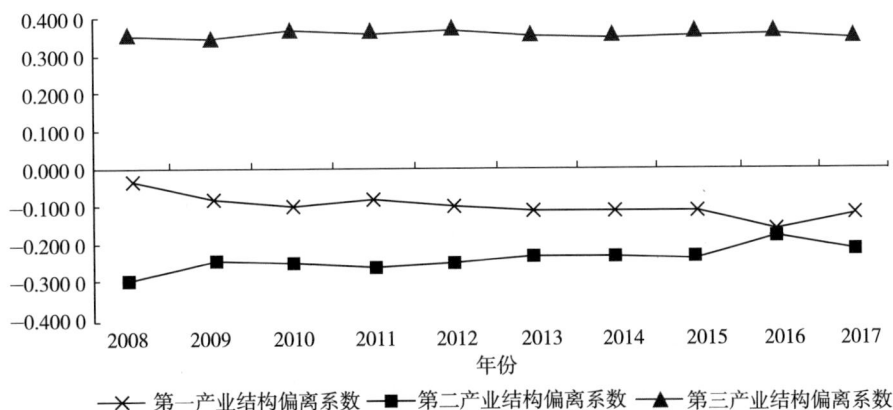

图 3-10　南疆地区各产业结构偏离系数

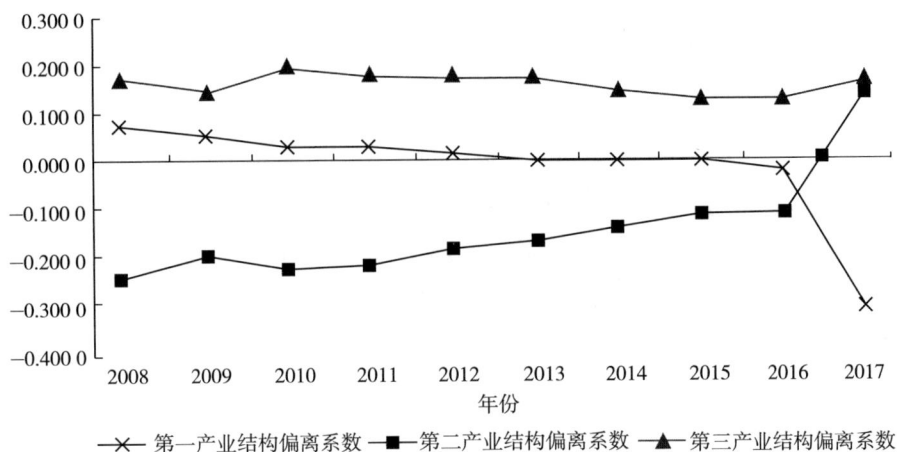

图 3-11　新疆各产业结构偏离系数

标，对于南疆地区而言，就业便是全面小康总目标实现的重要手段。随着农业技术的进步和农业生产率提高南疆地区农村剩余劳动力增多，提升其劳动技能，促进劳动力就业转移尤为重要。在各级政府政策鼓励及机制建立下，南疆地区开展许多职业教育培训服务项目，劳动力经过培训后进入第二产业就业，在产业产值不断增长的背景下，许多劳动力还选择参与第三产业就业。探究南疆劳动力就业弹性一方面可以了解新疆南疆劳动力就业、经济增长情况。另一方面，可为国家及各级政府制定相应的就业政策提供理论基础。

就业弹性系数是就业人数变化对经济增长的反映程度，即经济增长每改变一个单位，就业人数也相应地改变若干个单位的比值。就业弹性的公式具体如下：

$$e_i = l_i/y_i \qquad (3.2)$$

其中，e_i 表示就业弹性，l_i 表示就业人数增长率，y_i 表示 GDP 增长率。

在实际情况中，产业增长率与就业增长率具有不一致性，实际产出水平增加是就业数量增加的必要非充分条件。受就业弹性影响，其取值为正时，随着产业总产值增加，总就业人数也会相对应增加，并且取值越高，产业的劳动力拉动作用越突出；当取值为 0 时，则说明经济增长没有带动劳动力就业增长；当取值为负时，经济增长对劳动力就业的影响可能出现以下两种情况：一是"挤出"效应，表现为经济增长但就业减少，就业弹性绝对值越大，"挤出"效应越明显，就业弹性绝对值越小，其作用的效果越轻微；二是"吸入"效应，反映的是当经济处于负增长，就业量却出现增加，当就业弹性绝对值越大，作用于就业的"吸入"效应越突出，而就业弹性绝对值越小，其作用越轻微。

根据公式（3.2），利用新疆和南疆就业增长率和产业产值增长率（表 3-15、表 3-16）分别计算出总就业弹性和三次产业就业弹性，如表 3-17。

表 3-15　2008—2017 年南疆就业人数增长率、产值增长率和就业弹性系数

项目指标	年份	2008	2009	2010	2011	2012	2013	2014	2015	2016	2017
就业人数增长率	一产	−0.26	−0.08	0.01	0.00	−0.06	−0.01	−0.06	0.01	−0.10	0.10
	二产	−0.06	0.00	0.05	0.19	0.13	0.10	0.02	−0.18	0.09	0.04
	三产	−0.02	0.02	0.04	0.07	0.08	0.06	0.06	0.06	0.06	0.08
	总计	−0.09	0.00	0.04	0.08	0.06	0.05	0.03	0.01	0.04	0.08
生产总值增长率	一产	0.65	0.14	0.27	0.11	0.18	0.13	0.05	0.06	0.07	−0.04
	二产	0.39	−0.09	0.26	0.34	0.16	0.13	0.08	−0.04	−0.17	0.22
	三产	0.72	0.14	0.15	0.21	0.22	0.18	0.14	0.13	−0.03	0.13
	总计	0.54	0.03	0.23	0.21	0.18	0.14	0.09	0.04	−0.06	0.11
就业弹性系数	一产	−0.91	−0.22	−0.26	−0.11	−0.24	−0.14	−0.11	−0.04	−0.17	0.14
	二产	−0.44	0.10	−0.22	−0.15	−0.03	−0.03	−0.07	−0.14	0.26	−0.18
	三产	−0.75	−0.12	−0.12	−0.14	−0.14	−0.12	−0.12	−0.07	0.09	−0.05
	总计	−0.63	−0.04	−0.20	−0.16	−0.12	−0.09	−0.07	−0.03	0.10	−0.04

表 3 - 16　2008—2017 年新疆就业人数增长率、产值增长率和就业弹性系数

项目指标＼年份		2008	2009	2010	2011	2012	2013	2014	2015	2016	2017
就业人数增长率	一产	−0.86	−0.03	0.01	−0.01	−0.03	−0.02	−0.04	−0.02	−0.06	0.02
	二产	−0.47	0.01	0.02	0.19	0.03	0.11	0.02	−0.04	0.00	0.01
	三产	−0.57	0.02	0.03	0.09	0.06	0.09	0.04	0.03	0.03	0.07
	总计	−0.70	0.01	0.02	0.10	0.03	0.07	0.02	0.00	0.01	0.05
生产总值增长率	一产	0.10	0.10	0.42	0.06	0.16	0.11	0.05	0.01	0.06	−0.59
	二产	0.27	−0.08	0.34	0.24	0.08	0.08	0.05	−0.09	0.01	−0.95
	三产	0.14	0.11	0.11	0.27	0.20	0.16	0.21	0.10	0.04	−0.86
	总计	0.19	0.02	0.27	0.22	0.14	0.11	0.11	0.01	0.03	0.13
就业弹性系数	一产	−8.63	−0.34	0.02	−0.13	−0.19	−0.21	−0.74	−1.71	−0.99	−0.03
	二产	−1.77	−0.16	0.06	0.79	0.39	1.32	0.51	0.47	0.12	−0.01
	三产	−4.00	0.17	0.27	0.35	0.30	0.56	0.20	0.32	0.76	−0.08
	总计	−3.63	0.29	0.08	0.44	0.25	0.63	0.21	0.34	0.29	0.35

表 3 - 17　2008—2017 年全疆地区和新疆南疆地区就业弹性

年份	总就业弹性		第一产业就业弹性		第二产业就业弹性		第三产业就业弹性	
	南疆	全疆	南疆	全疆	南疆	全疆	南疆	全疆
2008	−0.17	−3.63	−0.41	−8.63	−0.15	−1.77	−0.03	−4.00
2009	−0.12	0.29	−0.57	−0.34	−0.04	−0.16	0.13	0.17
2010	0.14	0.08	0.03	0.02	0.17	0.06	0.23	0.27
2011	0.33	0.44	0.01	−0.13	0.57	0.79	0.34	0.35
2012	0.35	0.25	−0.35	−0.19	0.81	0.39	0.37	0.30
2013	0.40	0.63	−0.06	−0.21	0.75	1.32	0.35	0.56
2014	0.30	0.21	−1.37	−0.74	0.22	0.51	0.31	0.20
2015	0.19	0.34	0.23	−1.71	4.36	0.47	0.44	0.32
2016	−0.74	0.29	−1.46	−0.99	−0.56	0.12	−2.16	0.76
2017	0.67	0.35	−2.55	−0.03	0.20	−0.01	0.60	−0.08

数据来源：经计算所得，所用数据均来自《新疆统计年鉴》《中国劳动统计年鉴》。

2009 年及 2016 年，南疆地区总就业弹性均为正值，并且持续增长，说明当该产业产值增加时，其对该产业就业的拉动作用会相对应提高。2008 年南疆就业弹性系数为 −0.17，到第十二个"五年规划"完成时期南疆就业系数增长到 0.19，增长了 0.36 个单位值，这也说明随着南疆地区经济发展不断进步，发挥了劳动力就业的拉动作用。2017 年拉动效应最为明显，总就业弹性达到最大值 0.67，主要得益于"一带一路"倡议和西部大开发政策的落地实施。"一带一路"建设是经济新常态下南疆地区经济发展的重要推力。

2008 年以来，南疆地区就业弹性系数基本保持负值，与新疆第一产业就业弹性变化趋势相近，说明第一产业劳动力已经饱和，无法容纳更多劳动力，对就业开始出现挤出效应，第一产业从业人员需要向二、三产转移。2010 年、2011 年和 2015 年第一产业就业弹性系数为正，一方面，从供给角度分析，是受第十一、十二个"五年规划"对经济发展产业结构调整的影响进行改变，经济发展需要传统要素驱动向创新要素驱动转变，技术的进步对劳动力需求也会产生影响；随着科技水平的提高第一产业劳动生产率逐步提高，会对劳动力就业产生挤出效应。另一方面，从产品需求上进行分析，农产品属于需求弹性较低的商品，人们可支配收入增加，对农产品的消费在所有支出费用中的比例降低，另外，由于其他产业产品加工技术提高，以农产品为直接原料的加工业就业比重也逐年降低。新经济常态下，供给不变的情况下，劳动力需求量降低，会出现供过于求的局面。这两方面也会导致第一产业产值比重下降和劳动力剩余现象，农村富余劳动力逐步向第二、三产业进行转移。

南疆地区第二产业就业弹性波动较为明显，变动轨迹与新疆平均水平一致。南疆地区拥有较好的资源条件，邻近广阔的中亚市场，吸引了大批外商的投资。另外，南疆地区第二产业起步较晚，第二产业发展空间较大。因此，第十一个"五年规划"期间，南疆地区就业弹性系数为负值但有逐渐上升为正值的趋势，至第十三个"五年规划"以前，南疆地区就业弹性系数为正且持续增长。至 2015 年达最大值 4.36，且高于全疆就业弹性系数平均值。这说明，第二产业的发展对劳动力就业起到明显的拉动作用。但是到第十三个"五年计划"时期，由于南疆地区第二产业已经建立起比较完整的初步工业体系，但存在畸形发展现象，石油天然气重化工业特征明显，对资本投入的依赖度较强。经济可持续发展和促进就业的产业政策实施使第二产业由石油化工业向轻工业转变，南疆第二产业就业弹性系数转变为负值，加上南疆地区积极发展新兴产业与高新技术产业，提高信息化水平，走新兴工业化道路，因此劳动力有所流出。一方面是因为南疆地区劳动力市场基础薄弱，还未达到成熟阶段，受其他地区影响大，但影响其他地区的能力小；另一方面，劳动力市场存在周期性和长期性发展趋势。

南疆地区第三产业就业弹性基本为正值，表明南疆第三产业一直发挥着较为明显的劳动力就业拉动作用，对比一、二、三产业就业弹性系数发现，三产大于一、二产，并且呈上升—下降—上升的螺旋式上升趋势。2017 年达到最高值 0.6，与第一、二产业相比，反映出第三产业对就业的带动能力极强，根据第三产业就业弹性的变化趋势可以看出其对就业的带动作用愈加明显。第三产业是以服务业为主，可伴随第一、二产业行业衍生，涉及行业多、门类广、劳动、技术、知识密集行业并存，具有吸纳各类劳动力就业的先天优势和突出作用，这些特点都使得第三产业成为农村剩余劳动力转移就业的主要方向。此外，随着产业结构的升级转型，南疆地区经济水平逐渐提升，居民第三产业的需求越来越大，居民的需求成为第三产业发展的助推器，保证了第三产业处于比较稳定的高增长状态。因此，第三产业就业弹性相较于其他产业一直较高，不断接受第一、二产业所释放的劳动力。

第四章
新疆南疆劳动力转移就业与边疆安全的相互关系研究

新疆南疆地区水资源严重匮乏，农业属于典型的绿洲经济，而绿洲经济的人口承载能力十分有限，南疆人口居住区人口密度大，人多地少，农业收益较低，农村家庭收入微薄。南疆第二、三产业的发展主要依靠劳动密集型产业，具体表现为简单加工制造等科技含量不高、体力型的劳动密集型产业。南疆转移劳动力主要从事农业生产活动，在第二、三产业从业机会低，且普遍受教育程度不高，缺乏从事二、三产业行业工作所需必要的专业技能和企业工作意识，无法满足南疆地区第二、三产业对技术工人的基本要求。诸多因素使得南疆转移劳动力难以获得心仪的工作岗位和预期的收入。新疆政府为持续保障边疆安全，着力打破南疆转移劳动力的务工困境，建立和谐的就业环境，以南疆四地州为重点，集中为具有劳动能力和就业意愿的农村劳动力进行就业引导。首先为南疆转移劳动力提供免费职业培训和国家通用语言基础培训，希望提高其专业技能水平，从而提高就业能力。其次，政府加强对南疆劳动力转移就业的重视，给接收劳动力就业的企业给予贴息贷款补贴和社会保险补贴等政策支持，进一步拓宽南疆农村劳动力就业方式。那么，当下南疆劳动力转移就业现状如何？南疆劳动力转移就业意愿是否强烈？南疆劳动力转移与边疆安全之间存在何种关系？对此，本研究首先对新疆南疆劳动力转移就业进行现状分析；其次，利用调研数据对南疆劳动力转移就业意愿进行实证分析；最后，基于上述两个方面综合探讨南疆劳动力转移就业与边疆安全的相互关系。

第一节　新疆南疆转移就业劳动力的基本现状

一、南疆转移就业劳动力个人及家庭现状

（一）南疆转移就业劳动力个人基本情况

对抽样调查所得数据进行统计分析发现，在南疆转移劳动力的性别构成

方面，男性约占 56.9％，表明目前南疆转移劳动力以男性为主，在民族构成方面，少数民族是汉族的 2 倍，反映出少数民族是南疆转移劳动力的主力军。从婚姻状况看，未婚劳动力有 149 人，已婚有 338 人，离异、其他分别为 21 人、2 人，也就是说转移劳动力中主要是已婚劳动力，大约占 66.3％。再从受教育水平看，南疆转移劳动力的受教育水平整体偏低，其中大部分仅接受过初中教育，约占 43.10％，接受高中教育的仅有 62 人，接受大专及以上教育的仅有 14.70％。如果将南疆转移劳动力的受教育水平按照教育类型进行划分可以发现，样本中仅有 17.2％的劳动力接受过职业教育，也就是说南疆转移劳动力还是以接受普通教育为主，且大部分是获得初中学历，表明当前南疆转移劳动力的人力资本存量偏低，这与南疆转移劳动力的现实背景相吻合（表 4-1）。

表 4-1　南疆转移就业劳动力个人基本状况

项目	人数	百分比（%）
性别		
男	290	56.90
女	220	43.10
民族		
汉族	172	33.70
少数民族	338	66.30
婚姻状况		
已婚	338	66.30
未婚	149	29.20
离异	21	4.10
其他	2	0.40
受教育水平		
小学以下	14	2.70
小学	51	10
初中	220	43.10
中职	69	13.50
高中	62	12.20
高职	19	3.70

（续）

项目	人数	百分比（％）
大专以上	75	14.70
是否愿意外出务工		
是	455	89.20
否	55	10.80

　　新疆政府为促进南疆地区转移劳动力就业，出台了一系列促进南疆农村劳动力转移就业的有利政策，通过建立成本补偿机制，与用人单位合作，对接收南疆转移劳动力的企业给予合理的经济补贴，这些在一定程度上增加了各类型企业对南疆劳动力的需求。目前已略有成效，南疆转移劳动力在国有企业获得岗位的占 48.2％，在私营企业获得岗位的比例占 43.9％，在集体企业和个体企获得岗位的劳动力分别占 0.2％和 7.6％。从南疆转移劳动力的工种来看，目前南疆转移劳动力的工种结构属于"锥形"结构，有少量劳动力从事的工种为苦力或技工，大部分南疆转移劳动力的工种为普工，而管理类和普通行政的劳动力仅占样本总量的 2.5％和 3.3％。从劳动力签署的合同期限来看，南疆转移劳动力大多数签署的劳动合同期限为 1～3 年，仅有 7.6％和 2.9％的转移劳动力分别签署 2～5 年和 5 年以上劳动合同，有 21.9％的南疆转移劳动力签署 1 年以下劳动合同或者未签署劳动合同。表明目前南疆外出务工的转移劳动力就业环境并不稳定，亟待改善（表 4-2）。

表 4-2　南疆转移就业劳动力就业的基本现状

项目	人数	百分比（％）
所在单位的性质		
国有企业	246	48.20
私营企业	224	43.90
集体企业	1	0.20
个体企业	39	7.60
务工的工种为		
苦力	94	18.40
普工	307	60.20

（续）

项目	人数	百分比（％）
技工	79	15.50
普通行政	13	2.50
管理类	17	3.30
外出务工签订的劳动合同期限		
没有签订	39	7.60
1 年以下	73	14.30
1～3 年	344	67.50
3～5 年	39	7.60
5 年以上	15	2.90

（二）南疆转移就业劳动力家庭基本现状

从南疆转移劳动力的家庭基本状况来看，家庭平均人口数 5 人，家庭人口数最大值 10 人，最小值 2 人。说明南疆转移劳动力家庭比一般家庭的家庭人口数多，这主要和南疆转移劳动力的民族构成、婚育习俗、生活现状有关，少数民族家庭比一般家庭孩子的数量略多，加之其长期居住在农村，大部分家庭与老人同住。由于南疆地广人稀，通过家庭耕地面积统计显示，部分家庭耕地面积有 90 亩，但家庭平均耕地面积仅为 6.92 亩。受地理位置的限制，南疆转移劳动力的居住地距县城较远，部分家庭所在地距县城 200 千米，家庭所在地与县城的平均距离为 23.94 千米。近几年南疆地区合理规划，大力进行产业结构调整，使得南疆农村地区的剩余劳动力不得不选择转移就业，通过对家庭外出务工人数进行统计，每一个家庭就有 2 人在外务工，最多的家庭同时有 5 人在外务工（表 4-3）。

表 4-3 南疆转移就业劳动力家庭基本信息（N＝510）

家庭基本信息	极小值	极大值	均值	标准差
家庭人口数	2	10	4.34	1.24
家庭耕地面积	0	90	6.92	10.43
家庭所在地距离县城（千米）	0	200	23.94	29.46
家庭外出务工人数	1	5	1.83	0.811

注：样本数量为 510 个。

因此，南疆农村地区的家庭收入主要来源为转移劳动力的务工收入，调查结果显示，有91.18%的劳动力表示，其家庭收入主要来源于务工收入，仅有8.82%的家庭依然以务农作为主要的收入来源。然而，从南疆转移劳动力的其他家庭信息来看，情况并不理想，南疆转移劳动力的父母受教育程度均不高，普遍处于初中及以下水平。其中，有21%的家庭中父亲的受教育程度在小学以下，37.8%的家庭中父亲为小学受教育程度，26.7%的家庭中父亲接受过初中教育。有25.3%的家庭中母亲的受教育程度在小学以下，44.1%的家庭中母亲为小学受教育程度，20.4%的家庭中母亲接受过初中教育。由于受教育水平不高，南疆转移劳动力的父母主要以农业生产为生，主要从事农业生产的父亲占比70.4%、母亲占比74.47%（表4-4）。

表4-4　南疆转移就业劳动力父母受教育程度和职业类型

项目	人数	百分比（%）
父亲受教育程度		
小学以下	107	21.00
小学	193	37.80
初中	136	26.70
中职	17	3.30
高中	41	8.00
高职	16	3.10
母亲受教育程度		
小学以下	129	25.30
小学	225	44.10
初中	104	20.40
中职	13	2.50
高中	30	5.90
高职	9	1.80
父亲的职业类型		
务农	359	70.40
务工	83	16.30
其他	68	13.30

（续）

项目	人数	百分比（%）
母亲的职业类型		
务农	381	74.70
务工	70	13.70
其他	59	11.60

通过上述统计结果可以看出，南疆转移劳动力的父亲外出务工人数占比16.3%，母亲外出务工人数占比13.7%，有55.3%的劳动力表示家里有老人需要照顾，也有46.5%的劳动力表示家里有6岁以下的子女需要照料。该数据结果也证实了，因家中有老人或小孩需要照看，所以女性劳动力外出务工受到限制，其外出务工的成本要高于男性。为降低南疆转移劳动力外出就业的成本，政府为南疆农村地区提供民生工程，并提高公共服务水平，目前已略见成效，体现在有80.8%的劳动力表示其家庭居住地交通相对较为便利，仅有19.2%的劳动力表示其家庭居住地交通不便利（表4-5）。

表4-5 南疆转移就业劳动力家庭其他基本情况

项目	人数	百分比（%）
需要被照料老人		
是	282	55.30
否	228	44.70
家庭居住地交通是否便利		
是	412	80.80
否	98	19.20
需要照料6岁以下的子女		
是	237	46.50
否	273	53.50

二、南疆转移就业劳动力学校教育水平

（一）南疆转移就业劳动力学校教育水平的性别构成

从南疆转移劳动力接受教育的性别构成来看，南疆农村男性转移劳动力

与女性在接受教育水平上存在差异，农村男性转移劳动力的受教育水平较低，而女性受教育水平相较于男性略高。在九年义务教育阶段，农村女性转移劳动力接受小学教育的人数比男性多 0.8％，而农村男性劳动力接受初中教育的比例比女性多 15.9％，说明南疆农村男性转移劳动力在义务教育阶段的受教育水平比女性高。从职业教育来看，农村转移劳动力中接受中职教育水平的男性多于女性，而接受高职教育的情况恰恰相反。从接受大专以上教育的情况来看，南疆农村转移劳动力中女性和男性的比例分别为 17.7％和 12.4％，女性比男性高出 5.3％（表 4 - 6）。

表 4 - 6　南疆转移就业劳动力学校教育的性别构成（％）

受教育水平	男	女	合计
小学以下	0.70	5.50	2.70
小学	9.70	10.50	10.00
初中	50.00	34.10	43.10
中职	12.10	15.50	13.50
高中	10.70	14.10	12.20
高职	4.50	2.70	3.70
大专以上	12.40	17.70	14.70

（二）南疆转移就业劳动力学校教育水平的民族构成

从南疆转移劳动力受教育水平的民族构成上来看，汉族受教育水平明显高于少数民族。南疆农村汉族转移劳动力大部分接受过高中及以上教育，其中，高中教育程度约占 20.3％，大专以上教育程度约占 32％。南疆农村少数民族劳动力的受教育水平多集中在义务教育阶段。通过对比南疆农村转移劳动力中汉族和少数民族的受教育水平，受过高中教育的汉族比少数民族高出 12.3 个百分点，受大专以上教育的汉族比少数民族高出 26.1 个百分点。反映出目前南疆农村少数民族转移劳动力的受教育程度普遍偏低，需要采取措施进一步提高其人力资本水平。从职业教育来看，南疆农村少数民族转移劳动力接受职业教育的比例为 18.4％，汉族为 15.2％，说明南疆农村少数民族转移劳动力相对于接受学校教育，更倾向接受职业教育，尤其是中等职业教育，南疆农村少数民族转移劳动力接受中等职业教育的比例比汉族转移劳动力高出 4.6 个百分点（表 4-7）。

表 4-7　南疆转移就业劳动力学校教育的民族构成（％）

受教育水平	汉族	少数民族	合计
小学以下	1.70	3.30	2.70
小学	7.00	11.50	10.00
初中	23.80	53.00	43.10
中职	10.50	15.10	13.50
高中	20.30	8.00	12.20
高职	4.70	3.30	3.70
大专及以上	32.00	5.90	14.70

（三）南疆转移就业劳动力学校教育水平的工种构成

外出务工的不同工种对转移劳动力的受教育水平的需求是不同的，通过了解南疆转移劳动力的实际经历，将工种大致分为苦力、普工、技工、普通行政和管理类。从前三种工种类别来看，苦力和普工对受教育水平要求较低，接受小学及以下教育的南疆转移劳动力可从事这两类工种，受初中教育的南疆转移劳动力多从事苦力、普工和技工。接受职业教育的南疆转移劳动力其工种主要是普工和技工，接受高中和大专以上教育的南疆转移劳动力其工种主要是普通行政和管理类（表 4-8）。

表 4-8　南疆转移就业劳动力学校教育的工种构成（％）

受教育水平	苦力	普工	技工	普通行政	管理类	合计
小学以下	4.30	2.60	2.50	0.00	0.00	2.70
小学	9.60	13.70	0.00	0.00	0.00	10.00
初中	75.50	41.70	24.10	7.70	5.90	43.10
中职	2.10	16.60	19.00	0.00	5.90	13.50
高中	5.30	13.40	8.90	30.80	29.40	12.20
高职	0.00	4.20	6.30	0.00	5.90	3.70
大专及以上	3.20	7.80	39.20	61.50	52.90	14.70

三、南疆转移就业劳动力职业培训现状

(一) 南疆转移就业劳动力获得职业培训途径

统计结果显示，当前南疆转移就业劳动力参与职业培训的途径主要以政府提供的岗前培训为主，传统的以学徒式的获得职业技能已逐渐被取代。其中，49％的劳动力表示政府提供的职业培训是其主要的培训渠道，也有33.5％劳动力是通过用人单位提供的上岗培训，还有少数部门劳动力是通过当学徒或在职业学校就读时获得的技能培训，占比分别为 6.9％和 10.6％。但从对职业培训政策了解的情况来看，了解职业培训政策的劳动力占到半数以上，但依旧有 42.4％的劳动力表示对职业培训政策并不了解。说明政府所提供的职业培训途径已初见成效，但有关职业培训政策的详细解读和宣传工作仍需进一步加强，从而使得越来越多的劳动力愿意参与职业培训，提高南疆劳动力整体质量（表 4-9）。

表 4-9 南疆转移劳动力培训途径和政策了解情况

项目	人数	百分比（％）
了解职业培训政策		
是	295	57.80
否	215	42.20
合计	510	100
获得技能培训的主要途径		
务工前县乡职业培训	250	49.00
用人单位上岗培训	171	33.50
中高等职业学校毕业	54	10.60
当学徒	35	6.90
合计	510	100

(二) 南疆转移劳动力参加职业培训意愿

由于南疆转移就业劳动力整体接受学校教育水平较低，为了提高自身的就业竞争力，绝大多数劳动力表现出强烈的培训意愿。其中，有 96.3％的劳动力表示希望参与职业培训，以此提高自身的就业能力，不愿意参与职业培训的劳动力仅占 3.7％。这意味着，在受教育水平一定的前提下，选择职业培训已经成为当下南疆劳动力提高人力资本存量的主要途径。而根据南疆

转移就业劳动力参与职业培训的类型来看，一般性职业培训是当前南疆劳动力选择的主要培训类型，参与应用型培训的比例较低。其中，参加一般性培训的劳动力有 383 人，占比高达 75.1％，仅有 24.9％ 的劳动力选择参与应用型职业技能培训，人数大约是前者的 1/3（表 4-10）。

表 4-10 南疆转移就业劳动力职业培训意愿

项目	人数	百分比（％）
希望参加培训提高能力		
是	491	96.30
否	19	3.70
主要参与的培训类型		
应用技术	127	24.90
一般培训	383	75.10

构建南疆转移劳动力性别与参与职业培训意愿的交叉统计显示，南疆男性劳动力和女性劳动力都具有较为强烈的培训意愿，且南疆男性转移就业劳动力参与职业培训的意愿略高于女性劳动力。具体来看，具有培训意愿的男性劳动力 283 人，女性劳动力愿意参与职业培训的有 208 人，男性劳动力比女性劳动力的的人数多 75 人（表 4-11）。这一方面是因为，在劳动力市场中，男性劳动力的数量显著高于女性劳动力，所以南疆男性转移就业劳动力的竞争压力也高于女性，所以更多的男性劳动力愿意参与职业培训。另一方面是因为，受传统观念的影响，南疆仍有少部分女性劳动力并未得到家庭的支持，需要在家照看老人和小孩，所以这类女性群体并不愿意参与职业培训。

表 4-11 南疆转移就业劳动力参加职业培训意愿的性别和民族现状

项目	希望参加培训提高能力		
	是	否	合计
性别			
男	283	7	290
女	208	12	220
民族			
汉族	166	6	172
少数民族	325	13	338

从南疆劳动力民族构成与参与培训意愿的交叉统计结果来看，在参与调查的 172 名汉族劳动力群体中，具有参与职业培训意愿的人数占比为 96.51%，在参与调查的 338 名少数民族劳动力群体中，有 96.15% 的劳动力表示愿意参与职业培训，从而提高就业能力，前后两者比例接近 1∶1，充分说明南疆劳动力整体具有强烈的参与培训意愿。这主要是因为，无论是南疆汉族劳动力还是少数民族劳动力，其所接受的学校教育水平均不高，导致劳动力在选择转移就业时无法满足劳动力市场的实际需求。特别是对于南疆汉族劳动力而言，若想进入主要劳动力市场，获得较高的收入，更加需要通过参与职业培训，提高自身的就业竞争力。

（三）南疆转移就业劳动力职业培训基本情况

据调查结果显示，随着产业结构的不断调整，劳动力市场对于劳动力质量的要求也不断提高。71% 的劳动力表示其当下所从事的工作需要一定的职业技能。其中，拥有职业资格证书和未拥有职业资格证书的劳动力的数量比例接近 1∶1，分别占比 53.3% 和 46.7%。同时，就劳动力所获得的职业技术职称等级而言，没有职称的劳动力依旧占大多数，有部分劳动力拥有初级职称，而具有中、高级职称的劳动力占比不到 20%。这主要与劳动力参与职业培训的经历有关，统计显示，虽然具有职业培训经历的人数占比接近半数，但还有 53.9% 的劳动力从未参与过职业培训。此外，由于多数参与的政府所提供培训的劳动力主要以一般性培训为主，对此，即使参与过职业培训，南疆劳动力也难以获得较高的职业技术职称（表 4-12）。

表 4-12　南疆转移劳动力职业培训基本现状

项目	人数	百分比（%）
参加过职业技能培训		
是	235	46.10
否	275	53.90
当前从事的职业需要职业技能		
是	362	71.00
否	148	29.00

（续）

项目	人数	百分比（%）
拥有职业资格证书		
是	272	53.30
否	238	46.70
技术职称等级		
无职称	239	46.90
初级职称	173	33.90
中级职称	86	16.90
高级职称及以上	12	2.40

从南疆转移劳动力的培训次数和培训时长来看，南疆转移劳动力参加培训次数与时长存在较大的差异，其中，每年大约参加 2.38 次培训，平均每次参加职业技能培训的时长为 1.86 周，而每年参加技能培训次数最多为 4 次，参加技能培训时长的最高的劳动力为 10 周，是参加培训的劳动力的 10 倍（表 4 - 13）。

表 4 - 13 南疆转移劳动力培训时长

项目	最小值	最大值	均值	标准差
每年参加技能培训的次数	0	4	2.38	1.00
每次参加技能培训的时长（周）	1	10	1.86	1.93

南疆转移就业劳动力的民族构成主要以少数民族劳动力为主，大多数少数民族劳动力具有强烈的转移就业意愿，但缺乏汉语言交流能力，为有效解决少数民族劳动力存在的就业矛盾，政府为其提供了免费的汉语培训。从汉语培训的情况来看，86.7% 的劳动力表示参加过汉语培训，但也有 13.3% 的劳动力表示未参与汉语培训，前者是后者的 6 倍有余，可以看出当下南疆地区的汉语培训推广情况较好。从劳动力参与汉语培训后的效果来看，汉语培训对于提高少数民族劳动力语言能力的效果是显著的，有 80.5% 的劳动力表示参与汉语培训后，能够使用汉语顺利交流，当然也有 19.5% 的少数民族劳动力仍然欠缺一定的语言交流能力（表 4 - 14）。

表 4 - 14 　南疆农村少数民族转移劳动力汉语职业培训经历

项目	人数	百分比（%）
参加过汉语培训		
是	293	86.70
否	45	13.30
合计	338	100
能够使用汉语顺利交流		
是	272	80.50
否	66	19.50
合计	338	100

四、南疆劳动力转移就业及收入现状

（一）南疆劳动力转移就业及收入的基本现状

新疆政府为保障南疆地区，特别是南疆深度贫困地区的劳动力转移就业，政府充分发挥自身的社会职能与经济职能，不断改善南疆地区的民生工程，以税收补贴的方式，向吸纳南疆转移就业劳动力的企业提供一定的政策倾斜，减少税收等优惠。在该背景下，吸纳力较强的国有企业和私营企业积极响应，已成为南疆转移就业劳动力进入的主要就业场所。统计结果显示，有 48.2% 的劳动力进入国有企业就业，有 43.9% 的劳动力选择在私营企业就业，有 7.6% 的劳动力在个体企业就业，仅有 1 人在集体企业就业。从南疆转移劳动力的工种来看，除去工种为苦力的劳动力，剩余劳动力所从事的工种基本呈现出"倒三角"的形式，工种等级越高，劳动力数量越少。其中，从事普工的劳动力占比 60.2%，而从事管理类的劳动力占比仅为 3.3%。从劳动力签署的合同期限来看，大多数南疆转移就业劳动力并不具备稳定性较强的工作，主要以签署合同为 1～3 年的工作为主，签署 3 年以上的劳动力占比 10.5%，而仍有 21.9% 的劳动力表示没有签订合同或签订的合同期限为 1 年以下。从南疆劳动转移就业的就业地期望来看，劳动力期望转移就业的地区主要以疆内为主。其中，期望在南疆工作的劳动力占比超过半数以上，选择在北疆就业的劳动力占比为 32%，仅有 10.6% 的劳动力表示期望到疆外工作。从外出务工方式来看，自主择业已成为南疆劳动力选择转移就业的主要形式，而选择以政府渠道和自主择业的劳动力比例约为1∶1，此外，还有7.5%的劳动力仍以传统的返乡人员带领的形式转移就业（表4-15）。

表4-15　南疆转移就业劳动力就业情况

项目	人数	百分比（%）
所在单位的性质		
国有企业	246	48.20
私营企业	224	43.90
集体企业	1	0.20
个体企业	39	7.60
务工的工种为		
苦力	94	18.40
普工	307	60.20
技工	79	15.50
普通行政	13	2.50
管理类	17	3.30
外出务工签订的劳动合同期限		
没有签订	39	7.60
1年以下	73	14.30
1～3年	344	67.50
3～5年	39	7.60
5年以上	15	2.90
期望在疆内外外出务工的地点		
南疆	293	57.5
北疆	163	32
疆外	54	10.6
外出务工方式		
政府组织集体外出务工	123	24.10
用人单位来当地招工	124	24.30
由外出务工返乡人员带领	38	7.50
自己外出找工作	225	44.10

从南疆转移劳动力的务工时间和收入来看，南疆转移劳动力每周平均工作6天，平均每天工作9.49个小时。其中，每周工作最高为8天，最少为4天，平均每天工作最多高达14个小时，最少为8小时。由于南疆转移劳

动力的工作天数和工作时间均高于普通劳动力的工作时间，所以当前农村劳动力外出务工月收入可以达到 3 434.73 元。其中，收入最高的劳动力可以达到每月 8 000 元，而收入最低的劳动力每月收入仅为 1 000 元（表 4 - 16）。

表 4 - 16　南疆转移就业劳动力务工时间及收入

项目	最小值	最大值	均值	标准差
务工时每周平均工作天数	4	8	5.79	0.821
务工时平均每天工作时长	8	14	9.49	1.83
务工月收入	1 000	8 000	3 434.73	1 118.177

（二）南疆转移劳动力收入的性别和民族构成

从南疆农村劳动力务工收入的性别构成来看，男性劳动力务工收入与女性劳动力务工收入之间未存在较大的差异。其中，务工收入在 2 500 元以下的男性劳动力与女性劳动力基本保持 1∶1，务工收入在 2 500～3 500 元，男性劳动力的比例比女性劳动力低 4.3 个百分点，务工收入在 3 500 以上，男性劳动力的比例比女性高 2.7 个百分点。从南疆农村劳动力务工收入的民族构成来看，务工收入在 3 500 元以下，少数民族劳动力的比例均高于汉族劳动力，务工收入在 3 500 元以上，少数民族劳动力的比例低于汉族劳动力，说明南疆少数民族转移劳动力整体务工收入略低于汉族劳动力。其中，汉族劳动力在 1 000～1 500 元务工收入的比例为 0.6%，低于少数民族 3.5 个百分点，汉族劳动力在 1 500～2 500 元务工收入的比例为 11.6%，低于少数民族 13 个百分点，务工收入在 2 500～3 500 元，汉族劳动力比例比少数民族劳动力低 3.8 个百分点，务工收入在 3 500 元以上，汉族劳动力的比例为 52.3%，少数民族劳动力的比例为 32%，汉族劳动力比例比少数民族劳动力高出 20.3 个百分点（表 4 - 17）。

表 4 - 17　南疆转移就业劳动力收入的性别和民族构成

项目	外出务工月收入			
	1 000～1 500 元	1 500～2 500 元	2 500～3 500 元	3 500 元以上
性别				
男性	2.10%	21.70%	36.20%	40.00%
女性	4.10%	18.20%	40.50%	37.30%

（续）

项目	外出务工月收入			
	1 000～1 500 元	1 500～2 500 元	2 500～3 500 元	3 500 元以上
民族				
汉族	0.60%	11.60%	35.50%	52.30%
少数民族	4.10%	24.60%	39.30%	32.00%

（三）南疆转移劳动力收入的教育水平构成

受教育水平的高低是劳动力素质的重要表现。一般来说，受教育水平越高的劳动者其学习能力较强，更加容易接受新的事物，能够较好地应对一些意料之外的事情，在实际生产中也表现出更高的生产效率。这些突出的表现往往能够带来更高的工资收入。从南疆转移劳动力务工收入的教育水平构成来看，劳动力受教育水平越高，其务工月收入越高，接受职业教育的劳动力其务工月收入基本高于接受大专以下的学校教育的劳动力。其中，务工月收入在 1 500～2 500 元时，接受小学以下教育水平的劳动力比例为 14.3%，接受小学教育水平的比例为 7.8%，两者的比例在各教育阶段均为最高的。务工月收入在 1 500～2 500 元时，劳动力接受高中和大专以上的比例最低，分别为 4.8% 和 2.7%。可以看出，随着劳动力受教育水平的提高，南疆转移劳动力在低收入的比例逐渐降低，当劳动力务工收入达到 3 500 元以上时，受小学以下和小学教育水平的劳动力的比例最低，受大专以上教育水平的比例最高，其比例由最低的 5.9% 上升到 78.7%（表 4－18）。

表 4－18　南疆转移就业劳动力收入的教育水平构成

项目	外出务工月收入			
	1 000～1 500 元	1 500～2 500 元	2 500～3 500 元	3 500 元以上
受教育水平				
小学以下	14.30%	28.60%	35.70%	21.40%
小学	7.80%	58.80%	27.50%	5.90%
初中	2.30%	21.40%	51.80%	24.50%
中职	4.30%	20.30%	24.60%	50.70%
高中	1.60%	4.80%	43.50%	50.00%

（续）

项目	外出务工月收入			
	1 000～1 500 元	1 500～2 500 元	2 500～3 500 元	3 500 元以上
高职	0.00%	15.80%	15.80%	68.40%
大专以上	0.00%	2.70%	18.70%	78.70%
合计	2.90%	20.20%	38.00%	38.80%

（四）南疆转移就业劳动力收入的职业培训构成

从南疆转移劳动力收入的职业培训构成来看，参加过职业技能培训的劳动力，其务工月收入多集中在 2 500～3 500 元和 3 500 元以上，未参加职业技能培训的劳动力，其务工月收入和参加过职业技能培训的劳动力相差不大，只有务工月收入到了 3 500 元以上，参加过职业技能培训的劳动力比例比未参加过职业技能培训的比例高 7 个百分点。从参加的培训类型来看，参加应用型技术培训的劳动力的务工月收入基本维持在 3 500 元以上，参加一般培训的劳动力大多数务工月收入为 2 500～3 500 元，两者平均每月务工收入相差 1 000 元。当务工月收入达到 3 500 元以上时，参加应用型技术培训的劳动力的比例比参加一般培训的劳动力高 40.6 个百分点。从劳动力拥有职业资格证书的现状来看，拥有职业资格证书相较于未拥有职业资格证书的劳动力可以获得更高的务工月收入。其中，当务工月收入为 3 500 元以下时，南疆转移劳动力拥有职业资格证书的作用并未真正体现出来，在收入为 1 000～1 500 元、1 500～2 500 元和 2 500～3 500 元的同等收入水平上，拥有职业资格证书的劳动力的比例分别低于未拥有职业资格证书的劳动力 2.4、17.3 和 16.1 个百分点。但是，当务工月收入在 3 500 元以上时，拥有职业资格证书的比例相较于没有资格证书的比例高 35.8 个百分点（表 4 - 19）。

表 4 - 19　南疆转移就业劳动力收入的职业培训构成

项目	外出务工月收入			
	1 000～1 500 元	1 500～2 500 元	2 500～3 500 元	3 500 元以上
参加过职业技能培训				
是	3.40%	17.00%	37.00%	42.60%
否	2.50%	22.90%	38.90%	35.60%

（续）

项目	外出务工月收入			
	1 000～1 500 元	1 500～2 500 元	2 500～3 500 元	3 500 元以上
主要参与的培训类型				
应用技术	0.00%	11.80%	18.90%	69.30%
一般培训	3.90%	23.00%	44.40%	28.70%
拥有职业资格证书				
是	1.80%	12.10%	30.50%	55.50%
否	4.20%	29.40%	46.60%	19.70%

第二节 南疆劳动力转移就业意愿及影响因素分析

配第一克拉克定理提出劳动力在三次产业中的分布规律，即随着经济发展，劳动力依次由一产向二、三产业移动，第二、三产业中就业人口比重逐步增加。受产业结构升级和城乡收入差距的影响，大量农村剩余劳动力会选择转移就业，他们有的选择在产业间流动，有的选择进入就业率和收入较高的城市或地区就业。农业劳动力转移是城乡经济结构差异及迁移者对迁移成本和效益的权衡，其动力取决于转移就业的就业率和预期收入。2019 年新疆将实现农村富余劳动力转移就业 270 万人，其中南疆四地州 160 万人。[①] 由此可见，南疆转移劳动力已逐渐成为新疆劳动力市场中不可或缺的重要组成部分。那么，在政府提供的转移就业政策的保障下，南疆劳动力转移就业意愿如何？哪些因素将会影响南疆劳动力转移就业？本节将利用调研数据，运用二元 Logit 模型探究南疆劳动力转移就业的影响因素，以期更好地为南疆劳动力选择转移就业提供决策参考。

一、研究设计

（一）变量描述与说明

通过对南疆劳动力转移就业意愿的描述统计可以看出，南疆劳动力年龄

---

① 新疆：2019 年转移就业重点是提高稳定就业率. 人民网，http：//xj. people. com. cn/n2/2018/1226/c186332 - 32455065. html. 2018 年 12 月 26 日.

的均值为 29.76，说明当前南疆劳动力趋于年轻化，平均年龄基本为 30 岁。近年来，随着《南疆贫困家庭劳动力就业扶贫行动》《关于继续实施自治区促进企业就业服务"千乡万村"行动计划的通知》《"四项措施"力促农村富余劳动力转移就业》等促进南疆劳动力转移就业政策的实施和推进，南疆劳动力家庭生活质量有显著提高，其年收入平均达到 5.31 万元。不容忽视的是，从南疆劳动力父亲的受教育水平来看，大多数南疆劳动力父亲的受教育年限仅为 6.51 年，说明南疆劳动力家庭的人力资本积累水平仍旧较低（表 4 - 20）。

表 4 - 20 南疆劳动力转移就业意愿的描述性统计

变量		均值	标准差
年龄		29.76	5.968
家庭年收入		5.31	3.2
父亲的受教育年限		6.51	4.045
是否愿意外出务工		是	否
性别	男	261	29
	女	194	26
民族	汉族	144	28
	少数民族	311	27
受教育水平	小学	47	4
	初中	203	17
	高中	51	11
	大专及以上	63	12
是否希望参加培训提高能力	是	442	49
	否	13	6
是否参加过汉语培训	是	363	32
	否	92	23
主要参与的培训类型	应用技术	116	11
	一般培训	339	44

从转移就业意愿来看，南疆劳动力转移就业意愿强烈，愿意外出务工的

劳动力高达 455 人，未具有转移意愿的劳动力仅有 55 人。在愿意外出务工的样本中，男性劳动力的人数为 261 人，女性劳动力的人数为 194 人，比例接近 1∶1。由于南疆劳动力以少数民族居多，所以愿意外出务工的少数民族劳动力有 311 人，愿意外出务工的汉族劳动力有 144 人，表明相对汉族，少数民族更愿意外出务工。受南疆经济水平发展落后，以及优质教师资源相对匮乏的双重制约，南疆教育发展质量较低，南疆农村劳动力的受教育水平大多集中于初中学历，人数达到 203 人，小学、高中和大专及以上学历的人数分别为 47 人、51 人和 63 人。基于较低的人力资本存量，为提高自身外出务工的竞争力，有 442 人希望通过参加培训提高就业能力。鉴于南疆大多数少数民族劳动力汉语水平较低，政府为南疆劳动力提供免费的普通话培训，而从调研结果来看，参加过汉语培训的劳动力更愿意外出务工就业，人数达到 363 人，说明汉语培训能够有效促进南疆劳动力转移就业。对于职业培训而言，主要以一般培训为主，应用技术为辅，但不论参与过一般培训还是应用技术培训，劳动力均表现出较强的转移就业意愿。

(二) 变量说明

本研究所涉及的变量主要分为两大类，分别为被解释变量，核心解释变量，其中，被解释变量为南疆劳动力转移就业意愿，以是否愿意外出务工代替，为虚拟变量，"是"编码为"1"，"否"编码为"0"。核心解释变量主要包括个体特征、教育水平、培训经历以及家庭特征。个体特征主要包括性别、年龄和民族，其中，性别以女性为参照组，编码为"0"，男性编码为"1"，民族变量以少数民族为参照组，编码为"0"，汉族编码为"1"，年龄则为连续变量。教育水平主要分为小学、初中、高中、大专及以上四个等级，为便于计量分析，将四个教育水平均设置为虚拟变量，以初中教育水平作为参照组。考虑到南疆劳动力大多家庭贫困，且家庭人口数较多，家庭经济水平和人力资本存量可能会影响南疆劳动力转移就业意愿，故将家庭年收入和父亲的受教育年限也纳入到影响因素当中，且两者皆为连续变量。培训主要从劳动力接受培训的意愿、是否接受过汉语培训以及参与职业培训的主要类型三方面进行衡量，将参与培训意愿、是否接受过汉语培训和职业培训类型均设定为虚拟变量，愿意通过培训提高能力编码为"1"，否则为"0"，并将后者作为参照组；参加过汉语培训编码为"1"，未参加过汉语培训编码为"0"，将未参加过汉语培训作为参照组。参加与工作密切相关的应用技术型的培训编码为"1"，参加通用技术类即一般培训编码为"0"，并以一般培训为参照组（表4-21）。

表4-21　变量定义与说明

变量	定义	均值	标准差
是否愿意外出务工	是＝1，否＝0	0.89	0.31
性别	女＝0，男＝1	0.57	0.496
民族	少数民族＝0，汉族＝1	0.34	0.473
年龄	连续变量	29.76	5.968
小学	小学＝1，否＝0	0.1	0.3
初中	初中＝1，否＝0	0.43	0.496
高中	高中＝1，否＝0	0.12	0.327
大专及以上	大专及以上＝1，否＝0	0.15	0.355
家庭年收入	连续变量	5.31	3.2
父亲的受教育年限	连续变量	6.51	4.045
是否希望参加培训提高能力	是＝1，否＝0	0.96	0.19
是否参加过汉语培训	是＝1，否＝0	0.77	0.418
主要参与的培训类型	应用技术＝1，一般技术＝0	0.25	0.433

（三）模型选择

本研究利用 Logit 模型计量分析新疆南疆劳动力转移就业的影响因素，将劳动力具有转移就业意愿设为模型的因变量，用 0 或 1 来表示，1 表示有意愿，0 表示没有意愿。Logit 模型的估计方式为具有 X_i 特征的劳动力具有外出务工意愿的概率。

Logit 模型可表示为：$Y = \beta_0 + \beta_1 X_1 + \beta_2 X_2 + \cdots + \beta_n X_n + \varepsilon$

Y 为劳动力转移就业意愿；β_n 是估计系数；X_n 是自变量；ε 是随机扰动项。

Logit 模型可采用极大似然估计法来检验模型的拟和程度，采用 Wald 统计量对回归系数进行检验，Wald 检验值越大，表明该自变量的影响作用就会越明显。

二、实证结果分析

从模型一结果来看（表 4 - 22），当仅考虑南疆劳动力的性别、年龄和受教育水平时，性别变量在统计学上无意义，即说明当前南疆劳动力的转移就业意愿无显著的性别差异。年龄对南疆劳动力转移就业意愿在 1% 的水平上具有显著的正向影响，年龄每提高一个单位，南疆劳动力的转移就业意愿提高 0.069 个单位。南疆劳动力受教育水平的实证结果显示，较低的受教育水平并不影响南疆劳动力转移就业意愿，而随着受教育水平的提高，劳动力转移就业意愿越强烈。相对于初中教育水平，受小学教育水平的劳动力其转移就业意愿并不显著，受高中教育水平的劳动力，其转移就业的概率比受初中教育水平的劳动力高 2.084，受大专及以上水平的劳动力的转移就业意愿最为强烈，在 5% 的水平上，其发生转移就业的概率比受初中教育水平的劳动力高 2.466，这充分说明，人力资本积累水平越高，南疆劳动力发生转移就业的概率越大。

考虑到南疆属于多民族聚居地区，所以民族变量是探究南疆劳动力转移就业意愿不可或缺的因素之一。劳动力转移就业意愿不仅受到人力资本积累水平的影响，同样会受到家庭资本积累水平的影响。[①] 故本研究将民族变量、家庭年收入以及父亲受教育水平加入模型二，以便统计结果更加接近客观事实。通过模型二的实证结果发现，家庭变量显著影响南疆劳动力转移就业意愿，其中，家庭年收入越高，劳动力转移就业意愿越低。主要是因为，家庭经济条件较好的劳动力，其家庭的社会关系在当地覆盖面更广，在考虑转移就业成本和就业概率的前提下，劳动力更不愿意转移就业。与之相反的是南疆劳动力父亲受教育水平越高，其转移就业意愿越强烈。从民族变量来看，汉族劳动力的转移就业意愿比少数民族劳动力转移就业意愿在 10% 的水平上更强烈，其发生的概率比为 1.763。此外，不难发现，当加入家庭资本变量和民族变量后，性别和年龄对南疆劳动力转移就业的影响并未发生实质的改变，但受教育水平发生了显著的变化。相对于受初中教育水平的劳动

---

① 孙俊芳，鲍玥，颜文廷. 人力资本、家庭禀赋、制度环境与农村女性劳动力就近转移——基于江苏省 597 份调查问卷的分析 [J]. 西部论坛，2019，29（4）：88 - 96.

力，仅有受大专及以上教育水平的劳动力其转移就业意愿依旧显著，在5%的水平上，其转移就业概率仍比受初中教育水平的劳动力高2.308。

为全面促进南疆劳动力转移就业，提高南疆劳动力家庭收入水平，政府不仅向南疆劳动力提供具有成本分担机制的职业培训，还向南疆劳动力中的少数民族劳动力提供免费的汉语培训。对此，本研究将培训经历和培训意愿加入模型三，以此探究培训对南疆劳动力转移就业意愿的影响。模型三的实证结果显示，参与汉语培训的劳动力比未参与汉语培训的劳动力的转移意愿更强烈，其发生的概率比为2.644，说明汉语培训弥补了绝大多数南疆劳动力在外出务工时语言交流不畅的缺陷，从而能够有效帮助南疆劳动力，尤其是南疆少数民族劳动力转移就业。从职业培训意愿来看，希望参与职业培训来提高自身的就业能力的劳动力发生转移就业的概率比不愿参与职业培训的劳动力高出2.623（表4-22）。这主要是因为，参与职业培训的劳动力能够在培训的过程中学习基本的职业技能，进而提升就业竞争力，提高顺利转移就业的概率。最后，从职业培训类型来看，职业培训类型并未显著影响南疆劳动力转移就业意愿，这可能是当前的职业培训主要以一般培训为主，应用型技能培训还未全面实施，因此，培训类型难以发挥真正作用。但值得关注的是，当加入培训变量后，模型三与模型二相比，民族变量由正向作用转为负向作用，即相对于汉族劳动力，少数民族劳动力的转移就业意愿更强烈，说明职业培训对少数民族劳动力具有显著的促进作用，不仅提高了其汉语水平，也增强了其职业技能，从而提升了南疆少数民族劳动力人力资本积累水平。

表4-22　南疆劳动力转移就业意愿的影响因素分析结果

变量	模型一			模型二			模型三		
	B	$Sig.$	Exp	B	$Sig.$	Exp	B	$Sig.$	Exp
性别	0.065	0.826	1.067	−0.083	0.79	0.921	−0.182	0.566	0.833
年龄	0.069	0.002	1.072	0.069	0.003	1.072	0.066	0.005	1.068
小学	−0.246	0.665	0.782	−0.409	0.479	0.665	−0.445	0.447	0.641
高中	0.734	0.065	2.084	0.497	0.251	1.644	0.468	0.287	1.598
大专及以上	0.903	0.019	2.466	0.836	0.076	2.308	0.729	0.144	2.072

（续）

变量	模型一			模型二			模型三		
	B	Sig.	Exp	B	Sig.	Exp	B	Sig.	Exp
家庭年收入				−0.123	0.053	0.884	−0.123	0.058	0.885
父亲受教育水平				0.239	0.037	1.27	0.289	0.014	1.335
民族				0.567	0.099	1.763	−0.44	0.226	0.644
是否参加过汉语培训							0.972	0.005	2.644
是否希望参加培训提高能力							0.964	0.098	2.623
主要参与的培训类型							0.622	0.134	1.862
常量	−4.583	0.818	31.402	−4.528	0.000	0.011	−6.86	0	0.001

三、研究结论

研究表明南疆劳动力的转移就业意愿无显著的性别差异，年龄则对南疆劳动力转移就业意愿具有显著的正向影响。汉族劳动力的转移就业意愿比少数民族劳动力转移就业意愿更强烈，但职业培训对少数民族劳动力转移就业具有显著的促进作用。较低的受教育水平并不影响南疆劳动力转移就业意愿，而随着劳动力受教育水平的提高，劳动力转移就业意愿变得强烈。相对于初中教育水平，受小学教育水平的劳动力其转移就业意愿并不显著，受大专及以上水平的劳动力的转移就业意愿最为强烈。就家庭因素而言，家庭年收入越高，劳动力转移就业意愿越低，劳动力父亲受教育水平越高，其转移就业意愿越高。从职业培训意愿来看，希望参与职业培训来提高自身的就业能力的劳动力发生转移就业的概率比不愿参与职业培训的劳动力高。参与汉语培训的劳动力比未参与汉语培训的劳动力的转移意愿更强烈。由于南疆主要以一般培训为主，应用型技能培训还未全面实施，使得培训类型在劳动力转移就业意愿方面难以发挥真正作用。

第三节 新疆南疆劳动力转移就业与 边疆安全的相互影响分析

就南疆劳动力的民族构成而言，南疆劳动力大部分为少数民族，甚至一部分劳动力缺乏一定的职业技能，并与汉族劳动力之间存在语言交流不畅的情况。对此，南疆劳动力在进行转移就业前，往往会选择接受职业培训或者接受普通话教育，从而提高自身的职业技能，或提升语言交流水平，避免在转移就业过程中的重重困境。有效利用培训向南疆劳动力进行爱国主义宣传和国家安全观教育是促进南疆劳动力提升国家认同感，防止不法组织和宗教极端蛊惑的重要方式。根据对调研数据的初步统计显示，绝大多数南疆劳动力接受上述观点。大多数劳动力表示在其务工前参加培训内容中含有远离宗教极端主义或对国家认同观教育的内容。仅有2%的劳动力表示其并未在培训中接受到该教育。就其接受国家认同观教育的结果来看，85.9%的南疆劳动力认为培训能够帮助其远离宗教极端主义，只有少数劳动力认为帮助不明显。从转移就业的角度来看，有96.1%的南疆转移就业劳动力一致认同转移就业能够帮助其远离非法宗教极端组织的拉拢。由于南疆劳动力在外就业的过程中，将与其他民族劳动力不断进行言语交流，了解我国近年来社会经济发展夺取的辉煌成就，进而更加坚定维护边疆稳定和民族团结的决心。大部分南疆劳动力认为，一方面，通过就业的工作环境和教育宣传可以帮助其认识边疆安全的重要性；另一方面，通过转移就业可以改善其自身及家庭的经济状况，提升生活质量，亦能够有效阻止非法宗教极端组织的蛊惑。

一、南疆劳动力转移就业与边疆安全稳定的现实意义

（一）南疆劳动力转移就业特征

1. 南疆转移劳动力个体特征

受宗教、文化等传统观念的影响，南疆转移劳动力主要以男性劳动力为主，这主要是因为大多数少数民族家庭子女数量和需要照看的老人较多，女性劳动力不仅需要从事农业劳作，还要照看家中的子女和老人，能够选择外

出就业的时间相对有限，能够选择转移就业的行业领域较窄，基本选择性别特征较为明显的纺织业或零售业，所以女性劳动力以居家劳作为主。而男性劳动力虽然缺乏专业的职业技能，但在以劳动力密集型产业为主的南疆，绝大多数男性劳动力可以顺利就业，最终形成"男主外、女主内"的局面。

新疆南疆是多民族聚居地区，由于大部分少数民族家庭教育观念淡薄，使得多数劳动力受教育水平较低，基本维持在初中受教育水平，部分劳动力在转移就业的过程中存在语言交流障碍，缺乏就业竞争力。由于南疆地处偏远，就业平台较小，在考量薪酬待遇和就业前景的前提下，愿意选择南疆地区从事教学的教师仍是少数，使得南疆地区难以有效对师范类高校毕业生产生拉力，教师质量偏低，进而导致南疆劳动力所接受的教育质量不高，降低了人力资本积累水平。虽然政府为南疆劳动力提供了免费职业培训，同时还为南疆少数民族劳动力提供了免费的普通话语言培训，但由于培训经费有限，政府尚未在南疆全面实施完全免费的专业技能培训，大部分地区仍是以培训补贴的形式给予支持，因此，有部分劳动力迫于经济压力并未参与专业技能培训，从而无法快速提升专业技能。

南疆地区县域经济落后，区域经济发展水平不佳，南疆农村地区更是如此，拥有众多贫困劳动力。随着南疆农业发展，虽农业技术升级发展缓慢，但同样剩余出大批劳动力。对于这类剩余劳动力群体而言，选择外出就业，实现地域间转移，是提高家庭收入水平，提高生活质量的最优选择。党的十九大报告强调，要全面坚持精准扶贫，加快城乡一体化建设。对此，类似南疆农村的深度贫困地区，是政府主要帮扶的对象，确保在 2020 年实现全面小康。2017 年新疆政府出台《强化南疆四地州劳动力资源开发与转移就业并重的对策措施》提出，转移就业是南疆四地州劳动力就业尤其是贫困农牧民脱贫增收的重要渠道，要从根本上有效开发南疆四地州劳动力资源，强化劳动力资源开发与转移就业并重。[①] 2018 年 5 月，自治区有效促进喀什、和田地区剩余劳动力转移就业 2.5 万人[②]。由此可见，南疆劳动力转移就业的劳动力结构构成中，农村劳动力是转移就业群体中最主要的劳动力。

---

① 新疆维吾尔自治区发展和改革委员会经济研究院 . 强化南疆四地州劳动力资源开发与转移就业并重的对策措施 . 2017 年 9 月 18 日 .

② 南疆富余劳动力转移就业：让他们扬起自信的风帆 . 天山网，2018 年 5 月 .

2. 南疆劳动力转移就业特征

偏僻的地理位置，产业结构调整的不合理使得南疆地区产业发展不均衡，南疆农村地区乡镇企业较少，南疆农村劳动力多是由农村向城市转移就业。南疆地广人稀的特点，也使得南疆劳动力家庭可使用耕地面积较大，南疆劳动力在转移就业的过程中，还需在农作季节，返乡务农。这一方面由于南疆农村劳动力较低的人力资本使得劳动力大多数选择如搬运工、导购等具有临时性质的行业，该行业在旺季时需要大量劳动力，而在淡季时对劳动力数量需求较低，因此，从事此类行业的劳动力在务工一段时期后便会返乡。另一方面，受传统文化和家庭长期从事农业生产的影响，南疆农村转移劳动力的就业观念仍旧较为传统，即"离乡不离土"，到了农业生产的季节，一部分劳动力依然会选择回乡务农。因此，南疆农村劳动力的转移就业根据农业生产规律，呈现"钟摆式"的特点。

南疆地区山脉众多，道路蜿蜒崎岖，导致南疆地区，尤其是南疆农村地区交通不便，南疆劳动力难以快速获取外界就业信息，更无法了解当下劳动力市场的就业压力与就业需求，大多数南疆劳动力并未意识到自身缺乏就业竞争力。为减少自身的就业成本，仅仅选择接受了免费的培训，并未选择接受需要自身承担一部分费用的专业技能培训。另外，既有的职业培训体系缺乏有效的系统管理，在培训时长和培训次数上并未有科学合理的标准规定，缺少高水平的职业培训指导教师，职业培训质量较低。在受教育水平偏低，职业技能相对匮乏的条件下，南疆劳动力仅能进入收入较低、体力劳动较为明显的次要劳动力市场。因此，低层次的劳动力市场对劳动力的需求质量同样偏低，这与大多数南疆劳动力的实际就业能力相吻合。不容忽视的是，尽管南疆劳动力能够进入低层次劳动力市场就业，但生产效率较低，其对应的务工收入欠佳，收入水平增长迟缓，甚至有的劳动力依靠务工收入无法提升家庭经济水平，所以提高南疆劳动力转移就业层次，保障其就业收入可持续增长是亟须解决的问题。

南疆劳动力转移就业的途径大致分为三类，一类是由政府进行帮扶，一类是通过职业培训获得转移就业的机会，还有一类是依靠他人介绍或自身外出寻找就业机会，而最后一类转移就业的劳动力，返乡就业的特征最为明显。南疆劳动力主要以少数民族劳动力为主，其与汉族劳动力在饮食和语言上存在差异，尤其是语言差异，大多数少数民族劳动力的汉语水平较低，在就业的过程中无法与汉族劳动力顺利交流，还有些劳动力面临着"会说不会写"的情况，这些因素使得南疆少数民族劳动力很难获得异地就业的归属感。特别是通过内地企业对口支援南疆的就业平台选择到内地就业的劳动力，无论是自然气候、饮食、生活习惯和生活节奏，南疆劳动力均很难在短时期适应，所以大部分劳动力虽然在外就业，但其返乡就业意愿较为强烈。南疆劳动力与其他地区尤其是发达地区的劳动力相比，缺乏就业核心竞争力，不仅存在语言交流阻碍，还缺乏熟练的专业技能，导致南疆劳动力在竞争激烈的劳动力市场难以立足，更无法获得较高的职位，基于就业收入和前景的考虑，南疆劳动力更愿意回到家乡的乡镇企业就业，以此保障能够获得稳定的就业收入。

（二）边疆安全稳定的现实意义

新疆地区由于特殊的区位优势，长期以来是东、西方文化、多民族文化以及农耕文化等多元文化互相交织的集中地。作为新疆天山以南的南疆地区，其具有宗教形态复杂多样的特点，如伊斯兰教、天主教、佛教等世界性宗教在南疆均有分布，是典型的宗教信仰、民族语言及文化交融的多民族聚居地。但由于南疆地理位置距离新疆经济核心区较远，复杂的地理环境阻隔了南疆各民族与其他地区的相互联系，同时阻碍了南疆少数民族对中国传统文化的交流和认识，使得南疆劳动力对于中华民族身份甚至国家认同观的意识较为淡薄，这极大增添了边疆安全问题的不确定性和复杂性。对此，建立和谐稳定的边疆安全是新疆各民族的共同愿景。

马斯洛需求层次理论表示人在满足了生存、安全的需求之后，就渴望被尊重，希望人格与自身价值被承认，该理论将人类需求由低到高，逐次分为生理、安全、社交、尊重和自我实现等五种层级。就南疆地区而言，只有边疆稳定满足了人民对生存的基本安全需求，才愿意去追寻更高层次的需求。本研究认为边疆稳定作为南疆劳动力转移就业的先决条件，主要有以下作用及意义：首先，从宏观层面来看，边疆稳定能够保证南疆社会经济发展的可持续增长。一方面，稳定的就业环境和富余的劳动力以及相应的国家政策支持，能够吸引大批内地企业选择到新疆兴办工厂，加快发达地区向欠发达地区产业转移的速度，为南疆地区提供了充足的就业岗位。另一方面，还可以使得南疆劳动力在不用远离家乡的前提下，实现从农民到工人身份的转换，从而获得更高的务工收入。其次，从微观层面即南疆地区自身来看，南疆农村地区仍旧存在由深度贫困农民构成的弱势群体，该类群体主要表现在先天禀赋有限，受教育水平较低，难以改善自身的生存环境。而稳固的边疆环境，不但能够提高南疆产业结构升级的速度，为南疆农村地区引入更加先进的农业技术，提高南疆农业生产效率，加快南疆乡镇企业的发展，还能够推动南疆地区教育和职业培训的全面发展，使得南疆劳动力接受较好的教育和职业技能指导，进而有效提升南疆劳动力在地域与产业间的有效流动性，提高南疆劳动力的整体配置效率，加快南疆地区城镇化发展，消减南疆贫富差距，最终实现共同富裕。

二、边疆安全与南疆劳动力转移就业的关系

（一）南疆劳动力转移就业的动力机制

随着我国脱贫攻坚的逐步推进，贫困人口和贫困地区不断缩减，偏远地区的贫困率显著降低。为完成 2020 年达到全面小康的总目标，实现共同富裕，教育部、国务院扶贫办发布了《深度贫困地区教育脱贫攻坚实施方案（2018—2020）年》，该实施方案强调要重点支持少数民族劳动力学习并熟练掌握普通话的使用。[①] 同时，为提高特困地区劳动力的职业技能，2018 年 10 月，人社部等部门发布《关于开展深度贫困地区技能扶贫行动的通知》，将职业技能培训作为贫困劳动力转移就业的根本举措，实现以培训促就业、以就业助脱贫。[②] 由此可见，为促进贫困地区劳动力顺利转移就业，政府为其提供了充分的政策保障。自 2015 年 3 月起，国家相关部门联合颁布了《推动共建丝绸之路经济带和 21 世纪海上丝绸之路的愿景与行动》，秉持共商、共建和共享的原则，促进丝绸经济带上的地区共同发展，实现合作共赢、共同繁荣的新局面。2016 年，国务院印发《"十三五"国家信息化规划》的通知，强调建立信息化共建共享平台，坚持信息互通，服务"一带一路"倡议，推进边疆地区信息网络建设，实现信息化的减贫效应。新疆作为

---

① 教育部，国务院扶贫办. 深度贫困地区教育脱贫攻坚实施方案（2018—2020 年）. 2018 年 2 月 27 日.
② 关于开展深度贫困地区技能扶贫行动的通知. 人社部发［2018］63 号，2018 年 10 月 10 日.

亚欧衔接的桥梁，是丝绸之路重要的组成部分。各区域间文化、经济、传统等相互紧密交流，这对于新疆南疆劳动力而言，既是机遇又是挑战。

与内地劳动力自由流动不同，南疆劳动力转移及产业结构调整的动力机制和模式特殊。内地劳动力转移就业主要受产业间劳动力收入、区域经济发展水平等不同而产生的内推外拉的市场机制影响，而南疆劳动力转移是基于边疆安全的国家战略需要以政府主导下的动力机制推动。因为南疆劳动力受自身素质、自然环境和地缘禀赋等因素的掣肘，纯粹依靠个人实现自主转移较为困难。南疆劳动力转移不仅是为了增加农民收入，解决三农问题，而更重要的是反"三股势力"渗透，提升基层群众反恐维稳力量，保障南疆稳定，具有维护新疆稳定和国家安全的重大战略意义。对此，在分析上述南疆劳动力转移就业特征以及边疆安全稳定意义的基础上，进一步挖掘在边疆安全稳定的条件下南疆劳动力转移就业的动力机制，如图4-1所示。

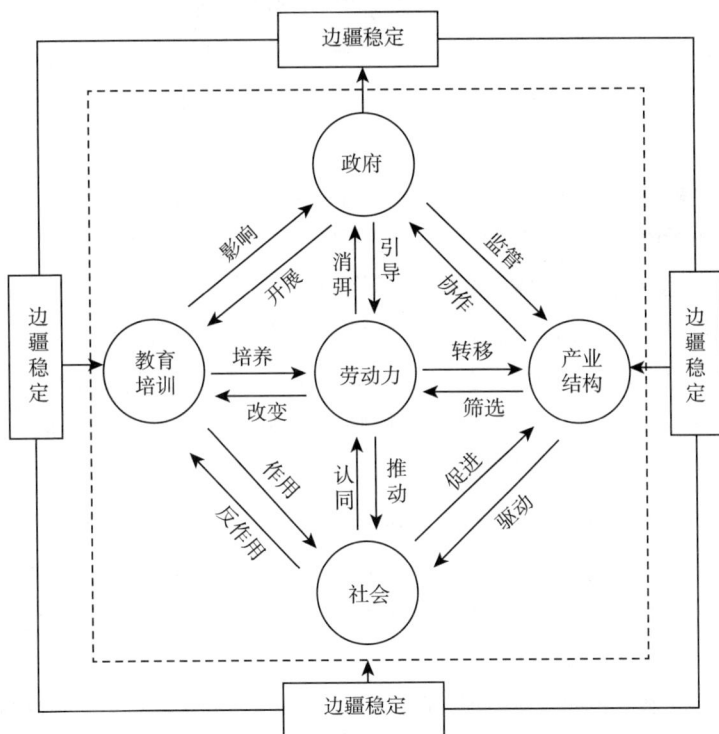

图4-1　南疆劳动力转移就业的动力机制

根据图 4 - 1，南疆劳动力转移就业主要受到内外两层的推动作用，其中外层主要为边疆稳定，内层主要包括政府、产业结构、教育培训以及社会等四大因素的影响。

首先，外部结构是新疆南疆边疆稳定对内部结构的影响。一是边疆稳定能够抑制社会的极端分化，有助于社会始终保持着和谐安定的氛围。二是稳定的边疆环境能够提高其他地区的企业对新疆南疆地区的认同感，有助于外来企业向南疆地区转移，从而加快南疆地区产业结构调整速度。三是边疆稳定能够为南疆的教育培训发展提供有效的保障，促进南疆地区教育培训质量的提升，进而提高南疆劳动力的人力资本积累水平。

其次，从内部结构来看。南疆劳动力转移就业与政府、社会、教育培训和产业结构间存在作用与反作用的依存关系。①为有效加快南疆劳动力转移就业，政府一方面通过制定相应政策直接影响其转移就业，另一方面通过向南疆劳动力提供职业教育培训以及与产业间的协作，建立"订单培训"或"定点培训"等特色的协作方式，为南疆劳动力创建多元的转移就业途径。②职业教育培训为南疆劳动力提高技术水平提供了机会。南疆劳动力通过职业教育培训不仅可以提高自己的普通话水平，还能对相应的专业技能有一定的了解，而劳动力在接受职业教育培训的同时，对培训内容与方式进行反馈，也有助于南疆地区改变传统的培训方式。

（二）边疆安全与南疆劳动力转移就业的关系探讨

确保南疆地区经济可持续发展和南疆劳动力收入稳定增长，尤其是南疆农村富余劳动力转移就业，是消除南疆地区三农问题，改变贫困窘境的核心手段。为进一步保障南疆劳动力能够顺利转移就业，2016 年新疆政府在颁布的《国民经济和社会发展第十三个五年规划纲要》（以下简称"规划"）中强调，要从稳疆固疆的战略高度来认识和解决南疆劳动力就业问题，加快农村富余劳动力转移就业，引导劳动力有序进城就业、就地就近就业、返乡自主创业。劳动力转移就业一直是我国经济社会发展过程中高度关注的焦点，其不仅关联到国家经济社会发展的态势和人民生活质量的提升，对于承担着国家反恐维稳重任的前沿阵地新疆而言，劳动力转移就业更影响到新疆社会稳定、长治久安和国家的边疆安全。由于自然环境和就业资源制约，贫困的南疆农村地区成为"三股势力"渗透的主要区域，农村劳动力则成为宗教极端组织蛊惑的对象。因此，为维护边疆和谐稳定的发展的。《规划》提出，"十三五"期间新疆农村富余劳动力转移就业 1 100 万人次以上，平均每年实现转移就业 220 万人次以上，特别是针对南疆地区的劳动力就业制定特殊的就业政策，促进城乡居民稳定就业，多渠道提高城乡居民收入等。

　　然而，由于南疆经济发展水平和教育发展质量均较低的双重困境，南疆劳动力的人力资本积累水平欠佳，职业技能较为匮乏，在市场经济环境下，缺少就业竞争力。为弥补南疆劳动力的就业能力，政府向其提供含有补贴性质的职业培训，并为南疆少数民族劳动力提供免费的普通话培训。在南疆劳动力参与职业培训或普通话培训的过程中，劳动力可以在较短的时间内学习到专业的技能知识，提高自身的职业技能，提升就业竞争力。农村劳动力通过异地转移、就地转移和就近转移等方式，实现了南疆地区人力资源的二次合理配置和充分利用，同时经济发展也将会反作用于南疆劳动力，全面提高南疆劳动力家庭经济收入水平，推进南疆地区长治久安。南疆农村劳动力转移就业，尤其是往我国内地省市区的转移就业有助于文化交流与融合，不同民族随着交流机会的增加，更加了解并尊重彼此的文化，有利于促进民族团结，提升其国家认同感。南疆农村劳动力转移培训的过程，也应是法治观念普及和加深的过程。发达地区社会法治化水平较高，南疆农村劳动力通过转移就业就业的法治培训，提高了法律意识，能够依靠法律维护自身的合法权益，最终远离宗教极端组织的侵害，增加中华民族身份认同感，促进边疆安全、和谐、稳定。

三、南疆劳动力转移就业与边疆安全的实证分析

　　本节数据主要来源于 2015 年 9 月 30 至 10 月 15 日利用新疆高校的维吾尔族学生在古尔邦节和国庆节假期返家过节时，将《南疆劳动力转移就业意愿及影响因素》调查问卷对南疆阿克苏、克州、喀什、和田四地州的温宿、拜城、阿图什、阿克陶、疏附、英吉沙、泽普、莎车、墨玉、民丰、于田等11 个县市返乡过节或在乡的劳动力进行问卷访谈，访谈时采用维吾尔语一问一答的形式进行。本次调研共发放问卷 400 份，回收有效问卷 358 份，有效率为 89.5%。南疆地区有五个地州，本次调研范围涉及除巴州外的其他四地州，其中，喀什、克州和和田三地州是全国少有的集中连片特殊贫困地

区，有 19 个国家级贫困县（新疆有 27 个），其中和田地区七县一市全部为国家级贫困县。

（一）模型选择

为进一步验证南疆劳动力转移与边疆安全的关系，本节分别将是否认为转移就业有助于远离宗教极端组织、是否认同教育远离宗教极端组织、是否认同增加务工收入有助于远离宗教极端组织作为二分类性质的因变量，以此构建三个二元 Logit 模型。

$$\text{Logit}(P_1) = \beta_0 + \beta_1 X_1 + \beta_2 X_2 + \cdots + \beta_n X_n + \varepsilon$$

$$\text{Logit}(P_2) = \beta_0 + \beta_1 j_1 + \beta_2 j_2 + \cdots + \beta_n j_n + \varepsilon$$

$$\text{Logit}(P_3) = \beta_0 + \beta_1 k_1 + \beta_2 k_2 + \cdots + \beta_n k_n + \varepsilon$$

其中，β_n 是估计系数；X_n、j_n、k_n 是自变量；ε 是随机扰动项。

（二）南疆劳动力转移就业与边疆安全的实证分析

通过南疆劳动力转移与边疆安全 Logit 回归结果（表 4-23、表 4-24、表 4-25）可以看出，与受小学及以下教育水平相比，若南疆劳动力仅为初中或高中基础教育水平，其并不认为外出务工能够有助于远离宗教极端组织，但随着劳动力受教育水平的提高，大专及以上的教育水平对南疆劳动力转移就业远离宗教极端组织在 5% 的水平上显著，有积极的正向作用，且受大专及以上的劳动力认为转移就业能够帮助他们远离宗教极端组织的概率比受小学及以下教育的劳动力的概率高 6.742 倍。即受教育水平越高越认为外出务工能够帮助其远离宗教极端组织，这主要因为接受较高教育水平的劳动力不仅对转移就业有更充分的了解，同时较高的人力资本水平也能够帮助其更加准确地解读政府的相关转移就业政策，对维护国家统一和反"三股势力"有着正确认识。

表 4-23　是否认为转移就业有助于远离宗教极端组织的实证分析

		B	Sig.	Exp（B）
受教育水平	初中	−17.565	0.996	0
	高中	−0.124	0.921	0.884
	大专及以上	1.908	0.015	6.742
	常量	−3.638	0	0.026

表 4 - 24 是否认同转移就业能够远离宗教极端组织与教育水平的交叉分析

		教育水平				合计
		小学	初中	高中	大专及以上	
外出务工远离	是	76	160	43	62	341
宗教极端组织	否	2	0	1	11	14
合计		78	160	44	73	355

表 4 - 25 卡方检验

	值	df	渐进 $Sig.$（双侧）
Pearson 卡方	31.135[a]	3	0.000

通过表 4-26、表 4-27 计量分析发现，接受初中教育和高中教育的劳动力和接受小学及以下的相比，其认为教育对远离宗教极端组织的作用并不显著，而接受大专及以上教育水平的劳动力认为，教育能够显著作用于远离宗教极端组织，且大专及以上的劳动力认为教育能够产生作用的概率比小学及以下认为教育能够产生作用的概率高 2.698 倍。这可能是因为，受高中和初中的教育对帮助南疆农村劳动力建立完善的国家认同观的作用并不明显，而当劳动力接受大专及以上的教育水平后，教育的功能得以体现，并增强了南疆农村劳动力去极端化、反三股势力、维护国家安全的意识。

表 4 - 26 是否认同教育远离宗教极端组织的实证分析

变量		B	$Sig.$	Exp（B）
	初中	−0.16	0.717	0.852
受教育水平	高中	0.191	0.735	1.211
	大专及以上	0.992	0.025	2.698
	常量	−2.037	0	0.13

表 4 - 27 是否认同教育远离宗教极端组织与教育水平的交叉分析

		教育水平				合计
		小学	初中	高中	大专及以上	
教育远离	是	69	144	38	54	305
宗教极端组织	否	9	16	6	19	50
合计		78	160	44	73	355

表 4-28 卡方检验

	值	df	渐进 $Sig.$（双侧）
Pearson 卡方	11.236ª	3	0.011

通过模型结果（表 4-29）可知，南疆劳动力接受培训时长越长，越认同转移就业增加收入后能够帮助其远离宗教极端组织的侵害的观点，相对于接受培训时长为一个月的劳动力，接受培训时长达三个月以上的劳动力认同该观点发生的概率高 1.3 倍。这充分说明，在南疆劳动力参与培训的过程中，同时进行国家安全教育的效果是显著的，劳动力不仅能够通过培训获得专业的职业技能，提高其转移就业收入水平，还能够通过安全教育提高维护边疆稳定和社会和谐发展的意识。从受教育水平的实证结果来看，受教育水平显著影响南疆劳动力是否认同增加转移就业收入有助于远离宗教极端组织的观点，劳动力受教育水平越高，越认同通过转移就业增加收入后能够有效帮助其远离宗教极端组织。其中，受高中和大专及以上教育水平的劳动力认为上述情况发生的概率比小学及以下劳动力认为发生的概率分别高 5.886 倍和 5.164 倍，这主要是因为：一方面，较高的受教育水平为劳动力提供了更加充实的人力资本储备，提升了南疆劳动力转移就业的核心竞争力，促使其能够转移到工资性收入较高的部门，基于良好的收入水平，此类劳动力群体能够更加理智地远离宗教极端组织；另一方面，随着劳动力受教育水平的不断提升，劳动力的思想认识水平也不断提高，具有坚定的政治立场，坚决抵制非法极端组织的蛊惑。

表 4-29 是否认同增加务工收入有助于远离宗教极端组织的实证分析

变量		B	$Sig.$	Exp（B）
培训时长	培训三个月	0.568	0.171	1.765
	培训三个月以上	1.199	0.05	1.301
受教育水平	初中	0.291	0.673	1.338
	高中	1.773	0.018	5.886
	大专及以上	1.642	0.017	5.164
常量		−2.701	0	0.067

（三）研究结论

根据南疆劳动力转移与边疆安全 Logit 回归结果可以看出，首先，随着受教育水平的提高，不断积累的人力资本水平能够帮助其最大限度地理解政府的相关转移就业政策，对维护国家统一和反"三股势力"有着进一步的正确认识。其次，只有当南疆劳动力接受大专及以上的教育水平后，教育的功能才得以体现，从而增强了南疆农村劳动力去极端化、反"三股势力"、维护国家安全的意识。最后，在南疆劳动力培训中进行国家安全教育的效果是显著的，劳动力一方面通过培训获得专业的职业技能，提高其转移就业收入水平，不断满足基本生活需求，提高生活质量；另一方面通过安全教育能提高维护边疆稳定和社会和谐发展的意识，更加理智地远离宗教极端组织。

第五章
新疆南疆产业结构调整与劳动力转移就业的相互影响研究

第一节　新疆南疆产业结构和劳动力转移的演变路径

一、南疆产业结构演变趋势

综合来看，南疆产业结构整体呈现出"二三一"结构（表5-1），第二产业占总产值的比重较高，第三产业次之，第一产业占总产值比重最低。同时，第三产业占总产的比重虽在稳步提升，但增长趋势趋于缓慢，而第二产业占总产值的比重则出现提升的趋势。从图5-1可以看出，南疆第一产业近10年的变化趋势呈现出，先上升后平稳再下降的趋势。2008年，一产占总产值比重为25.23%，到了2010年上涨到28.73%，随后比重有所下降后，便在2011—2015年间保持平稳的状态，而在2017年一产占总产值的比重由2016年的27.64%下降到23.80%。第二产业占总产值的比重基本表现为"先降后升、再降再升"的变化趋势。2008年第二产业占总产值的比重为45.33%，为近10年的最大值，2009年下降到39.69%，然后出现第一次上升，到了2011年比重达到44.18%。接下来的后5年，第二产业占总产值的比重逐渐下降，2016年的比重下降到最低值，为34.20%，而到了2017年二产占总产值的比重呈现第二次上升，上升了3.21个百分点，达到37.41%。第三产业占总产值的比重相对其他两个产业，波动较小，整体呈现出逐年上升的趋势，仅在前三年有些许波动。2008年，第三产业占总产值的比重为29.44%，2009年该比重上升为32.49%，随后，从2010年的30.51%一直保持着不断上升的趋势，到了2017年，第三产业占总产值的比重上升到38.78%。由此可以看出，虽然南疆第三产业产值高于第一产业，但由于南疆绝大多数的第三产业为传统型，其生产效率高于第一产业但低于第二产业，随着传统型第三产业发展逐渐饱和，其产值难以快速增长，受技术进步的影响，第二产业的生产效率逐渐提高，所以其产值有增长的趋势。这也从侧面反映出，当下南疆产业结构调整出现偏差，如何加快南疆高新技术的第三产业发展是亟须解决的问题。

表 5-1　南疆三次产业占总产值的比重（％）

年份	一产占总产值比重	二产占总产值比重	三产占总产值比重
2008	25.23	45.33	29.44
2009	27.82	39.69	32.49
2010	28.73	40.76	30.51
2011	25.88	44.18	29.94
2012	25.77	43.40	30.83
2013	25.37	42.80	31.83
2014	24.02	42.03	33.95
2015	24.34	38.69	36.98
2016	27.64	34.20	38.16
2017	23.80	37.42	38.78

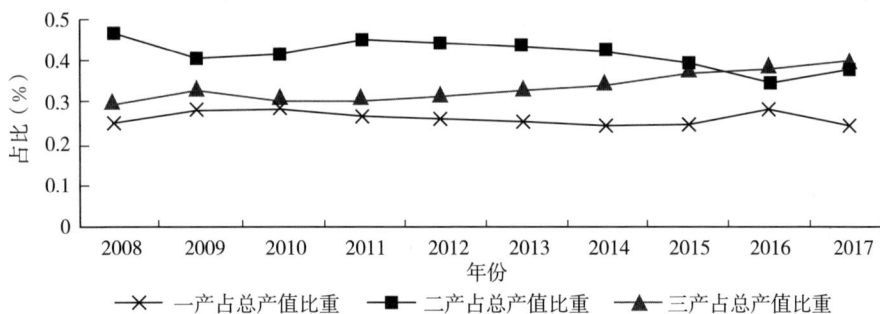

图 5-1　南疆三次产业占总产值比重的变化趋势

二、南疆劳动力转移演变趋势

受产业间边际生产效率以及城乡收入差距的影响，劳动力通常会选择在产业间转移，即由第一产业向第二、三产业转移，或选择由农村向城镇，实现地域间转移。根据统计 2008—2017 年 10 年间南疆三次产业就业人数构成变动情况看（表 5-2、图 5-2），第一产业的就业人数占总就业人数的比重基本呈现逐年降低的趋势，2008 年，第一产业就业人数占总就业人数的比重为 20.97％，2017 年，第一产业就业人数占总就业人数的比重为 11.72％，10 年间下降 9.25％。第二产业就业人数占总就业人数比重的变化波动较小，基本保持平稳态势。2008 年，第二产业就业人数占总就业人数的比重为 15.59％，2013 年，第二产业就业人数占总就业人数的比值达到最高值 19.37％，五年仅增长了 3.78 个百分点。随后第二产业就业人数占总就业人数的比重首次出现下降后又缓步提升，比重由 15.58％增长到 15.83％。第三产业就业人数占总就业人数的比重自 2008 年开始，呈现逐年递增的趋势，2008—2013 年间，增长趋势较为缓慢，比重由 63.43％增长到 66.09％，2014—2016 年间，第三产业占总就业人数的比重增长趋势较为明显，由 67.66％增长到 72.24％。依据劳动力转移就业的规律可以发现，第一产业就业人数减少的劳动力，大多转移到第三产业，因此，南疆劳动力转移呈现"三二一"形式的就业结构。这进一步证实了，南疆第三产业虽吸纳了大量的劳动力，但由于缺乏边际生产效率更高的高新技术产业，使得第三产业产值无法快速提升，降低了劳动力的配置效率。

表 5-2 南疆三次产业就业人数构成（％）

年份	一产就业人数比重	二产就业人数比重	三产就业人数比重
2008	20.97	15.59	63.43
2009	19.38	15.72	64.90
2010	18.93	15.92	65.15
2011	17.58	17.60	64.82
2012	15.51	18.69	65.80
2013	14.54	19.37	66.09
2014	13.22	19.12	67.66
2015	13.29	15.58	71.14
2016	11.43	16.33	72.24
2017	11.72	15.83	72.45

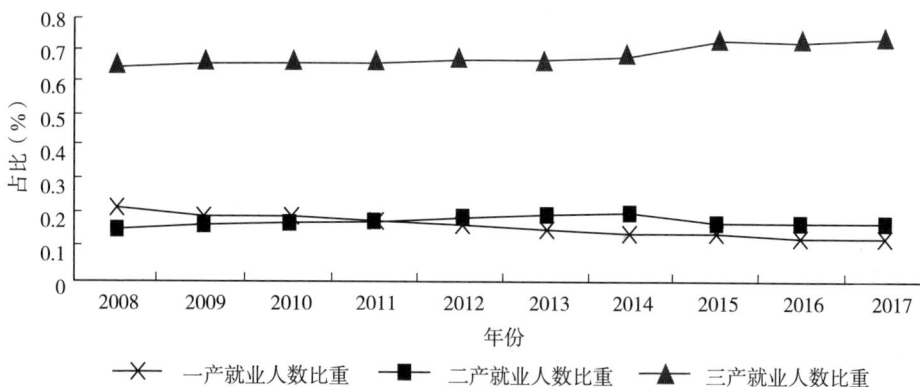

图 5-2　南疆三次产业就业人数构成变动趋势

三、南疆产业结构调整与劳动力转移的动态演进

从南疆产业结构调整与劳动力转移整体的动态演进来看（表 5-3、图 5-3），劳动力转移数量呈现逐年递增的态势，而产业结构调整速度具有明显的波动。2008—2010 年间，产业结构调整与劳动力转移就业人数表现为反比的动态关系，产业结构调整速度降低，劳动力就业人数增多。2011—2017 年间，产业结构调整与劳动力转移的变化趋势成正比关系，产业结构调整速度与劳动力转移就业人数基本表现为同步增长的特点。其中，南疆劳动力转移人数可分为三个增长阶段，第一阶段为快速增长期（2008—2011年），2008 年，南疆劳动力转移就业人数为 39.79 万人，2011 年南疆劳动力转移就业人数为 63.88 万人，增长了 24.1 万人。第二阶段为缓速增长期（2011—2014 年），四年间南疆劳动力转移就业人数增长到 75.06 万人，平均每年增长 2.79 万人。第三阶段为较高增长期（2014—2017 年），南疆劳动力转移就业人数达到顶峰 91.51 万人，平均每年增长 4.11 万人，约为 2008 年劳动力转移人数的 2.3 倍，十年间，南疆劳动力转移人数增了 51.72 万人。产业结构调整速度整体虽呈现增长趋势，但期间波动较大，2008—2010 年，产业结构调整速度呈现降低趋势，2010—2014 年，产业结构调整速度呈现"上升—平缓—上升"的趋势，而 2015—2016 年，产业结构再次出现下降的态势，到了 2017 年，产业结构调整速度有所回升。

表 5 - 3　南疆劳动力转移与产业结构调整演变路径

年份	劳动力转移就业人数（万人）	产业结构调整速度
2008	39.788 5	2.964 2
2009	46.046 3	2.594 5
2010	51.842 6	2.480 6
2011	63.884 8	2.864 1
2012	63.080 7	2.880 0
2013	68.019 4	2.941 2
2014	75.061 5	3.162 4
2015	75.028 3	3.108 8
2016	78.544 1	2.617 6
2017	91.510 8	3.201 2

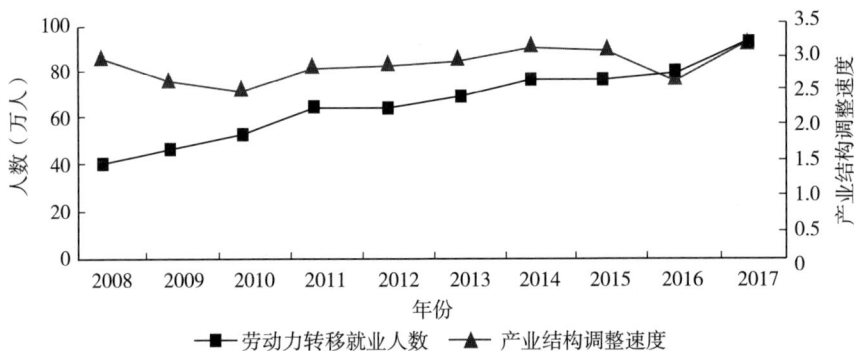

图 5 - 3　南疆劳动力转移与产业结构调整的动态演进

第二节　南疆产业结构调整对劳动力转移就业影响的实证分析

农村劳动力转移就业是我国经济社会发展十分关注的问题，其不仅关系到国家经济社会发展的态势、人民生活水平的提高，对于维稳反恐的前沿阵地新疆而言，农村劳动力转移就业更关系到新疆社会稳定、长治久安和国家边疆安全。2016 年颁布的《新疆维吾尔自治区国民经济和社会发展第十三个五年规划纲要》提出，从稳疆固疆的战略高度来认识和解决就业问题，加快农村富余劳动力转移就业，引导劳动力有序进城就业、就地就近就业、返乡自主创业。新疆南疆贫困地区有效促进农村剩余劳动力转移就业已成为脱贫致富、维护边疆和谐、稳定发展的重要战略举措。

一、文献综述

有关劳动力转移的研究最早可以追溯到"二元经济理论"，其以发展中国家农业生产部门存在剩余劳动力为前提，工业部门的工资高于农业部门，劳动力转移则可以达成（A. Lewis，1954）。[①] H. Fei & G. Ranis 修正了 A. Lewis 的假设，在先前基础上又进一步考虑了农业生产增长率的影响，完善了农业剩余劳动力转移的研究理论（H. Fei & G. Ranis，1961）。[②] D. Jogenson 则对此做出了反思，认为消费需求结构的拉动作用推动了剩余劳动力的流动（D. Jogenson，1967）。[③] Harrist & Todaro 拓展了发展中国家产业间的劳动力流动理论，其贡献在于考虑了工业部门失业的问题，并进一步说明了农业剩余劳动力的转移途径（Harrist & Todaro，1969）。[④] 以人口学为基础的"推拉理论"为劳动力转移的影响因素做出了较为系统的解释，认为迁出地和迁入地的推拉作用是劳动力流动的主要因素，人口流动就是由这两股力量前拉后推所决定的（Lee，1966[⑤]；Bagne，1969[⑥]）。

国内对劳动力转移的研究也颇为丰富，本节选取具有代表性的研究结论进行回顾。我国学者将劳动力转移的概念进行整理、划分和界定，其中将劳

① Lewis W A. Economic Development with Unlimited Supplies of Labor [J]. Manchester School of Economic and Social Studies，1954（22）：139 – 191.

② Rains. G Fei. J C. A Theory of Economic Development [J]. The American Economic Review，1961（9）：533 – 565.

③ Jorgenson D W. Surplus Agricultural Labor and the Development of a Dual Economy [J]. Oxford Economic Papers，1967（3）：288 – 312.

④ Todaro M P. A Model of Labor Migration and Urban Unemployment in Less Developed Countries [J]. The American Economic Review，1969（59）：138 – 148.

⑤ Lee Everett S. A theory of migration [J]. Demography，1966，3（1）：10 – 14.

⑥ Bogue D J. Principles of Demography [M]. John Wiley and Sons，1 969.

动力转移划分为"就地转移"（即农村内部转移）和"异地转移"（即向城市非农产业转移）的方式最为明晰（程名望，2007）①。产业结构的演变对劳动力转移就业有重要作用，要实现对农村剩余劳动力的大量转移，产业结构的调整与优化是必然途径（李子奈，2000）②。对于欠发达地区，破解中西部制度性壁垒，推进区域间产业重新配置，可有效解决劳动力转移难题（蔡昉，2012）③。有学者从产业结构升级对于劳动力转移力度进行实证分析，归纳出了三种观点：①产业结构变化是农村劳动力转移的原因，但作用并不显著（郝爱民，2006）④。②产业结构升级不断提高对农村转移劳动力的吸纳效率（关海玲等，2015）⑤。③我国产业结构中城镇单位在吸纳农村劳动力的效率上存在东南高、西北低的差异性（曾湘泉等，2013）。⑥ 国内学者对于农业技术进步和劳动力转移关系达成了共识。一方面，农业技术进步与农村劳动力转移之间存在长期正相关均衡关系（王卫、佟光霁，2013）；⑦另一方面，农业技术进步对劳动力转移的正向作用存在区域间的差异。从经济发展程度来看，经济欠发达地区的影响作用大于发达地区；从地理位置上来看，西部地区的影响作用大于东部和中部地区（赵德昭、许和连，2012⑧；李斌等，2015⑨）。国内学者就城乡收入差距对劳动力转移的影响出现了较大的分歧。有学者认为城乡收入差距对劳动力转移不存在明显的相关

---

① 程名望. 中国农村劳动力转移：机理、动因与障碍——一个理论框架与实证分析 [D]. 上海：上海交通大学，2007.

② 李子奈. 如何转移农村剩余劳动力 [J]. 经济学家，2000（4）：92-94.

③ 蔡昉. 如何进一步转移农村剩余劳动力 [J]. 中共中央党校学报，2012（1）：85-88.

④ 郝爱民. 我国城乡收入差距、经济结构变化与农村劳动力转移的实证分析 [J]. 生产力研究，2006（12）：39-40，56.

⑤ 关海玲，丁晶珂，赵静. 产业结构转型对农村劳动力转移吸纳效率的实证分析 [J]. 经济问题，2015（2）：81-85.

⑥ 曾湘泉，陈力闻，杨玉梅. 城镇化、产业结构与农村劳动力转移吸纳效率 [J]. 中国人民大学学报，2013（4）：36-46.

⑦ 王卫，佟光霁. 农业技术进步、非农技术进步与农村劳动力转移——基于1978—2011年全国数据的实证研究 [J]. 山西财经大学学报，2013（11）：57-67.

⑧ 赵德昭，许和连. FDI、农业技术进步与农村剩余劳动力转移——基于"合力模型"的理论与实证研究 [J]. 科学学研究，2012（9）：1342-1353.

⑨ 李斌，吴书胜，朱业. 农业技术进步、新型城镇化与农村剩余劳动力转移——基于"推拉理论"和省际动态面板数据的实证研究 [J]. 财经论丛，2015（10）：3-10.

关系（吕蕾、彭荣胜，2008）。① 也有学者认为劳动力转移和城乡收入差距存在着长期均衡关系甚至互为因果关系（刘小翠，2007②；黄国华，2010③）。就城乡收入差距对劳动力转移的作用方向有着不同的认识：一是近几年我国居民收入差距在各个层面上呈不断扩大的趋势，对农村剩余劳动力的转移产生阻碍作用（杭雷鸣、屠梅曾，2005④）。二是农村剩余劳动力的转移主要是城乡收入差距推动的结果，是其向外转移的推动因素（李仙娥、杨勇，2006）。⑤

综上所述，产业结构升级和城乡收入差距对劳动力转移影响的研究仍存在着较大的分歧，我国经济区域发展不均衡，东部、中部和西部地区经济发展状况存在着较大差异，城乡二元结构在不同地区表现出了不同的特点。南疆地区属于边疆少数民族聚集的欠发达地区，农业仍是南疆地区主要产业，受自然、人口和市场等条件约束，南疆区域产业结构升级滞后。在近年国家惠农政策支持下，新疆农业科技推广成效明显，农业技术进步推进了南疆农业发展。例如膜下滴灌、机械采棉等现代农业技术的推广应用，提高了农业生产率，解放了大量农业劳动力。现代农业技术投入节约了劳动力，劳动力丰富而土地资源稀缺的地区需要转移大量农业剩余劳动力。按照产业结构演进规律，经济欠发达地区随着经济发展，产业由第一产业向第二、三产业演变，劳动力也由第一产业向第二、三产业转移。农业技术进步与产业结构升级能否对南疆地区劳动力转移产生推力和拉力作用？刘易斯的二元结构理论认为城乡收入差距会引起农业劳动力由农村向城市转移，即农业生产的边际收入为零时，劳动力会向非农产业转移。欠发达的民族地区劳动力是否会由于城乡收入差距产生转移？本节以经济欠发达的南疆地区为研究对象，探讨农业技术进步、产业结构升级和城乡收入差距对劳动力转移的影响。试图探

---

① 吕蕾，彭荣胜．河南省城市经济发展水平对农村劳动力转移的影响［J］．安徽农业科学，2008（7）：3003－3005.

② 刘小翠．劳动力流动与城乡收入差距的协整分析［J］．温州大学学报（社会科学版），2007（4）：70－74.

③ 黄国华．农村劳动力转移影响因素分析：29个省市的经验数据［J］．人口与发展，2010（1）：2－10.

④ 杭雷鸣，屠梅曾．论收入差距扩大化对剩余劳动力转移的阻碍效应［J］．经济问题，2005（9）：38－40.

⑤ 李仙娥，杨勇．农村剩余劳动力迁移与城乡收入差距的相关关系分析——以陕西为例［J］．生产力研究，2006（12）：28－30，49.

讨欠发达地区劳动力转移的特性以及产业结构升级、农业技术进步和城乡收入差距对南疆劳动力转移的实质性作用。

二、研究设计

（一）研究假设

一方面，基于二元经济理论的观点，二元经济结构下农业生产部门存在剩余劳动力，其边际生产率接近零，农业部门的工资水平很低，而工业部门劳动力边际生产率明显高于农业，工资水平必然高于农业，必将促进农业劳动力流向城市和工业部门，即收入差距推动了劳动力转移。根据南疆农业剩余劳动力丰富和二、三产业部门工资高于第一产业的实际现状，相对农村和农业，城市和二、三产业对其提高收入和生活水平更具有吸引力。另一方面，根据"推拉理论"的观点，劳动力转移的迁出地和迁入地存在着推力和拉力的作用，其中也存在着一些其他社会因素阻碍着推拉作用。南疆属于经济欠发达的少数民族聚集区域，随着经济的发展和劳动生产率的提高，劳动力将由第一产业向第二产业和第三产业梯次转移，出现劳动力在第一产业减少，在二、三产业增加的趋势。劳动力转移遵循产业结构演进规律，产业结构升级为劳动力转移提供了"拉力"。在国家对新疆农业的政策和技术支持下，南疆农业技术进步水平显著提升，农业科技进步提高了农业生产率，解放了大量农业劳动力，农业技术进步为南疆劳动力转移提供了"推力"。

结合上述，本节针对南疆地区劳动力转移提出以下假设：

假设1：城乡收入差距的加大对劳动力转移提供了信号。

假设2：农业技术进步为南疆劳动力转移提供了"推力"，促使劳动力转移。

假设3：产业结构升级为劳动力转移提供了"拉力"，发挥着重要作用。

（二）模型选择

VAR模型常用于预测时间序列变量和随机扰动对经济变量的冲击，从而解释各变量对经济变量所形成的影响。模型的建立具有较为严格的规范性要求，变量的选择和同期相关性等因素都会影响模型的效果。当变量之间存在协整关系时，需要建立起具有协整约束的VAR模型，即VEC模型，以便观测各变量的短期波动对被解释变量的短期变化影响。VAR模型的解释需要着重关注脉冲函数和方差分析的结果，其能有效地观察到各变量对被解释变量所形成的冲击效果和贡献程度。

（三）变量选取和数据说明

劳动力转移（$LABOR$）：本节探讨的劳动力转移，主要是指劳动力在产业间的转移，即第一产业向二、三产业的转移状况。因此，选取了二、三产业劳动力与第一产业的比值来表示劳动力的转移。

农业技术进步（TEC）：农业技术进步一般包括机械性技术进步和生物性技术进步，机械性技术进步也称节约劳动型技术进步，是指用农业机械、农业设施等工业设备投入到农业生产中，节约了农业劳动力，提高了劳动生产率。生物性技术进步也称节约土地型技术进步，是指用化肥、农药、良种等生物技术手段投入到农业生产中，提高土地生产率，提升了农业产量。本书采用非参数估计 DEA－Malmquist 的方法，通过获取南疆五地州农业产值、第一产业劳动力投入、有效耕地面积、机械总动力投入、折纯法计算的化肥投入和有效灌溉面积 6 个指标对南疆农业技术进步进行测算。

产业结构升级（$CYJG$）：产业结构升级的规律为第一产业逐步向二、三产业转移，为了体现产业结构升级所具有的特点，即二、三产业发展速度和劳动力容纳程度均高于第一产业，并与本书所探讨的劳动力转移相适应，采取二、三产业生产总值与第一产业生产总值的比值衡量产业结构升级。

城乡收入差距（UC）：城乡收入差距是依据城镇在岗职工平均工资与农村居民平均纯收入之差而获得。城镇在岗职工平均工资和农村居民纯收入可以直接反映二者劳动力所获得的报酬差异，适合本研究的使用。

本节研究所包含的指标和数据均来自于《新疆统计年鉴 1996—2016》，由于南疆的数据无法直接从年鉴中直接获得，本研究将巴州、克州、和田地区、喀什地区、阿克苏地区的数据进行整合，从而获得了南疆各变量1995—2015 年的时间序列数据，如表 5－4 所示。

表 5－4　各变量的原始序列

YEAR	LABOR	CYJG	UC	TEC	YEAR	LABOR	CYJG	UC	TEC
1995	2.26	0.98	3 920.81	1.00	1997	2.22	1.20	4 550.45	1.02
1996	2.36	1.05	4 330.07	0.95	1998	2.41	1.01	4 943.42	1.06

（续）

YEAR	LABOR	CYJG	UC	TEC	YEAR	LABOR	CYJG	UC	TEC
1999	2.49	1.63	5 693.78	0.86	2008	3.77	3.03	19 798.20	1.35
2000	2.51	1.69	6 659.04	0.93	2009	4.15	2.59	22 086.10	1.44
2001	2.72	1.79	9 079.87	0.92	2010	4.27	2.48	25 987.00	1.86
2002	2.66	1.83	9 970.28	1.01	2011	4.68	2.86	30 405.00	1.88
2003	2.59	2.01	11 057.10	1.06	2012	5.46	2.88	36 941.10	2.09
2004	2.77	2.19	12 143.18	1.08	2013	5.90	2.94	40 613.60	2.14
2005	2.93	2.42	12 677.70	1.18	2014	6.57	3.16	41 664.60	1.96
2006	2.82	2.71	14 455.20	1.23	2015	6.49	3.11	48 586.20	2.00
2007	2.87	2.55	16 978.00	1.36					

注：本数据均由《新疆统计年鉴 1996—2016》计算所得。

三、实证分析

（一）VAR 模型检验

由于时间序列容易出现"伪回归"的问题，本节采取 ADF 检验方法对动态模型各个序列进行平稳性检验。通过多次的 ADF 检验，可得知 LABOR、TEC、CYJG、UC 四组变量均在含常数项、不含趋势项的情况下一阶差分达到平稳，其中 LABOR、UC 在 95% 的置信水平下达到平稳，TEC、CYJG 则在 99% 的置信水平下达到平稳，即所有变量均为一阶单整 I（1），如表 5-5 所示。

表 5-5 各变量单位根检验结果

变量	ADF 值	模型类别	1%临界值	5%临界值	10%临界值	结果
LABOR	−1.49	含常数项和趋势项	−4.50	−3.66	−3.27	不稳定
TEC	−2.31	含常数项和趋势项	−4.50	−3.66	−3.27	不稳定
CYJG	−2.19	含常数项和趋势项	−4.50	−3.66	−3.27	不稳定
UC	−3.56	含常数项和趋势项	−4.53	−3.67	−3.28	稳定
LABOR（−1）	−3.82	含常数项、不含趋势项	−3.83	−3.03	−2.66	稳定
TEC（−1）	−4.79	含常数项、不含趋势项	−3.83	−3.03	−2.66	稳定
CYJG（−1）	−6.67	含常数项、不含趋势项	−3.83	−3.03	−2.66	稳定
UC（−1）	−3.59	含常数项、不含趋势项	−3.83	−3.03	−2.66	稳定

基于各变量均属于一阶单整，本节初步建立 VAR 模型。为了进一步寻求最佳滞后期数，本研究经过多次尝试，根据 *LR*、*FPE*、*AIC*、*SC*、*HQ* 模型滞后准则信息，最终确定模型的最优滞后期为 1 期，如表 5 - 6 所示。

表 5 - 6　VAR 模型的滞后阶数检验

Lag	LogL	LR	FPE	AIC	SC	HQ
0	92.38	NA	6.39E - 10	−9.82	−9.62	−9.79
1	158.37	95.32*	2.63E - 12*	−15.37*	−14.38*	−15.24*
2	168.39	10.03	7.12E - 12	−14.71	−12.93	−14.46
3	186.41	10.01	1.76E - 11	−14.93	−12.36	−14.58

*代表在 10% 的水平上显著。

为了能够进一步确立协整关系，考虑到最终 VAR 模型的需要，本节选取了 Johansen 检验方法，基于最初 VAR 模型的回归系数，进行协整检验。通过迹检验和最大单位根的检验结果可知，两个检验均拒绝了不存在协整关系的原假设，其中迹检验的 *P* 值为 0.03、最大单位根的 *P* 值为 0.05，最终确定了模型的协整关系，并建立了滞后为一期的 VAR（1）模型，如表 5 - 7 所示。

表 5 - 7　Johanson 协整检验结果

Hypothesized No. of CE（s）	Eigenvalue	Trace Statistic	0.05 Critical Value	Prob.
None	0.78	56.32	54.08	0.03
At most 1	0.51	27.98	35.19	0.24
At most 2	0.43	14.57	20.26	0.25
At most 3	0.18	3.88	9.16	0.43
Hypothesized No. of CE（s）	Eigenvalue	Max - Eigen Statistic	0.05 Critical Value	Prob.
None	0.77	27.71	27.58	0.05
At most 1	0.45	11.42	21.13	0.61
At most 2	0.19	3.92	14.26	0.87
At most 3	0.05	1.01	3.84	0.31

（二）VEC 模型建立

在上述协整关系确立的基础上，本节试图通过建立 VEC 模型来确定各变量之间短期的变化关系，通过 VEC 模型的稳定性检验得知，该模型所有单位根均在单位圆 1 之内，模型稳定，结果较为可靠，如表 5 - 8 所示。

表 5 - 8　VEC 模型的 AR 根表

Root	Modulus
1. 00	1. 00
1. 00	1. 00
1. 00	1. 00
0. 083968 − 0. 608471i	0. 61
0. 083968 + 0. 608471i	0. 61
− 0. 323462 − 0. 188676i	0. 37
− 0. 323462 + 0. 188676i	0. 37
0. 27	0. 27

为了更好地说明模型的稳定性和有效性，本研究首先对于 VEC 模型的序列自相关问题、异方差问题和模型残差的正态性以及各变量的同期关系进行检验，其检验结果为模型合理、不存在上述问题。[①] 其次，根据 LR、FPE、AIC、SC、HQ 模型滞后准则信息，确定误差修正模型的最优滞后期为 1 期，并确立最终的误差修正模型为：$D(LABOR) = -0.29 \times (ECM(-1)) + 0.20 \times D(CYJG(-1)) + 0.29 \times D(LABOR(-1)) + 0.27 \times D(TEC(-1)) + 0.08 \times D(UC(-1)) + 0.01$。误差修正项 $ECM(-1) = CYJG(-1) + 1.28 \times LABOR(-1) - 0.10 \times TEC(-1) - 0.94 \times UC(-1) + 2.93$，误差修正项系数为负值，说明模型具有误差修正机制，更进一步地确定了各变量的均衡关系。

---

① 在序列相关的检验中，在滞后一期时，接受了原假设：模型不存在序列自相关，其 P 值为 0.91。模型的异方差检验也接受原假设：模型没有异方差，其 P 值为 0.54。模型的残差正态性检验中，接受原假设：模型残差为正态分布，其 P 值均大于 0.1。通过各个变量残差的同期关系检验，该模型变量间不存在高度的同期关系，模型合理。

本节旨在探讨南疆产业结构升级、农业技术进步、城乡收入差距对南疆劳动力转移的关系，通过 VEC 模型短期的发展关系来看，南疆产业结构升级、农业技术进步、城乡收入差距均会加速南疆劳动力的转移，但是其 T 值均不显著，证明各因素对于南疆劳动力流动在短期关系上作用不显著。产业结构升级、农业技术进步、城乡收入差距都需要注重积累的作用，短期的变化并不能即刻引起劳动力流动的较大改变。依据南疆现实发展状况，南疆产业结构转变速度缓慢、短期的发展并没有较大的改变，农业技术进步需要一定时间才能真正融合到当地的生产中，具有时间滞后性，城乡收入差距作为劳动力转移的工资信号，信号的传输过程同样存在时间滞后的性质。

（三）脉冲响应分析

从图 5-4 可以看出脉冲响应函数都是趋向收敛状态，这证明了脉冲结果都是有效的。从脉冲的整体结果来看，农业技术进步和城乡收入差距为正效应，产业结构升级则呈现出负效应。从当期给产业结构升级一个正向冲击后，2～3 期内会对劳动力转移产生较强的遏制作用，该时期结束后，产业结构升级对劳动力转移的遏制作用将会减弱，这与之前的假定 3 南疆产业结构升级为劳动力转移提供"拉力"不符合。首先，南疆地区产业结构升级速度缓慢，产业结构升级对于吸纳劳动力转移的容纳率较低，无法满足劳动力

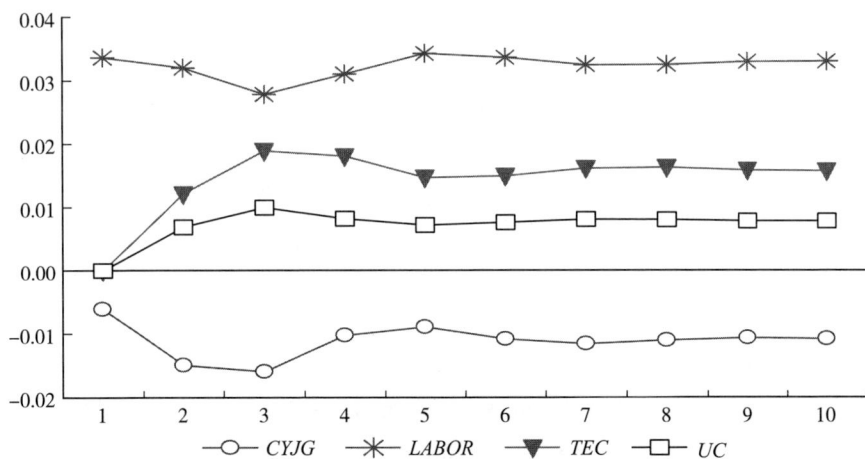

图 5-4 脉冲函数分析结果

转移的需求。其次，产业结构发展水平在一定程度上决定了城镇化的发展水平，南疆地区城镇化水平较低无法为劳动力转移提供良好的外部条件。最后，南疆地区属于少数民族聚集的主要地区，南疆少数民族总体的受教育水平不尽如人意，二、三产业需要相应较高的从业水平资格和汉语沟通能力，劳动力转移和南疆产业结构升级不相适应。

从当期给农业技术进步一个正向冲击后，2～3期内劳动力转移会出现较大的提升，出现稍微的波动后又趋于平稳，这一点则证明了假设 2，即南疆农业技术进步为劳动力转移提供着"推力"。南疆地区地理环境沙漠多耕地少，农业人员的占比较高，农业技术进步自然会释放大量第一产业劳动力，为二、三产业提供了较为可观的潜在劳动力。从当期给城乡收入差距一个正向冲击后，2～3期内城乡收入差距会造成大量的劳动力转移，这也很好地验证了假设 1，在欠发达的南疆地区城乡收入差距会为劳动力转移提供信号。对于经济发展较为缓慢的西部民族地区，城乡收入差距过大，农村劳动力会更加注重比较利益的选择，城乡收入差距便很容易成为劳动力转移的信号。

（四）方差分解分析

方差分析主要反映了在某一时期每个因素的变化对于劳动力转移的贡献力度。由表 5-9 可以得知：初期对劳动力转移贡献力最大的是劳动力转移本身，第一年贡献力度高达 96.79％，但是第十年就下降到了 71.56％，从而证明产业结构、农业技术进步和城乡收入差距对南疆劳动力转移的作用日益明显。分时期阶段来看，产业结构升级在第 3 年贡献力度最大，第三年达到最大值 12.63％；农业技术进步的贡献力度在 2～4 年内发挥着重要作用，第四年达到峰值 14.91％，第四年后虽有所下降但幅度不大并且趋于稳步上升。城乡收入差距对劳动力转移的贡献程度较为稳定，没有表现出强烈的时间趋势。从方差分析的整体来看，劳动力转移对自身的贡献力度逐步减少，农业技术进步对劳动力转移的贡献逐渐加大；产业结构升级对劳动力转移的贡献只是出现较小的波动，但是产业结构升级始终高于城乡收入差距对劳动力转移的贡献力度，可以说明南疆产业结构升级对于劳动力的转移发挥着重要作用，从而验证了先前的假设 3，南疆产业结构升级对劳动力转移发挥着重要作用。

表 5 – 9　劳动力转移的方差分解分析

Period	S. E.	CYJG	LABOR	TEC	UC
1	0.05	3.21	96.79	0.00	0.00
2	0.06	10.02	82.59	5.59	1.80
3	0.07	12.63	71.53	12.29	3.56
4	0.08	11.20	70.06	14.91	3.83
5	0.09	9.92	71.60	14.74	3.74
6	0.10	9.52	72.02	14.71	3.74
7	0.11	9.42	71.66	15.08	3.83
8	0.11	9.25	71.46	15.40	3.89
9	0.12	9.04	71.51	15.54	3.91
10	0.13	8.90	71.56	15.62	3.92

四、研究结论及启示

城乡收入差距为南疆劳动力转移提供了正向信号，农业技术进步也为南疆劳动力转移形成了"推力"，南疆产业结构升级未能够为劳动力转移提供"拉力"，从而形成了劳动力转移的"倒逼"形式。

基于以上认识，本书认为南疆地区亟待解决产业结构不合理、升级缓慢的发展瓶颈问题。南疆"社会稳定—产业结构升级—劳动力转移—社会稳定"本身就是一个相互牵制、影响的系统问题。而解决这一问题的关键就是加快南疆地区产业结构调整和升级，积极优化农业内部产业结构，提升农业生产效率，促进农业经济增长。同时，更应大力发展新兴产业，特别是劳动力密集型产业，注重二、三产业对劳动力转移的吸纳效率，形成一个合理适宜的产业结构，实现产业结构升级对劳动力转移的拉力作用。在强调产业结构升级和农业技术进步对南疆劳动力转移具有重要作用的同时，更应强调劳动力人力资本水平和就业能力的提升，尤其是少数民族劳动力的汉语水平和再就业能力，使劳动力转移就业水平能够更好地与产业结构升级相协调。客观看待城乡收入差距，发挥其正向引导作用，提高南疆城镇化水平，完善城市配套措施，做好城乡统筹改革、户籍制度改革，从而减少劳动力转移中的外部影响因素和制度壁垒。以加强劳动力转移就业能力为抓手，做好政府宏观调控，减少劳动力转移就业的中间障碍因素，促进南疆劳动力有效转移，推动新疆社会稳定和长治久安。南疆劳动力转移的影响因素具有时间滞后性，南疆劳动力转移并非是一件短期就可以完成的工程，需要从长远的发展角度来看待。南疆劳动力转移就业与新疆的稳定发展息息相关，要实现新疆社会稳定和长治久安的战略目标，就需要当地政府从稳疆固疆的战略高度对南疆劳动力转移的制度、政策制定和管理做出长远规划，为南疆劳动力合理、有序的转移做出长期安排。

第三节　新疆南疆劳动力转移对产业结构调整影响的实证分析

　　南疆劳动力转移就业不仅仅属于南疆经济发展问题，同样关系到南疆边疆安全稳定问题。南疆是多民族聚居地区，少数民族劳动力数量较多，但较低的人力资本积累水平使得南疆劳动力转移就业成为一个难题，新疆政府也将南疆劳动力转移就业作为促进边疆安全稳定发展的工作重心。为解决这一难题，2017年新疆政府出台《强化南疆四地州劳动力资源开发与转移就业并重的对策措施》提出，转移就业是南疆四地州劳动力就业尤其是贫困农牧民脱贫增收的重要渠道，要从根本上有效开发南疆四地州劳动力资源，强化劳动力资源开发与转移就业并重。①。旨在大力促进南疆劳动力，尤其是鼓励农村剩余劳动力由农村向城镇转移就业。根据二元经济结构理论，农业部门剩余劳动力的持续转移，为工业部门输入了大量劳动力，这在一定程度上，增加了工业部门就业的竞争环境，加快了工业部门扩张的速度，推动了工业部门的技术进步，最终改变产业部门结构。那么，南疆劳动力转移就业形式，是否能够推动南疆产业结构优化升级？本节将借助 VAR 模型中的脉冲响应函数和方差分解等对上述问题进行探究。

---

　　① 新疆维吾尔自治区发展和改革委员会经济研究院. 强化南疆四地州劳动力资源开发与转移就业并重的对策措施. 2017 年 9 月 18 日.

一、文献综述

产业结构升级与劳动力转移就业是相辅相成的关系，即产业结构升级能带动劳动力就业转移，而劳动力转移就业又能加速产业结构升级。针对此，国内学者进行了大量研究。姚知非、彭现美（2016）基于固定效应模型对1996—2012年全国29个省份产业结构及农村转移劳动力相关面板数据进行研究，发现：产业结构升级能提升第二、三产产业对劳动力的吸纳率，并且三产对农村劳动力吸纳能力最强，产业结构的不断升级对农村劳动力转移就业的推动作用明显。① 赵楠（2016）基于2002—2012年我国30个省份面板数据构建空间数据模型，发现产业结构变动存在空间效应，邻近地区间产业结构动态变化存在显著的空间相关性；跨区域流动的农村剩余劳动力对产业结构优化具有"反向激励机制"作用。② 林恬竹（2017）选取1997—2014年中国31个省份面板数据，采用回归模型对劳动力流动与产业结构高级化之间关系进行分析发现，劳动力地域流动与产业结构高级化之间存在互动关系，但作用大小有差异性。③ 周秘（2017）基于珠江流域9省2001—2014年省级面板数据进行定性与定量研究发现，珠江三角洲地区发生小规模第三产业西进转移，但劳动力流动并未显示相同趋势，转移劳动力有向沿海发达地区转移趋势，劳动力流动与产业转移出现"逆向流动"现象，这在一定程度上削弱转移劳动力对产业结构升级正向促进作用。④ 刘戈戈（2017）基于深圳历年统计数据以及深圳第五次人口普查数据，采用VAR模型进行实证研究发现，深圳劳动力流动与产业结构高级化存在长期均衡关系；深圳转移劳动力不仅受到产业结构升级的影响，还受到自身惯性影响，即流入深圳的劳动力越多则会吸引更多地劳动力向深圳流入。⑤

除此之外，大量的文献研究了劳动力产业间的流动。邱小云（2018）通

① 姚知非，彭现美. 产业结构升级对农村转移劳动力影响研究［J］. 太原理工大学学报（社会科学版），2016，34（1）：62-67.

② 赵楠. 劳动力流动与产业结构调整的空间效应研究［J］. 统计研究，2016，33（2）：68-74.

③ 林恬竹. 劳动力流动与产业结构高级化的互动研究［D］. 重庆：西南大学，2017.

④ 周秘. 人力资本、劳动密集型产业转移与区域产业升级［D］. 广州：广东外语外贸大学，2017.

⑤ 刘戈戈. 劳动力流动与深圳产业结构调整关系研究［D］. 深圳：深圳大学，2017.

过江西赣州市 2000—2016 年 FDI、产业转移和就业数据实证分析，认为承接产业转移对赣州市劳动力从第一产业向第二、三产业转移，对实现就业结构优化起到积极推动作用；苏区振兴政策并未对就业水平产生长期的影响。[①] 李妞妞（2017）认为在我国经济全面调整阶段，农村剩余劳动力将解决第二、三产业因规模扩大而造成劳动力资源短缺的问题。[②] 代杨龙（2019）以我国中西部 18 个省份为样本，采用 2000—2016 年面板数据进行假设检验，认为劳动力部门转移有利于城镇化发展，产业结构合理化能加大劳动力部门转移对城镇化发展的正向作用，但产业结构高级化会削弱劳动力部门转移对城镇化发展的促进作用。[③] 李烨（2017）基于 1978—2015 年时间序列数据建立 VAR 模型，研究发现，劳动力转移具有集聚效应，增加劳动力转移能够带动第二、三产产值增加，进而促进产业结构优化。[④] 刘雅娇（2018）基于鲍莫尔—福克斯假说实证分析，选取 1995—2010 年全国 31 个省份面板数据，研究发现，城镇化水平越高的地区，二产生产效率越高，则释放更多地劳动力转移至第三产业，而城镇化水平较低的地区，丰富的农村剩余劳动力资源会提高农业部门与工业部门的相对劳动生产率，从而促进更多劳动力向第三产业流动。[⑤] 谭林（2017）利用 1978—2014 年面板数据探究农村劳动力流动与三次产业结构调整的内生性关系发现，农村富余劳动力流动满足二、三产业劳动力缺口，有助于实现产业结构优化升级。[⑥] 张宽等（2017）基于河南省 1978—2014 年的相关数据研究发现，农村劳动力转移和产业结构之间存在长期动态促进作用。[⑦] 祝坤艳（2017）基于 2006—2013 年

① 邱小云，贾微晓. FDI、产业转移和就业联动变化——以江西省赣州市为例 [J]. 江西社会科学，2018，38（8）：77 - 86.

② 李妞妞. 河南省产业升级与劳动力匹配研究 [D]. 郑州：郑州大学，2017.

③ 代杨龙，韦瑜佳. 劳动力转移、产业结构优化与新型城镇化发展——以中西部地区为例 [J]. 新经济，2019（4）：53 - 59.

④ 李烨，毛宇飞. 劳动力转移、产业结构与城乡收入差距内在作用机制研究 [J]. 青海社会科学，2017（4）：104 - 112.

⑤ 刘雅娇，胡静波. 劳动生产率、劳动力转移与产业结构变迁——基于鲍莫尔——福克斯假说实证分析 [J]. 税务与经济，2018（2）：34 - 40.

⑥ 谭林，崔静. 农村劳动力流动与三次产业结构调整的内生性研究 [J]. 中国农业资源与区划，2017，38（3）：14 - 19.

⑦ 张宽，漆雁斌，沈倩岭. 农业机械化、农村劳动力转移与产业结构演进——来自河南省 1978—2014 的经验证据 [J]. 财经理论研究，2017（4）：39 - 49.

统计数据，认为河南省农村剩余劳动力转移对河南省农业结构带来深远影响，即农民收入和农业种植效率有所提升，机械化水平上升，农作物结构趋于单一，农村人力资本趋优。[①] 蒋江林（2018）利用 1980—2016 年数据研究农村劳动力转移与产业升级之间内生性关系发现，第一产业发展对农村劳动力转移具有反向作用，而二、三产的产业发展则对其有正向作用；我国产业升级不断优化促使劳动力转移现象日益突出；劳动力从一产转向二、三产是工业化与城市化进程中的必然结果。从理论的角度来看，农村劳动力转移是产业结构升级优化的充分必要条件，但实践中农村劳动力就业存在方方面面的影响因素。[②] 党晶晶（2017）认为，农村劳动力转移存在劳动力素质偏低、与产业发展要求脱节、劳动力资源与产业资源分布不均、农村转移劳动力保障机制不完善等问题。[③]

综合以往研究不难发现，大多数研究立足于劳动力在产业间的转移，而地域间转移的文献多从发达地区出发而忽略了欠发达地区。对于欠发达地区而言，由于劳动力自身就业能力有限，人力资本积累水平较低，其大多数转移劳动力主要表现为由农村向城镇转移特征的地域间转移。基于此，本节立足于欠发达地区，将新疆南疆农村劳动力作为研究对象，旨在探讨南疆农村劳动力转移对产业结构调整的影响。

二、研究设计

本节主要采用 2009—2017 年《喀什统计年鉴》《和田统计年鉴》《阿克苏统计年鉴》、《巴音郭楞蒙古自治州统计年鉴》以及《克尔克孜勒自治州》五地州的地方统计年鉴的相关数据，计算得出 2008—2016 年新疆南疆地区劳动力转移数量与产业结构调整的数据。

（一）变量选取

本节内容主要探究南疆劳动力地域间转移就业与产业结构调整之间的关

---

① 祝坤艳. 农村劳动力转移对河南省农业产业结构发展的影响研究 [J]. 中国农业资源与区划，2017，38（11）：191-197.

② 蒋江林. 农村劳动力转移与产业升级的内生性关系的实证分析 [J]. 统计与决策，2018，34（12）：128-131.

③ 党晶晶. 我国产业结构调整与农村劳动力转移协调发展研究 [J]. 农业经济，2017（3）：109-110.

系，因此，主要选择了地域间劳动力转移数量以及南疆产业结构调整两个变量。其中，地域间劳动力转移数量，主要以南疆农村劳动力转移到城镇就业为主。基于数据的可操作性和可获得性，以南疆五地州城镇新增就业人数作为南疆劳动力转移数量（$zyrs$）的指标。产业结构调整（$cyjg$）主要以第二和第三产业与第一产业的比值替代，比值越高说明南疆劳动力产业结构调整速度越快，产业高级化水平越明显。

（二）模型选择

本节主要利用 VAR 模型探究南疆劳动力转移对产业结构调整的作用，VAR 模型主要用于研究时间序列的预测和随机扰动对变量的动态影响。VAR 模型如下：

$$y_t = \alpha + A_1 y_{t-1} + A_2 y_{t-2} + A_3 y_{t-3} + \cdots + A_n y_{t-n} + \varepsilon_t$$

式中，A_i 为一阶系数矩阵，α 为常量，n 为自回归滞后阶数，ε_t 为白噪声序列向量，满足 $E(\varepsilon_t) = 0, \sum E(\varepsilon_t, \varepsilon_s) = 0, \forall t \neq s$。

三、计量分析

（一）单位根检验

本节所选用的数据均为时间序列数据，基于计量分析中可能出现伪回归的现象，在使用 VAR 模型前，需对各变量进行单位根检验。即利用 Eview8.0，结合 ADF 检验，对其进行平稳性检验。

检验结果显示，$zyrs$ 和 $cyjg$ 在原阶时，P 值分别为 0.997 6 和 0.214 0，接受原假设，即变量为非平稳，故对变量进行了一阶差分，$zyrs$ 和 $cyjg$ 分别在 5% 和 1% 的显著水平上拒绝原假设，即变量存在一阶单整。该检验结果符合进一步做协整检验的基础条件。详细结果见表 5 - 10。

表 5 - 10　单位根检验结果

变量	检验类型 (c, T, p)	临界值			ADF 统计量	P 值
		1%	5%	10%		
TRL	(0, 0, 0)	−2.847	−1.988	−1.6	3.31	0.997 6
IS	(0, 0, 0)	−4.421	−3.26	−2.771	−2.212	0.214
TRL (−1)	(0, 0, 1)	−2.637	−1.951	−1.611	−2.306	0.023
IS (−1)	(c, T, 1)	−2.937	−2.006	−1.598	−3.595	0.004

注：(c, T, p) 分别表示截距项、趋势项和滞后阶数。

（二）滞后期确立

确定 VAR 模型滞后期 n，不仅要保证滞后项的数量，还需要具有充足的自由度。本研究依据 VAR 模型滞后期结构确定准则进行测度。滞后期检验结果显示，根据 LR 最小准则，滞后期为 1 期，但当滞后期确定为 2 期时，AIC 最小准则和 SC 最小准则均符合，故本节所建立的 VAR 模型的滞后期为 2 期最适宜。结果如表 5 - 11 所示。

表 5 - 11　滞后期确立

Lag	LogL	LR	FPE	AIC	SC	HQ
0	−28.271	NA	6.651	7.568	7.588	7.434
1	−15.998	15.342*	0.905	5.499	5.559	5.098
2	−10.502	4.122	0.889*	5.126*	5.223*	4.456*

* 表示在 10% 的水平上显著。

（三）协整检验

在上述的检验过程中，先后确立了变量为一阶单整，并在滞后期的检验中确定了此次模型为滞后 2 期。对此，本研究将劳动力转移作为内生变量，将产业结构调整作为外生变量，进一步对所选取的变量进行 Jonhansen 协整检验。结果显示，特征根迹检验和最大特征值检验均在 5% 的显著水平上拒绝了原假设，说明本研究所选用的变量存在协整关系，即能够建立 VAR 模型进行计量分析（表 5 - 12）。

表 5 - 12　协整检验

Methods	No. of CE（s）	Eigenvalue	Statistic	Critical Value	P 值
Trace	None*	0.725	16.625	15.495	0.034
	At most 1*	0.545	6.306	3.841	0.012
Max - Eigen	None	0.725	15.319	14.265	0.038
	At most 1*	0.545	6.306	3.841	0.012

* 表示在 10% 的水平上显著。

（四）平稳性检验

VAR 模型的建立是否稳定主要由模型的差分方程的特征根值来决定，对此，在对模型进行脉冲响应函数分析前，需对 VAR 模型进行 AR 检验，若模型的根均落于单位圆内，则判定 VAR 模型的结果是可靠的。根据 AR 的实际检验得知，本研究采用的 VAR 模型里所有的根均位于单位圆内，说明该模型是稳健的，可以进一步进行计量分析（图 5 - 5）。

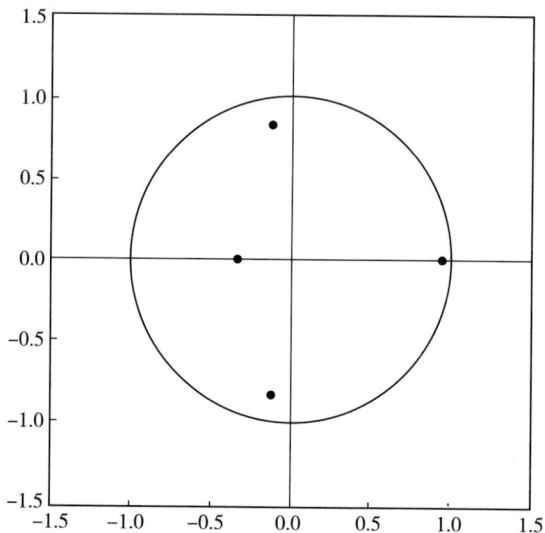

图 5 - 5　AR 特征根

（五）脉冲函数

在建立 VAR 模型时，除了分析一个变量的变化对另一个变量的影响如何之外，也可以分析当一个误差项发生变化，或者说模型受到某种冲击时对系统的动态影响，称为脉冲响应函数方法（impulse response function，IRF）。本研究对所选取的变量进行了脉冲响应分析，具体详见图 5 - 6。

根据脉冲响应函数结果来看，脉冲响应函数均为收敛趋势，说明该脉冲响应结果是有效的。从整体来看，南疆劳动力转移与产业结构调整的变化趋势大致相同，两者在前期属于正负效应交替阶段，后期趋于平稳，且都为正效应。从当期给劳动力转移一个正向冲击后，在前 20 期左右，劳动力转移对产业结构调整的影响表现为促进与抑制重复出现的状况。到了后期，劳动力转移对产业结构调整的影响逐渐减弱，且主要表现为促进作用。这主要是因为，一方面，大多数南疆农村劳动力为少数民族，其家庭成员较多，其区域间的转移特征主要表现为间歇性的，如男性劳动力通常在农耕后选择外出

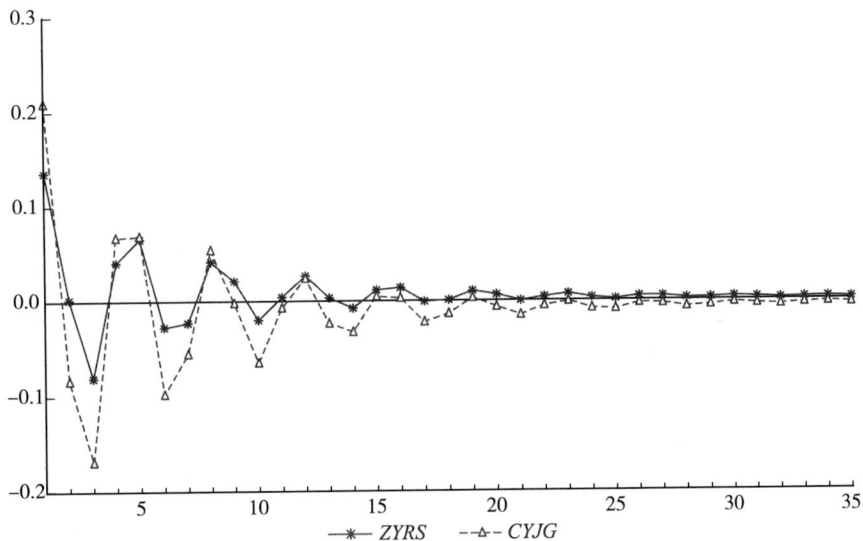

图 5-6 脉冲响应函数

就业，等到了农耕时节，男性劳动力便会返乡进行农作，对此，南疆农村部分劳动力在转移就业时，会选择临时就业。而就女性劳动力而言，其选择的职业一般也为临时性质，由于家庭成员较多，女性劳动力更多地需要照顾家中老人和孩子，所以在转移的过程中无法进行长期就业。另一方面，由于南疆农村劳动力人力资本水平较低，政府会为其提供免费培训，而在培训前期，南疆劳动力由于先前的受教育水平较低，在培训过程中理解能力有限，职业培训并不能充分发挥作用，使得劳动力转移时仍旧存在就业竞争力较低的窘境。而随着免费培训覆盖面逐渐扩大，劳动力接受培训的次数逐渐增多，培训质量随之提升，其在转移就业时会尽可能地选择进入劳动生产率较高的部门，南疆劳动力转移后期能够加快南疆产业结构调整，促进南疆产业结构高级化。此外，稳定的就业环境对劳动力转移具有促进作用，南疆劳动力转移自身呈现出较大的波动与边疆稳定安全同样有着密切联系，因此，为更好地促进南疆劳动力转移就业，加快产业结构调整速度，为南疆劳动力提供一个和谐稳定的就业环境至关重要。

（六）方差分解

方差分析主要反映在某一时期每个因素的变化对于产业结构调整的贡献

力度。从方差分解的结果（表 5 - 13）来看，不论初期还是后期，对产业结构调整贡献力度最高的依旧是产业结构调整自身，基本维持在 75% 左右，而劳动力转移对产业结构调整的贡献力度较弱，基本维持在 24% 左右。其中，劳动力转移在第一年和第二年对产业结构调整的贡献力度最高，贡献力度分别为 29.607% 和 26.617%。说明在初期，基本的劳动力转移能够对产业结构调整发挥作用，这为各产业的发展尤其是劳动密集型产业的发展提供了充裕的劳动力，但随着产业结构自身的不断调整，劳动力转移对产业结构调整的贡献度越来越低，由 29.607% 降到 24.261%，在第三年时，劳动力转移的贡献度达到最低值，贡献度为 23.868%。该结果进一步证实了，由于南疆农村劳动力自身的职业技能匮乏，导致大部分南疆劳动力在转移的过程中会进入就业率较高、劳动密集型产业较多的地域，而随着产业结构的不断调整，各地域间的产业对劳动力的需求由数量转为质量，即需要具有一定职业技能的劳动力。虽然，政府为南疆劳动力提供了免费职业培训，但更多的是免费普通话培训和一般培训，基于培训经费有限的情况下，政府难以全面为南疆劳动力提供免费的专业技能培训，只能采取培训补贴的形式缓解南疆劳动力的经济压力。这也就解释了南疆劳动力转移后期对产业结构调整的影响基本保持不变的原因，即南疆劳动力质量与南疆产业结构调整需求不匹配。

表 5 - 13   方差分解

Period	S. E.	ZYRS	CYJG
1	2.773	29.607	70.393
2	5.427	26.617	73.383
3	5.647	23.868	76.132
4	5.968	24.044	75.956
5	6.280	25.837	74.163
6	6.788	24.356	75.644
7	6.870	24.086	75.914
8	6.973	24.527	75.473
9	7.200	24.772	75.228
10	7.342	24.261	75.739

四、研究结论

本节选用南疆五地州 2008—2017 年的时间序列数据，将南疆劳动力转移和产业结构调整作为内生变量，建立 VAR 模型。首先，分别做了单位根检验、滞后期确立、协整检验和 AR 特征值检验，保证了 VAR 模型的稳定性。其次，在稳定性检验的基础上，进一步做了脉冲响应函数和方差分解的计量分析。

研究结果表明，南疆劳动力转移能够促进产业结构调整速度的加快，南疆劳动力质量与产业结构调整需求不匹配，导致劳动力转移作用较低。虽然在产业结构调整初期，各产业需要大量劳动力，劳动力转移对产业结构调整的贡献度达到最高值，而随着产业结构的不断调整，劳动力转移就业的作用逐渐减弱且趋于平缓，这主要受制于南疆劳动力人力资本水平较低、专业型职业技能匮乏等因素的影响。

第六章
南疆产业结构调整背景下人力资本对转移就业劳动力收入的影响研究

随着社会经济发展和产业结构不断调整，受城乡收入差距与预期收益等因素的影响，对劳动力形成一定的拉力，使得劳动力产生转移就业意愿。为提升家庭经济水平，部分农村劳动力选择在产业间转移就业，也有部分劳动力选择在区域间转移就业。但是，《2017 年农民工监测调查报告》显示，全国省内农村转移劳动力为 9 510 万人，农村转移劳动力务工月均收入为 3 805 元，仅比上年增长 6.5%，出现务工收入增长渐缓的趋势。[①] 因此，农村转移劳动力工资性收入的可持续增长问题，成为了社会经济发展关注的焦点。

根据人力资本理论的阐释，学校教育和职业培训通过增加劳动力人力资本存量能够有效提升劳动力就业的核心竞争力，从而促进其获得较高的收入。政府为帮助南疆深度贫困地区的劳动力顺利转移就业，加强与发达地区的统筹协作，承接发达地区部分产业转移至南疆，拓宽南疆产业的就业吸纳能力。同时利用教育和培训的手段，为南疆农村劳动力提供免费的职业培训。国内学者认为，技能培训和正规教育之间存在替代效应，农村劳动力不仅可以选择从正规教育获得回报，也可以通过投资技能培训获得较高的回报。[②] 有的学者通过实证研究发现，人力资本投资行为与其他经济投资行为相同，均存在收益与风险并存的现象。那么，对于南疆农村转移就业劳动力而言，人力资本对其的收入的影响如何？基于收益与风险的考虑，如何选择学校教育和职业培训？为解决上述问题，本章基于产业结构调整背景，利用 Mincer 收入方程和分位数回归模型，一方面测量南疆农村转移就业劳动力提高人力资本的经济收益率，另一方面测算劳动力接受学校教育或职业培训

---

① 国家统计局《2017 年农民工监测调查报告》。
② 展进涛，黄宏伟. 农村劳动力外出务工及其工资水平的决定：正规教育还是技能培训？——基于江苏金湖农户微观数据的实证分析 [J]. 中国农村观察，2016（2）：55 - 67，96.

的投资风险，进而向南疆农村转移就业劳动力提供科学的投资决策参考，实现收入的可持续增长。

第一节　研究综述

一、劳动力转移就业收入的影响因素研究

Becker（1976）认为，劳动个体获得的人力资本（教育水平、技能和工作经验等）能够显著影响其收入水平。[①] 张永丽、杨志权（2008）根据调研数据分析发现，既有的劳动力市场分割使得农村劳动力难以在产业间自由流动。[②] 段成荣、孙磊（2011）利用2005年全国1‰人口抽样调查数据同样验证出，劳动力市场分割因素也是影响转移劳动力务工收入的重要制度因素，并且个人禀赋、受教育水平、职业类型和就业所在地等因素都会影响劳动力的收入水平。[③] 孟兆敏、吴瑞君（2016）则认为，由于人力资本和劳动力市场的双向掣肘，与当地劳动力相比，转移就业劳动力获得的教育收益更显著，在次要劳动力市场中，教育是影响转移劳动力收入的直接因素。而工作经验则在主要劳动力市场直接影响劳动力的收入。[④] 何晓姣（2014）根据2010年和2012年两年的调研数据研究发现，劳动力身体健康状况也是影响其选择转移就业和就业收入的重要因素，健康通过提高地区劳动力的转移就业率，进而提高劳动力就业收入。[⑤] 白利娜（2013）认为，人力资本积累存量能够显著影响农村劳动力和城镇劳动力的工资性收入水平。若劳动力受到高等教育，人力资本和职业流动是其工资性收入的决定因素。当劳动力的受教育水平较低时，劳动力的工资性收入主要受到人力资本和社会资本存量的

① Becker，G. S. Economic Approach to Human Behavior [M]. University of Chicago Press，1976.

② 张永丽，杨志权. 劳动力市场分割对农村转移劳动力收入水平的影响——来自甘肃省十个样本村的调查与分析 [J]. 西北人口，2008（2）：22 - 26.

③ 段成荣，孙磊. 转移劳动力的收入状况及影响因素研究——基于2005年全国1‰人口抽样调查数据 [J]. 中国青年研究，2011（1）：54 - 61.

④ 孟兆敏，吴瑞君. 流动人口与户籍人口的收入差异及其影响因素——以上海市为例 [J]. 城市问题，2016（6）：82 - 91.

⑤ 何晓姣. 健康人力资本对农村劳动力收入的影响 [D]. 湘潭：湘潭大学，2014.

影响。① 也有学者认为，劳动力的就业收入存在显著的性别差异，但并不存在年龄差异。学校教育能够促进劳动力就业收入提升，但较低的职业技能水平并不能有效提高就业收入。②

二、人力资本对劳动力转移就业收入影响研究

（一）学校教育对劳动力转移就业收入的影响

胡凤霞、叶仁荪等（2015）认为，受教育程度是引起劳动力收入存在差异的主要原因。只有当劳动力受教育达到高中及以上才能在正式就业中发挥作用，若劳动力受教育水平为高中及以下，则在正式就业与非正式就业间不存在明显差异。③ 方超、罗英姿（2016）借助省际面板数据进行计量探析发现，教育扩展与教育分配对收入差距的作用存在差异，既有的教育扩展是收入差距扩大的主要原因，而依靠教育分配则可以有效弥补收入差距。④ Psacharopoulos&Maureen（1985）的研究结果显示，劳动力受教育程度并不能长期提高其转移就业收入，且初等教育对劳动力收入的影响最显著，而高等教育对劳动力收入的作用较低。⑤ 沈健（2014）研究发现，教育扩展将直接影响新生劳动力市场与整体劳动力市场产生分化倾向，其对转移就业劳动力整体的收入影响日益增加，但对新生劳动力收入的作用日益减弱。⑥ 刘燕梅（2013）根据甘肃省的实际调研结果分析发现，家庭经济状况与劳动力学校教育资本存量存在相互作用，家庭经济状况越好，对增加劳动力学校教育资本存量的作用越强，同样，不断积累的学校教育资本存量也会反作用于劳动力家庭经济水平。⑦ Spence（1973）认为劳动力个体可以借助教育促使

---

① 白利娜. 我国劳动力职业流动的影响因素及其对收入的影响研究 [D]. 济南：山东大学，2013.

② 段刚. 安庆市农民工收入水平变动的影响因素研究 [D]. 南京：南京农业大学，2012.

③ 胡凤霞，叶仁荪，陆军. 教育、非正规就业与劳动力收入差异——基于动态面板数据模型的实证分析 [J]. 江西社会科学，2015，35（3）：242－250.

④ 方超，罗英姿. 教育能够缩小劳动力的收入差距吗？——兼论中国人力资本梯度升级的问题 [J]. 教育发展研究，2016，36（9）：9－17.

⑤ Psacharopoulos，G. and Maureen W. Education for Development：an Analysis of Investment Choices [M]. Oxford University Press，New York，1985.

⑥ 沈健. 教育扩展背景下新生劳动力收入及其影响要素变化研究 [J]. 教育科学，2014，30（6）：1－7.

⑦ 刘燕梅. 农民受教育程度对其家庭收入的影响 [D]. 兰州：甘肃农业大学，2013.

收入的提高，还对衡量劳动生产率具有信号和筛选功能。[①] Ulla & Roope（2008）依照芬兰工业改革前后数据进行检验显示，教育未能正向影响劳动生产率，但能够以信号的形式帮助企业进行筛选。[②] 莫堃（2011）研究发现，职业教育对西部农村劳动力的就业收入具有显著的正向影响，其既提高了劳动力的文化素养，又帮助劳动力提高了职业技能水平，正规职业教育是使得转移就业劳动力存在输入差异的关键因素。[③] 钟岸堂（2016）以问卷调查的形式，对调研数据进行实证分析的结果显示，职业教育主要通过提高转移劳动力的人力资本水平和劳动生产率，受职业教育年限对提高转移劳动力的就业收入具有显著的促进作用。[④]

（二）职业培训对劳动力转移就业收入的影响

崔玉平、吴颖（2017）根据调查数据探究发现，教育和培训均可以有效提高劳动力的转移就业收入，且培训对农民工收入的正向作用显著高于教育对收入的作用；教育和培训交互作用能够共同增加劳动力收入，而具有培训经历的劳动力并不比没有培训经历的劳动力收入高。[⑤] 张丽丽（2012）选用全国城乡居民综合调查数据，结合 Mincer 方程探究职业培训对转移劳动力收入的影响。测算结果显示，接受职业培训能够显著提高劳动力工资性收入水平。已有培训政策对提高男性劳动力的工资性收入更有力，而对女性劳动力的收入并未产生显著作用。[⑥] Blundell（1999）同样验证出职业培训能够有效促进劳动力就业收入的提升。[⑦] 朱瑜（2012）通过对新型农民职业培训的调查与研究发现，职业培训既对劳动力务工收入具有正向作用，还能够显

①　Spence M. Job Market Signaling [J]. The Quarterly Journal of Economics，1973，87（3）：355 - 374.

②　Ulla H.，Roope U. Signalling or human capital：evidence from the finish polytechnic school reform [J]. The Scandinavian Journal of Economics，2008，110（4）：755 - 775.

③　莫堃. 职业教育对中国西部农村劳动力转移的贡献研究 [D]. 重庆：西南大学，2011.

④　钟岸堂. 职业教育对河源市农村剩余劳动力转移的影响与对策研究 [D]. 广州：华南农业大学，2016.

⑤　崔玉平，吴颖. 教育培训对苏州市农民工收入的影响——教育培训经济收益率的再检验 [J]. 教育与经济，2017（2）：42 - 50.

⑥　张丽丽. 培训的就业效应和收入效应 [D]. 长春：吉林大学，2012.

⑦　Blundell R.，Dearden L.，Meghir C.，Sianesi B. Human Capital Investment：the Returns from Education and Training to the Individual，the Firm and the Economy [J]. Fiscal Studies，1999，20（1）：1 - 23.

著影响劳动力家庭收入水平。劳动力家庭收入随着劳动力参与职业培训的次数增加而提高。[①] 然而，Rosenbaum and Rubin（1983）通过研究发现，并不能完全认定劳动力收入的提升得益于职业培训或学校教育，因为劳动力收入同样受到其他因素的干扰。[②] 屈小博（2013）使用微观调查数据探究发现，拥有职业技能培训经历的转移劳动力的收入要高于没有职业技能培训经历的转移劳动力，参与技能培训经历与受教育程度对劳动力收入存在交互作用，但劳动力选择接受技能培训的收入回报显著高于教育回报。[③] 马岩、杨军等（2012）通过研究发现，相比于劳动力的受教育水平，职业培训对提高劳动力的就业收入作用更明显。[④] 张俊（2015）研究发现，培训对新生代农民工就业收入具有显著的正向影响，并且新生代农民工接受培训的收益高于教育回报率，但值得注意的是，培训和学校教育的交互效应无法使得劳动力收入水平获得提升。[⑤]

（三）教育对劳动力转移就业收入风险的影响

有关劳动力选择教育的投资风险的研究，亚当·斯密首次对教育投资的风险属性进行了阐述。[⑥] 随后，国外学者进一步探析了在不同生产部门劳动力受学校教育水平的收益与风险之间的关系。[⑦] Groot（1996）发现，教育投资风险与学历存在正向效应。[⑧] 随着对教育投资风险的研究不断发展，国内学者也逐渐开始关注国内劳动力选择教育投资的风险。马晓强、丁小浩（2005）认为，我国劳动力进行教育投资同样具有显著的风险性，并且教育对劳动力收入的影响存在个体差异。[⑨] 邹薇、郑浩（2014）借助建立的人力

---

① 朱瑜. 新型农民培训与农民收入增长的相关性分析 [D]. 合肥：安徽农业大学，2012.

② Rosenbaum P. R. and Rubin D. B. The Central Role of the Propensity Score in Observational Studies for Causal Effects [J]. Biometrika，1983，70（1）：41 – 55.

③ 屈小博. 培训对农民工人力资本收益贡献的净效应——基于平均处理效应的估计 [J]. 中国农村经济，2013（8）：55 – 64.

④ 马岩，等. 我国城乡流动人口教育回报率研究 [J]. 人口学刊，2012（2）：64 – 73.

⑤ 张俊. 新生代农民工在职培训的工资效应 [J]. 财经科学，2015（11）：129 – 140.

⑥ 亚当·斯密. 国富论（上）[M]. 西安：陕西人民出版社，2001.

⑦ Weiss Y. The Risk Element in Occupational and Education Choice [J]. J. pol. econ.，1972，90（6）.

⑧ Groot W. The incidence of，and returns to over education in the UK [J]. Applied Economics，1996（28）：1345 – 1350.

⑨ 马晓强，丁小浩. 我国城镇居民个人教育投资风险的实证研究 [J]. 教育研究，2005（4）：25 – 31.

资本代际传递模型发现，低收入家庭的风险附加值，增加了劳动力教育成本，导致劳动力选择教育投资的意愿降低。此外，无法避免的沉没成本以及难以衡量的预期收益也是影响劳动力教育投资的重要因素。① 黄照旭、郑晓齐（2011）根据研究将中国高等教育投资风险划分为志愿博弈风险、依赖性风险、学业风险以及收益风险等四种类别风险。② 陈叶玲、肖昊（2011）认为，劳动力常常借助自身受教育水平的提高，来增加转移就业收入，并获得更高的社会地位，但由于教育投资风险无法消除，劳动力选择高等教育意愿降低，减少了转移劳动力对高等教育的需求。③ 乐志强（2014）通过研究将农村劳动力家庭的教育投资风险划分为过度教育以及就业风险等七大类，并发现，农村劳动力家庭的教育投资风险主要受到家庭外部因素与内部因素的双重影响。④ 罗彩琴、陈娟等（2009）基于地区异质性的视角实证研究发现，教育投资风险为上升态势的主要包括东部和中部两个地区，而西部地区的教育投资风险具有明显的下降态势。随着高等教育规模的不断扩大，也有学者研究发现，相较于接受大专、本科以及博士等受教育水平，接受硕士受教育水平的收益最高，而风险最低。⑤ 随后，舒强、张学敏（2013）对转移就业劳动力家庭子女选择接受高等教育的投资风险进行测算，结果显示，转移就业劳动力子女的教育投资风险显著高于一般家庭子女的教育投资风险，而城市居民家庭子女选择接受教育的投资风险最低。⑥

三、人力资本对劳动力转移就业收入测算的研究

（一）OLS 回归分析方法

邢春冰、贾淑艳等（2013）基于 Mincer 收入方程，利用 OLS 进行实证

① 邹薇，郑浩. 贫困家庭的孩子为什么不读书：风险、人力资本代际传递和贫困陷阱 [J]. 经济学动态，2014（6）：16-31.

② 黄照旭，郑晓齐. 个人高等教育投资风险的研究 [J]. 高教发展与评估，2011，27（4）：34-37，100，122.

③ 陈叶玲，肖昊. 我国高等教育私人投入风险分析 [J]. 现代教育管理，2011（9）：24-27.

④ 乐志强. 我国农村家庭高等教育投资风险的分类及其成因 [J]. 高等农业教育，2014（10）：8-11.

⑤ 罗彩琴，陈娟，叶阿忠. 教育投资风险的区域差异分析——基于分位数回归 [J]. 统计教育，2009（2）：20-25，60.

⑥ 舒强，张学敏. 农民工家庭子女高等教育个人投资的收益风险 [J]. 高等教育研究，2013，34（12）：50-59.

分析，估算结果表明东部地区的教育回报率最高，西部地区教育回报率最低，接受各级教育水平的劳动力发生转移的概率主要受到地区教育回报率的异质性影响。[①] 詹鹏（2014）利用宏观统计数据，采用调整后的 Mincer 收入方程分析了教育质量对农村转移劳动力工资性收入的影响。分析显示，农村转移劳动力通过增加受教育年限的收益主要受到教育质量的影响。[②] 林道立、刘衍（2016）利用 2013 年 CHNS 调研数据和修正的 Mincer 收入方程，使用 OLS 进行实证分析后发现，选择转移就业的劳动力，教育层次是影响其教育收益的决定性因素。其中，受高中教育水平的劳动力的教育收益低于受中等职业教育水平的劳动力，接受本科教育的转移劳动力的教育收益稍高于受高等职业教育的劳动力。[③] G. Psacharo Poulos（1994）根据 Mincer 方程探究显示，国家经济发展水平与教育收益成反比例关系，国家发展水平越高，则其教育收益越低。[④] 张兴祥、林迪珊（2014）基于 OLS 回归研究方法探究发现，转移就业劳动力的就业收入主要受到婚姻情况和就业所在地等因素的直接影响，不同性别的劳动力其就业收入水平不同，但收入间的差异并不是由受教育时长或受教育水平所导致的，其主要是由其他难以观测的因素造成的。[⑤] 孙百才（2013）利用扩展 Mincer 方程，采用 OLS 回归分析显示，在各层级受教育水平中，少数民族转移就业劳动力的教育回报均高于汉族劳动力，但在低受教育水平层级中，汉族转移就业劳动力的教育回报趋于增高的态势。[⑥]

（二）分位数回归分析方法

黄静、王周伟等（2015）利用调研数据，根据分位数回归分析探究发

① 邢春冰，贾淑艳，李实．教育回报率的地区差异及其对劳动力流动的影响［J］．经济研究，2013，48（11）：114-126．

② 詹鹏．教育质量与农村外出劳动力的教育回报率［J］．中国农村经济，2014（10）：21-34．

③ 林道立，刘衍，刘正良．普通教育与职业教育收益率的实证比较——基于中国数据的经验分析［J］．黑龙江高教研究，2016（8）：21-25．

④ George Psaeharopoulos. Returns to investment in education：A Global Update［J］. World Development，1994，22（9）：1325-1343．

⑤ 张兴祥．我国城乡教育回报率差异研究——基于 CHIP2 002 数据的实证分析［J］．厦门大学学报（哲学社会科学版），2012（6）：118-125．

⑥ 孙百才．西北少数民族地区农村居民的教育收益率研究［J］．西北师大学报（社会科学版），2013，50（1）：65-71．

现，教育对劳动力收入的影响存在群体差异，并且城市化发展差异同样会导致各地区存在教育收益差异。[①] 李得元（2016）采用 2011 年 CHNS 调查数据，采用分位数回归的方法研究，结果显示，教育收益的性别差异具有显著的黏地板效应，且主要体现在低收入群体中。虽然收入的提高能够逐渐缩减性别差异，但男性劳动力的工资性收入始终高于女性工资性收入。[②] 郭小弦、张顺（2014）基于扩展的 Mincer 收入方程研究发现，在计划经济中，教育依旧是均衡劳动力收入水平、减少高收入群体与低收入群体收入差距的重要因素。但是随着计划经济向市场经济转变，教育却成为扩大收入差距的主要因素，且对高收入群体的作用更加明显。[③] 龙翠红（2017）基于 2011 年 CHNS 调查数据，在扩展的 Mincer 收入方程的条件下，利用分位数回归分析劳动力收入条件分布所呈现的教育回报率的特点。接受初、高中教育水平并不能显著影响劳动力的收入水平，接受职业教育或大学及以上的高等教育水平，则可以缩减不同层次间劳动力收入差异。[④] 张弛、叶光（2016）使用 2012 年省际面板数据，利用分位数回归的方法测算了各层次受教育水平的教育收益率。研究结果显示，各个群体的收入水平存在教育收益差异，随着受教育水平的逐渐提高，高收入群体获得的教育收益提高明显。[⑤]

四、文献述评

通过归纳上述文献能够发现，与劳动力转移就业收入的相关问题，已成为国内外学者研究的焦点。对于影响劳动力收入的因素而言，将人力资本视为影响收入高低的关键性因素，在国内外研究者中已基本达成共识。所以，学者们均倡导转移就业劳动力应该有效增加人力资本存量，以此促进务工收

①　黄静，王周伟，杜永康.收入差距分化、城市化发展与教育收益率——基于分位数回归的实证分析 [J].教育与经济，2015（6）：18－24，68.
②　李得元.中国城镇居民教育回报率及工资性别差异研究 [D].昆明：云南财经大学，2016.
③　郭小弦，张顺.中国城市居民教育收益率的变动趋势及其收入分配效应——基于分位回归模型的分析 [J].复旦教育论坛，2014，12（3）：51－56.
④　龙翠红.中国的教育回报率是如何分布的？——基于分位数回归的实证分析 [J].经济经纬，2017，34（4）：135－140.
⑤　张弛，叶光.中国教育回报率的分布特征与收入差距——基于分位数回归的经验证据 [J].经济经纬，2016，33（1）：78－83.

入的提高。国内学者根据我国经济结构研究发现，虽然劳动力市场分割问题仍旧存在，市场经济体制也并没有完善，在该制约环境下，教育对人力资本存量低的劳动力的务工收入具有显著的正向影响，那么在提升人力资本水平的同时如何规避教育风险是尤为重要的。对此，大多数学者分别以周期性较长的学校教育和周期性较短的职业培训，分类探讨了两者对转移就业劳动力务工收入的作用。对于研究方法的选择方面基本可以分为两类，其一主要结合 OLS 回归的研究方法，利用标准 Mincer 收入方程或扩展的 Mincer 收入方程探究教育对转移就业劳动力务工收入的作用；其二是考虑到收入群体存在异质性，以分位数回归替换 OLS 回归，再将 Mincer 收入模型作为基本方程，进一步探析教育对于各类收入群体的作用。整体而言，学者大多是单一测算转移就业劳动力接受学校教育或职业培训的经济收益，而将学校教育与职业培训的交互作用纳入测算范围的研究较少。另外，国内学者多以全国或发达地区的转移劳动力为样本，将欠发达地区的转移就业劳动力作为研究对象的较少，受制于研究时间、测算方法以及不可忽略的样本偏差等因素，使得一些研究结论与欠发达地区的实际情况难以匹配。大部分农村转移就业劳动力由于当地教育发展水平不高，使得自身人力资本存量不足，尤其是对于南疆地区而言，较低的受教育水平和职业技能，已经严重掣肘劳动力转移就业收入的可持续提升，更是无法满足产业结构调整进程中对劳动力质量的需求。对此，采用转移劳动力的微观调研数据，测量劳动力选择接受教育后可获得的经济收益，并进一步分析学校教育和职业培训两种不同性质的教育对欠发达地区转移就业劳动力务工收入的作用是十分必要的。本章将南疆转移就业劳动力作为主要研究样本，以问卷调查的方式，采用标准和扩展的 Mincer 收入方程，并增加学校教育与职业培训的交叉变量，基于 OLS 回归和分位数回归，分别测算转移就业劳动力整体和各类劳动力收入群体的教育收益率以及教育风险，从而为南疆转移就业劳动力如何选择接受教育提供参考。

第二节　人力资本对南疆农村劳动力
转移就业收入影响的机理分析

自 20 世纪 70 年代末我国提出改革开放，我国社会经济体制与经济结构日益完善且出现重大改变，其主要表现在经济结构和劳动力收入分配结构的转变，由传统的计划经济结构转向市场经济结构，劳动力收入也由单一来源向多渠道来源转变。在改革开放进程中，受到多因素的影响，越来越多的农村劳动力选择由农村向城镇，或者由从事农业生产向工业或服务业转移就业，但由于农村劳动力受教育水平较低，使得大多数农村转移就业劳动力的务工收入出现"瓶颈"，即长期处于一个较低的收入水平。因此，有效提高劳动力转移就业收入已成为减少我国贫困人口，降低贫困率，以及加快城乡一体化进程的核心问题。十九大报告中明确提出，我国市场经济结构正处于优化转型的关键期，由"高增长"向"高质量"快速转型。伴随着人口红利的逐渐消退以及"刘易斯拐点"的出现，以数量为主的传统模式已无法满足劳动力市场实际需求，而社会经济的快速变迁迫切需要劳动力市场供给侧改革，使得劳动力市场供给侧由数量向质量转移，由传统劳力向技术型人才转型。对此，人力资本对于劳动力转移就业的影响日益增高，促使越来越多的劳动力选择学校教育或职业培训等途径增加人力资本存量。本节将结合相应的理论，对人力资本影响南疆劳动力转移就业收入的机理做进一步详尽的阐释。

一、人力资本对南疆农村劳动力转移就业收入的机制探讨

在产业结构日益优化和调整的背景下，南疆的产业结构由早期的"金字塔形"产业结构逐渐向"橄榄形"产业结构转变，由于南疆农村地区不断引入先进的农业生产技术，降低了劳动力数量，使得南疆农村地区产生大批剩余劳动力。而受到南疆第二和第三产业的迅速发展的拉力，以及劳动力自身受到城乡收入差异的推力，南疆农村劳动力不再局限于单一的农业收入，逐步开始在产业间转移，由原有的第一产业向二、三产业转移就业，其务工性收入逐渐成为南疆转移劳动力收入的主要来源。然而，在我国经济发展降速转型以及供给侧改革的新阶段，劳动力受自身的职业技能存量和外部的工作环境的影响，使得工资性收入依旧存在不平衡不充分现象。[①] 有学者认为，提升人力资本，优化劳动力的生产效率，促进务工收入增长，成为劳动力收

---

① 吴颖. 教育培训对农民工收入和市民化水平影响的实证研究 [D]. 苏州：苏州大学，2017.

入的内生性因素，因此增加人力资本存量是转移就业劳动力获得高收入的必然途径。①

人力资本理论指出，影响劳动力人力资本水平的重要因素主要包含教育、流动和医疗卫生等。其中劳动力获得人力资本最基础的方式之一便是教育，其也是大多数农村转移劳动力提升人力资本存量的主要手段。但是，劳动力市场分割对劳动力的教育产生负向作用，使得劳动力接受教育后并未缩短收入差距。② 有学者研究表明，农村转移劳动力每多接受一年的教育，其转移就业收入便相应增加 1.84 个单位，且女性劳动力的教育收益低于男性。③ 根据教育的广义定义，将教育划分为学校教育和职业培训两种类型，即通常情况下，转移就业劳动力人力资本水平间的差异主要受到职业培训和学校教育等因素的直接影响，而根据不同的人力资本存量，转移就业劳动力将被分配在不同的生产部门，进而使得劳动力的转移就业收入存在不同程度的差异。一方面，南疆转移就业劳动力通过选择接受不同层次的学校教育，可以获得一定的文化知识及理论知识；另一方面，劳动力借助职业培训途径，既可以弥补欠缺的学校教育，又可以根据不同的培训内容，提升自身的职业技能水平。基于经济效率角度，随着劳动力文化素质与职业技能素质的不断完善，其利用学校教育和职业培训两种途径，获得了一定的劳动技能，从而使得转移就业收入逐步提升。由此可以推断，教育性人力资本主要依靠改善劳动力的经济能力从而间接提升劳动力的转移就业收入。如图 6 - 1 所示。

二、学校教育对南疆农村劳动力转移就业收入的影响路径

新古典主义经济学认为，完全竞争是劳动力市场的特有属性，劳动力群体间不存在异质性，劳动力的生产效率是决定劳动力收入水平的唯一因素，

---

① 王国洪. 人力资本积累、外出就业对民族地区农村居民收入的影响——基于 2013—2015 年民族地区大调查数据的实证研究 [J]. 民族研究，2018 (3)：27 - 41，123 - 124.

② 胡凤霞，叶仁荪，陆军. 教育、非正规就业与劳动力收入差异——基于动态面板数据模型的实证分析 [J]. 江西社会科学，2015，35 (3)：242 - 250.

③ 张世伟，赵亮，万相昱. 人力资本对农村迁移劳动力收入的影响研究 [J]. 重庆大学学报（社会科学版），2009，15 (1)：20 - 23.

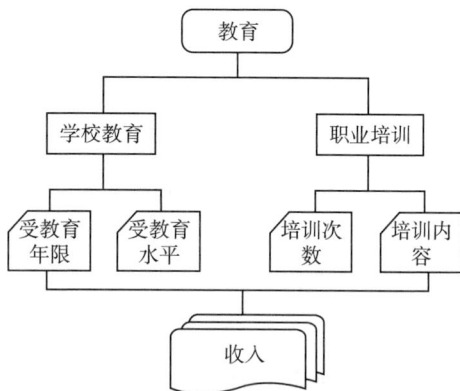

图 6-1 教育对收入的影响机制

即在生产效率一定的前提下，若劳动力接受相同的教育，那么便可以获得同样的教育收益。由此衍生的人力资本理论更是将人力资本视为影响劳动力就业收入以及减少不同劳动力群体间收入差距的关键性因素。但是，多灵戈和派奥（Peter B. Doernger and Michael J. Piore）则认为，除却人力资本和劳动生产率，劳动力市场本身的内部结构同样是影响劳动力收入水平的决定性因素。其根据劳动力的实际收入和所在的生产部门，将劳动力市场划分为主要劳动力市场和次要劳动力市场。其中，主要劳动力市场包括工作环境舒适、工资性收入高以及稳定的劳动关系等特征，主要以技术型和管理型人才为主；而次要劳动力市场主要具有工资性收入低、劳动关系不稳定以及较差的外部环境等特点，主要以劳动力密集型产业为主，对劳动力质量需求相对较低。由此可以看出，劳动力选择接受教育虽然能够促进人力资本水平的提升，但并不一定能够获得较高的收入，这主要取决于其进入何种劳动力市场。若劳动力接受教育后，并未进入主要劳动力市场，那么其获得的人力资本存量并不能在仅要求简单劳动的次要劳动力市场充分发挥作用，进而无法有效获取较高的教育收益。国内学者通过测算我国转移就业劳动力的实际教育收益同样发现，我国的劳动力市场也无法避免劳动力市场分割的影响，但劳动力进入何种市场类型主要由其接受的学校教育程度决定。[①]

---

① 龚刚敏，江沙沙. 个人教育回报率差异的实证研究——基于劳动力市场分割视角 [J]. 东北师大学报（哲学社会科学版），2019（4）：1-18.

学校教育通过文化知识与理论知识的学习，使得劳动力能够获得读、写和计算等基本能力，从而保证劳动力具有基础的工作能力。并且通过一定时间的学校教育，劳动力能够对自身能力水平具有合理认知，从而潜移默化地提升劳动力决策转移就业的基本能力。劳动力在不断接受学校教育的进程中，随着文化知识学习的逐步深入，劳动力将获得全新的就业理念，就业眼界以及就业规划得以更加开阔与明确，同时，依靠提升的信息获取能力，能够更加高效地得知多元的就业渠道，增加就业概率。此外，不同的学校教育类型可以为劳动力提供不同的学习平台，例如，普通教育的重心以教授理论知识为主，侧重于培养管理型人才，而职业教育则偏向以实践技术为主，侧重于培养技术型人才。而无论是哪种教育类型，在知识和能力不断储备的过程中，劳动力不仅具有获取信息的能力，更具备一定的筛选和处理信息的能力。劳动力作为"经济人"，通过接受学校教育，在衡量学校教育投入成本以及预期收益的基础上，借助信息获取与筛选能力，根据实际情况，有效引导自身向合理的生产部门转移就业，尽可能地获得教育收益最大化。

新疆南疆地区山脉众多，绝大多数人口居住在稀少的绿洲内，而由于山脉、戈壁以及沙漠的阻隔，各绿洲的间隔相对较远，形成了封闭式的地理环境，属于典型的绿洲经济。由于天然的地理位置，南疆农村地区处于当地经济核心区域的边缘地带，远离城市中心，增加了南疆农村劳动力转移就业的交通成本。另外，相对闭塞的地理环境，使得信息流通不畅，导致南疆农村劳动力难以及时获取就业的相关信息。受制于该困境，虽然大多数南疆农村劳动力表现出强烈的转移就业愿景，但仍有部分劳动力难以进行正确的就业决策，无法充分发挥学校教育的作用将自身合理分配至相应的生产部门，由此无法保障工资性收入的稳定性和可持续增长性。因此，大多数南疆转移就业劳动力主要以临时性就业为主，仅有部分劳动力属于稳定型就业。

依据劳动力市场分隔理论，为获得较高的务工收入或良好的工作环境等，南疆转移就业劳动力必须通过提升自身受教育水平，以此增加人力资本存量。因为在接受学校教育期间，劳动力将不断提高获取信息的能力，并同时能够将自身按照生产要素效益最大化的分配原则，进入相匹配的生产部门，在综合考量职业发展的同时，选择就业平台相对广阔、就业前景相对较好的地区或产业就业。但是，根据南疆地区社会经济实际发展状况而言，户籍属于南疆农村类别的劳动力，家庭经济收入水平欠佳，受学校教育水平较低是大多数劳动力所具有的基本特征，使得南疆农村转移就业劳动力被迫进入次要劳动力市场的概率较高。而在次要劳动力市场，南疆转移就业劳动力大多数承担简单的体力劳动力，即使拥有部分学校教育经历，在该工作环境中也难以充分发挥效用，最终获得较低的务工收入。由于绝大多数南疆农村转移就业劳动力均是家庭中主要的农业劳动力，所以南疆农村转移就业劳动力的就业存在一定的季节性，造成务工收入具有不确定性。值得关注的是，教育作为一种投资行为，风险属性也是教育的基础属性之一。国内学者研究发现，受教育水平和受教育类型均是影响教育投资风险的重要因素，且投资风险随着受教育水平的提高而增加。[①] 这主要与学校教育的学习时长以及教育质量相关，不论是普通教育还是职业教育，劳动力均要花费较长的时间成本，而当受教育质量不高时，即使受一定程度的学校教育，劳动力仍有可能进入次要劳动力市场。对此，本课题认为有必要对南疆农村转移就业劳动力的教育投入与风险进一步测算。

三、职业培训对南疆农村劳动力转移就业收入的影响路径

相对于学校教育，培训时长短，培训方式灵活，参与培训成本较低，且具有一定经济效益是职业培训的显著特征。自 2008 年始，为有效提高农村劳动力转移就业的核心竞争力以及就业率，中央相继出台了"阳光工程""星火科技培训""雨露计划"以及《关于切实做好当前农民工工作的通知》等政策措施。2019 年出台的《关于推行终身职业技能培训制度的意见》，更加意味着职业培训已成为促进转移就业劳动力工资性收入提高，解决当下劳动力市场中存在的部分技术型人才短缺的重要途径，要大力实行转移就业劳动力职业培训制度。基于人力资本理论，职业培训作为一种继续教育，能够帮助劳动力通过参与职业培训弥补或增强原有的人力资本存量，从而影响劳动力自身的生产效率以及劳动力在各产业间转移就业的能力。按照职业培训类型划分，大致可以将职业培训分为一般培训和应用型技能培训。其中，一般培训主要为岗前培训，即在劳动力转移就业前，为其提供相应的安全意

---

① 徐丹丹．我国城镇居民教育投资收益与风险研究［D］．济南：山东大学，2015．

识、语言沟通等通识类培训，以增加劳动力一般性人力资本存量为主，难以大幅提升劳动生产率。应用型技能培训则以提高劳动力的专用性人力资本为主，一般由劳动力所在的单位提供，为劳动力提供专业的职业技能，在较短的学习周期内，使得劳动力实现职业技能水平大幅提高的效果，而劳动力借助增加后的专用性人力资本存量，大大提升了进入生产力较高的部门以及成为与单位需求相匹配的技术型人才，从而可以在一定程度上获得较高的务工收入。

从人力资本理论的视角来看，作为影响劳动力务工收入的重要因素之一，南疆农村劳动力的人力资本积累水平并不能满足当下劳动力市场对劳动力的需求。而南疆劳动力若想以较低的转移就业成本，增加就业的可能性以及获得满意的预期收入，那么参与职业培训则是其增加人力资本存量的必然选择。南疆作为一个具有鲜明的民族特色的区域，农村转移就业劳动力的民族构成主要以少数民族劳动力为主，由于部分少数民族劳动力的语言沟通能力较弱，导致其存在基本的就业问题，影响转移就业率。针对该问题，新疆政府在为南疆农村转移就业劳动力提供职业培训的同时，额外为少数民族劳动力提供了普通话培训，以此帮助少数民族劳动力能够在较短的时间内获得相应的语言沟通能力。同时，考虑到南疆农村劳动力的家庭经济状况，政府所提供的职业培训均为免费培训。因此，政府在当地财政经济状况允许的范围内，为劳动力提供的免费职业培训以一般性职业培训为主，对于投资经费需求量较大的应用型职业培训，政府暂时以补贴的形式，为参与应用型职业培训的劳动力提供一定的补助，以此降低劳动力参与职业培训的成本。

依照二元结构转变就业理论的阐释，当南疆转移就业劳动力具有一定的职业培训经历，为获得与预期相匹配或更高的务工收入，地域间转移就业和产业间转移就业的两种模式都将可能成为南疆农村转移就业劳动力的转移就业方式。值得注意的是，南疆转移就业劳动力参与培训的经济成本虽低，但任何职业培训都需要劳动力花费相应的时间成本，若缺乏有效的职业培训指导与规划，过度参与职业培训或者盲目选择职业培训内容，并不能促进劳动力进入主要劳动力市场，反而将抑制职业培训增加南疆转移就业劳动力人力资本存量和务工收入的提高，从而导致南疆职业培训的资源利用率降低，影响南疆转移就业劳动力参与职业培训的意愿。也有国内学者根据研究对上述观点提出质疑，即在存在劳动力市场分割的背景下，较低的人力资本投资水平，反而能够促进劳动力务工收入的提升。① 对此，仍需进一步验证南疆农村转移劳动力是否应该参与职业培训，应该如何选择职业培训内容和参与培训时长。

第三节　人力资本对南疆农村劳动力转移就业收入影响的实证研究

一、南疆农村劳动力转移就业收入的差异性分析

（一）个体特征与收入的差异分析

结合国内学者的研究结论，影响劳动力务工收入水平的因素主要包括劳动力的先天禀赋以及其他特征。为有效检验南疆农村劳动力的转移就业收入是否存在个体性差异，本节采用皮尔逊卡方检验方法探究性别、民族和婚姻状况等变量对南疆农村转移就业劳动力收入的影响。根据皮尔逊卡方检验对变量的要求，增加检验的科学性，将收集的连续性收入数据转化为分类变量。根据检验结果显示，性别、民族以及婚姻状况分别在 1% 和 5% 的显著水平上通过差异性检验，即南疆农村劳动力的转移就业收入在上述变量间存在显著差异。

通过统计结果可以看出，南疆农村男性转移就业劳动力与女性劳动力的就业收入存在高低相互交替的现象，但女性劳动力主要集中在 2 500～3 500 元的收入区间，占比 40.50%，而男性劳动力的收入主要以 3 500 元以上居多，说明南疆劳动力市场可能存在一定的就业歧视。而对于少数民族劳动力而言，其收入水平整体低于汉族劳动力收入水平，少数民族劳动力的转移就业收入水平基本以 2 500～3 500 元为主，超过半数的汉族劳动力的转移就业收入已达到 3 500 元以上。从南疆农村转移就业劳动力的婚姻状况来看，南疆农村已婚转移就业劳动力的收入水平整体低于未婚劳动力。南疆农村已婚转移就业劳动力的收入水平在 3 500 元以下的人数大约占比 69.5%，收入在 3 500 元以上的仅有 30.5%，而南疆未婚转移就业劳动力收入水平在

---

① 吕新军，代春霞．劳动力市场分割、人力资本投资与收入回报［J］．北京理工大学学报（社会科学版），2019，21（1）：88-96.

3 500 元以上的占比为 50.6%（表 6-1）。

表 6-1 南疆农村劳动力转移就业收入的个体特征差异

	外出务工月收入				卡方检验		
	1 000~1 500 元	1 500~2 500 元	2 500~3 500 元	3 500 元以上	值	df	Sig.
性别							
男性	2.10%	21.70%	36.20%	40.00%	78.92	45	0.00
女性	4.10%	18.20%	40.50%	37.30%			
民族							
汉族	0.60%	11.60%	35.50%	52.30%	107.47	45	0.00
少数民族	4.10%	24.60%	39.30%	32.00%			
婚姻状况							
已婚	3.00%	20.70%	45.90%	30.50%	71.03	45	0.01
未婚	4.10%	19.20%	26.20%	50.60%			

（二）学校教育与收入的差异分析

1. 学校教育年限与收入的差异

根据劳动力与学校教育年限的差异性检验结果显示（表 6-2），南疆农村转移就业劳动力的收入水平与其所接受的学校教育年限存在显著差异。说明南疆农村转移就业劳动力的收入将随着受学校教育年限的不同而变化。这同时也验证了收入分配理论，即学校教育是影响劳动力收入的主要因素。

表 6-2 南疆农村劳动力转移就业收入与受学校教育年限的单因素方差分析

	df	均方	F	显著性
组间	4	51 156 094.07	59.83	0.00
组内	505	855 026.13		

根据描述性统计结果显示（表 6-3），南疆农村转移就业劳动力的收入随着其受学校教育年限的增加而提高。未接受学校教育的劳动力的收入平均为 2 650 元，具有 15 年学校教育经历的劳动力的收入平均为 4 581.91 元，两者之间相差 1 931.91 元。但是，不容忽视的是，若南疆农村转移就业劳动力仅具有 6 年的学校教育经历，其收入水平并不能提高，说明较短的学校

教育年限难以有效促进劳动力达到劳动力市场的需求，仍旧可能被分入次要劳动力市场，在较差的工作环境下，获得较低的就业收入。

表6-3　南疆农村转移劳动力务工收入在受学校教育年限上的构成

单位：元

受教育年限	N	均值	标准差	极小值	极大值
0	14	2 650	780.29	1 000	3 700
6	51	2 437.25	722.42	1 000	4 350
9	220	3 141.42	718.71	1 200	6 000
12	131	3 576.34	1 001.52	1 000	6 000
15	94	4 581.91	1 287.91	2 200	8 000
总数	510	3 434.73	1 118.18	1 000	8 000

2. 受学校教育水平与收入的差异

相对于学校教育年限，学校教育水平更能体现出劳动力的学校教育资本积累质量。从教育的经济效能来看，劳动力的受教育水平越高，其人力资本积累的质量也就越高，学校教育所能发挥的经济效益则越强，使得劳动力更有可能进入主要劳动力市场，拥有较好的就业平台和较高的收入水平。为进一步检验劳动力转移就业收入与学校教育水平是否存在差异，本节借助单因素方差分析进行验证。结果显示（表6-4），南疆农村转移就业劳动力的收入与学校教育水平在1%的显著水平上存在显著性差异。

表6-4　南疆农村劳动力转移就业收入与受学校教育水平的单因素方差分析

	df	均方	F	显著性
组间	6	38 008 500.42	46.82	0.00
组内	503	811 852.03		

首先，根据描述统计结果（表6-5）可以推断，南疆农村转移就业劳动力的受教育水平主要集中在初中教育水平，且劳动力的受教育水平越高，转移就业收入水平也越高。纵向来看，南疆转移就业劳动力的平均收入为3 434.73元，最低收入为2 650元，最高收入为4 806.67元，当劳动力仅在初中及初中以下的受教育水平时，其务工收入均低于平均收入。而当劳动力

达到高中及以上的受教育水平时，其收入水平均高于平均收入。这主要说明随着我国义务教育的普及，仅具有义务教育水平的劳动力，其在转移就业的过程中并不具备明显的竞争优势，当且仅当劳动力具有更高的受教育水平，方能提高自身的就业竞争力，从而获得更高的就业收入。

表6-5　南疆农村转移劳动力务工收入在受学校教育水平上的构成

单位：元

受教育水平	N	均值	标准差	最小值	最大值
小学以下	14	2 650	780.29	1 000	3 700
小学	51	2 437.25	722.42	1 000	4 350
初中	220	3 141.42	718.71	1 200	6 000
中职	69	3 397.10	997.94	1 000	6 000
高中	62	3 775.81	975.05	1 300	6 000
高职	19	3 694.74	807.93	2 400	5 000
大专及以上	75	4 806.67	1 293.26	2 200	8 000
总数	510	3 434.73	1 118.18	1 000	8 000

（三）职业培训与收入的差异分析

1. 培训次数与收入的差异

由于职业培训也属于劳动力人力资本中的一部分，本节将南疆农村转移劳动力参与培训的次数和培训类型作为其主要职业培训经历。方差分析结果显示（表6-6），$F=9.575$，$P<0.05$，即职业培训次数在南疆农村转移劳动力的收入中存在显著差异。

表6-6　南疆农村劳动力转移就业收入与培训次数的单因素方差分析

	df	均方	F	显著性
组间	3	11 396 098.81	9.58	0.00
组内	506	1 190 166.55		

从收入极值的统计结果来看（表6-7），南疆转移劳动力就业最低收入随着参与职业培训的次数的增加而提高，但是参与职业培训的次数对于南疆劳动力就业最高收入的影响较小。未参与职业培训的劳动力的最低收入为1 000元，参与3次以上职业培训的劳动力的最低收入为2 000元，两者之间相

差 1 000 元。未参与职业的劳动力的最高收入为 6 500 元，参与 1~3 次职业培训劳动力的最高收入为 8 000 元，而培训次数超过 3 次，劳动力的最高收入将呈现下降的趋势。由此可以推断，培训次数与转移就业收入之间存在"倒 U"型关系，当且仅当劳动力平均每年参与 1 次职业培训可以获得最高收益，不参与或频繁地参与职业培训并不能有效促进南疆转移就业劳动力获得较高的收入。

表 6-7 南疆农村转移劳动力务工收入在培训次数上的构成

单位：元

平均每年培训次数	N	均值	标准差	极小值	极大值
0 次	94	2 892.02	1 059.50	1 000	6 500
1 次	217	3 536.70	1 128.30	1 000	8 000
2~3 次	105	3 595.24	1 121.84	1 500	8 000
3 次以上	94	3 562.77	994.39	2 000	7 000
总数	510	3 434.73	1 118.18	1 000	8 000

2. 培训类型与收入的差异

通过文献研究表明，除却职业培训次数，职业培训类型也是影响劳动力收入的重要因素。根据职业培训内容的类型，本研究将一般职业培训和应用型职业培训作为南疆农村转移就业劳动力选择的主要形式。为进一步验证职业培训类型与收入间是否存在差异，结合变量的类型，选用独立样本 T 检验对其进行探究。差异分析结果显示（表 6-8），$T = -7.792$，$Sig. < 0.01$，说明职业培训类型在南疆农村劳动力转移就业收入上存在显著差异。

表 6-8 南疆农村转移劳动力培训类型与收入的差异检验

	F	Sig.	t	df	Sig.（双侧）	均值差值	标准误差值
假设方差相等	10.07	0.002	-8.90	508	0.00	-948.39	106.61
假设方差不相等			-7.79	177.41	0.00	-948.39	121.72

根据调查的统计结果显示（表 6-9），南疆农村转移就业劳动力主要以参与一般培训为主，仅有小部分人参与应用型职业培训。其中，有 383 人参与了一般培训，是应用型培训人数的 3 倍。然而，从务工收入来看，参与一般培训的平均收入为 3 198.56 元，参与应用型培训的平均收入为 4 146.95 元。该数

据验证了前文所阐述的事实，即受到家庭经济状况的影响，南疆转移就业劳动力主要以参与由政府提供的免费的一般性培训为主。

表6-9 南疆农村转移劳动力务工收入在培训类型上的构成

培训类型	N	均值	标准差
一般培训	383	3 198.56	960.03
应用型培训	127	4 146.95	1 255.33

二、人力资本对南疆农村劳动力转移就业收入影响的实证分析

（一）变量描述与说明

1. 变量描述

通过对调研数据进行基本统计分析发现（表6-10），在农村转移劳动力的性别构成方面，男性劳动力约占56.9%，说明目前农村转移劳动力仍以男性居多，在民族构成上，汉族与少数民族劳动力比例约为1：2，反映在该转移劳动力的群体中，少数民族劳动力为主力军。从婚姻状况来看，其主要以已婚劳动力为主，约占66.3%。从劳动力的受教育水平来看，农村转移劳动力的整体受教育水平较低，大多数劳动力仅接受过初中教育，说明农村劳动力的人力资本存量较低，这符合当下南疆农村转移劳动力的现实背景。本节对农村转移劳动力的调研数据进行描述统计后发现，农村转移劳动力务工的平均收入约为3 434.73元，而标准差为1 118.18元，说明劳动力之间的务工收入存在显著差异。从培训次数来看，农村转移劳动力每年大约进行2次培训，但其培训类型大多属于一般技术型培训，即由于劳动力多数为少数民族，所以其接受的培训大多为语言培训，而参与应用型培训的劳动力较少，这在一定程度上反映出，当前农村转移劳动力还未能够借助专业技能培训提高其专用性人力资本水平。

表6-10 变量定义及统计结果

变量名称	变量定义	均值	标准差
务工收入（元）	工资月收入	3 434.73	1 118.18
受教育年限（年）	平均受教育年限	10.33	3.21

（续）

变量名称	变量定义	均值	标准差
受教育水平（％）	小学以下＝1	0.03	0.16
	小学＝2	0.10	0.3
	初中＝3	0.43	0.50
	中职＝4	0.14	0.34
	高中＝5	0.12	0.33
	高职＝6	0.04	0.19
	大专以上＝7	0.15	0.36
工作经验年限（年）	平均工作经验年限	12.46	7.37
工作经验年限的平方	平均工作经验年限平方	209.46	236.74
培训次数（次）	平均培训次数	2.38	1.00
培训类型（％）	应用型技术＝1，一般技术＝0	0.25	0.43
性别（％）	男＝1，女＝0	0.57	0.50
民族（％）	汉族＝1，少数民族＝0	0.34	0.47
婚姻状况（％）	已婚＝1，未婚＝0	0.66	0.47

2. 变量说明

结合前文的差异性分析，本节从南疆转移就业劳动力的个体特征、学习教育以及职业教育三个方面进一步探究人力资本对南疆农村转移就业劳动力收入的影响。将劳动力每月就业收入作为因变量，学校教育和职业培训视为核心自变量，个体特征为控制变量。其中，学校教育包括受教育水平和受教育年限两个方面，前者为分类变量，后者为连续变量。职业培训包括培训次数和培训类型，培训次数为连续变量，培训类型则被设置为虚拟变量，将一般培训作为参照组，编码为"0"。个体特征主要包括性别、民族和婚姻状况三个虚拟变量，其中，性别以女性为参照组，编码为"0"，男性编码为"1"，民族变量以少数民族为参照组，编码为"0"，汉族编码为"1"，婚姻状况以未婚为参照组，未婚编码为"0"，已婚编码为"1"。

（二）研究假设

人力资本存量主要随着学校教育水平、职业培训经历以及工作经验等存量的增加而增加，而转移就业劳动力收入水平的不同则是由于人力资本存量的差异导致的。从南疆转移就业劳动力个体来看，在影响其人力资本存量的众多因素当中，学校教育水平和职业培训经历是影响南疆劳动力人力资本存量增加的关键性因素。学校教育提升劳动力资本存量主要依靠受教育年限和受教育水平的增长或提高，从而使得南疆农村转移劳动力的文化素养能够得以改善，劳动力的理论知识储备逐渐增加，进而发挥出学校教育对劳动力就业收入的正向作用。职业培训经历主要包括职业培训次数和职业培训内容两个方面，其主要是通过向南疆农村转移劳动力提供专业的职业技能培训，以此提升劳动力在单位时间内的生产率，加快农村劳动力在第一、第二和第三产业间的转移，最终帮助转移劳动力获得增长性收入。通过已有的研究能够得知，除了教育变量，性别、年龄、婚姻状况等劳动力自身因素同样对劳动力转移就业收入有一定的影响。而南疆农村转移劳动力和其他地区的民族构成不同，该群体是由多民族组成，在考察劳动力个体层面时，将民族变量纳入其中。根据上述分析，结合数据的可获得性和可操作性，做出如下假设：

第一，学校教育资本对南疆农村转移就业劳动力收入具有显著正向作用：

H1：劳动力学校教育水平越高，其收入水平越高。

H2：劳动力受教育年限越长，其收入水平越高。

第二，职业培训资本对南疆农村转移就业劳动力收入具有显著促进作用：

H3：参与职业培训能够显著提高劳动力收入水平。

H4：应用型职业培训对收入的影响显著高于一般培训。

H5：学校教育与职业培训的交互对劳动力收入水平的增长具有促进作用。

第三，人力资本对南疆农村转移就业劳动力收入存在个体性差异：

H6：人力资本对女性劳动力收入的影响低于男性。

H7：人力资本对已婚劳动力收入的影响低于未婚劳动力。

H8：人力资本对汉族劳动力收入的影响低于少数民族劳动力。

第四，人力资本对南疆农村转移就业劳动力收入的影响存在风险：

H9：学校教育对南疆农村劳动力转移就业收入的影响存在风险。

H10：职业培训对南疆农村劳动力转移就业收入的影响存在风险。

H11：南疆劳动力选择学校教育的风险高于职业培训的风险。

（三）模型选择与设定

1. Mincer 收入方程

目前，Mincer 收入方程与内部收益法是测算教育收益率的两类主流方法。其中，Mincer 收入方程主要是利用劳动力的工作经验和劳动力的教育年限测算教育收益率，数据获取相对便捷。而内部收益法的测算方式更为严格，其在测算收益的同时，还会将就业成本纳入计算范围。但由于就业成本数据获取较为困难，大多数研究者主要借助 Mincer 收入方程进行测算。考虑到测算的客观性和严谨性，为提高测算结果的精确度，本节不仅采用基础的 Mincer 收入方程进行测算，还在该基础上添加其他控制变量，以扩展的 Mincer 收入方程测算劳动力参与学校教育以及职业培训的收益。标准的明瑟收入方程形式如下：

$$\text{Ln}Income_i = \beta_0 + \beta_1 Edu_i + \beta_2 Exper_i + \beta_3 Exper_i^2 + \varepsilon_i \quad (6.1)$$

式中，被解释变量为 $Income_i$，表示月平均工资收入，核心解释变量主要包括学校教育、职业培训和工作经验等。其中，Edu_i 表示个体的受教育程度，以受教育年限来衡量，$Exper_i$ 表示个体工作经验的年限，常用的工作经验计算方法为"年龄－受教育年限－入学年龄"；$Exper_i^2$ 表示个体工作经验年限的平方，β_0 为常数项，β_1 为教育回报率，β_2、β_3 为工作经验的系数，ε_i 为随机误差项。

由于标准 Mincer 收入方程仅反映教育和工作经验两个变量对个体收入的影响，并未包含其他影响因素，估计结果可能存在偏差。同时，考虑到教育分为正规学校教育和非正规教育，所以本研究在该基础上加入了培训次数和培训类型两个变量，并加入了相关控制变量，以及教育与培训的交互项，得到两个扩展方程。此外，考虑到个体接受不同的受教育层次，其收益率可能会存在差异，所以本研究将个体受教育水平变量替代受教育年限。

$$\text{Ln}Income_i = \beta_0 + \beta_1 Edu_i + \beta_2 Exper_i + \beta_3 Exper_i^2 + \beta_4 Tn_i + \beta_5 Tc_i + \varepsilon_i$$
$$(6.2)$$

$$\text{Ln}Income_i = \beta_0 + \beta_1 Edu_i + \beta_2 Exper_i + \beta_3 Exper_i^2 + \beta_4 Tn_i + \beta_5 Tc_i$$
$$+ \beta_6 Tn_i \cdot Edu_i + \beta_7 Tc_i \cdot Edu_i + \sum \gamma_i x_i + \varepsilon_i \quad (6.3)$$

$$\mathrm{Ln}Income_i = \beta_0 + \beta_1 Edu1_i + \beta_2 Edu2_i + \beta_3 Edu3_i + \beta_4 Edu4_i + \beta_5 Edu5_i$$
$$+ \beta_6 Edu6_i + \beta_7 Edu7 + \beta_8 Exper_i + \beta_9 Exper_i^2 + \beta_{10} Tn_i$$
$$+ \beta_{11} Tc_i + \sum \gamma_i x_i + \varepsilon_i \tag{6.4}$$

式中，Tn_i 表示个体培训次数；Tc_i 表示个体参与培训的类型，主要分为与工作紧密相关的专业技能培训和一般培训；$Tn_i \cdot Edu_i$ 表示受教育年限与培训次数的交互项；$Tc_i \cdot Edu_i$ 表示培训类型与受教育年限的交互项；x_i 表示一系列控制变量，如性别、民族、婚姻状况等；$Edu1_i$、$Edu2_i$、$Edu3_i$、$Edu4_i$、$Edu5_i$、$Edu6_i$ 分别表示学历层次为小学以下、小学、初中、中职、高中、高职、大专以上的虚拟变量。

2. 分位数回归模型

分位数回归法是由科恩克和巴萨特于 1978 年提出，与传统的 ols 回归模型相比，分位数回归更加全面地描述了因变量的条件分布，在一定程度上矫正了个人教育收益率数据分布出现的偏斜状态，其结果更接近客观事实，因而该方法得到广泛应用。其具体考虑在不同分位点上自变量不同作用的基础上，通过 Mincer 收入方程测算不同分位数点上的教育收益率。

$$\mathrm{Ln}Income_i = X_i\beta_\theta + \mu_{\theta i} \text{ 且 } Quant_\theta(\mathrm{Ln}Income_i \mid X_i) = X_i\beta_\theta \tag{6.5}$$

其中，$Quant_\theta(\mathrm{Ln}Income_i \mid X_i)$ 表示在已知解释变量 X_i 时，处于 θ 分位数的被解释变量，β_θ 为参数向量，$\mu_{\theta i}$ 为误差项，$0 < \theta < 1$，表示特定的分位数，而回归系数 β_θ 的估计值通过最小化绝对利差求得：

$$\min_{\beta \in R^k} \{ \sum_{i: y_i \geqslant x_i\beta_\theta} \mid Ln W_j - x_i\beta_\theta \mid + \sum_{i: y_i \geqslant x_i\beta_\theta} (1 - \theta) \mid Ln W_j - x_i\beta_\theta \mid \} \tag{6.6}$$

本研究对个体教育风险的测算主要借鉴佩雷拉和马丁斯提出的教育投资风险计量指标，通过对 Mincer 收入方程进行分位数回归，将最后一个分位数教育收益率系数和第一个分位数教育收益率系数的差值的绝对值作为教育投资的风险值，即 $DIFF = \mid \beta_{last} - \beta_{1st} \mid$，$DIFF$ 越小，表示参数向量的离散程度越小，即风险越小；反之，$DIFF$ 越大，参数向量的离散程度越大，风险也就越大。

（四）人力资本对南疆农村劳动力转移就业收入的影响

1. 南疆农村转移就业劳动力接受学校教育和职业培训的投资收益分析

根据模型一的实证结果（表 6 - 11）可以看出，人力资本能够显著促进南疆转移就业劳动力收入的提升，且职业培训的毛收益率高于学校教育的毛收益率。其中，劳动力参与学校教育的收益率是 5.24%，劳动力参与职业培训的收益为 7.3%，劳动力参与应用型职业培训的收益比参与一般培训的收益高 17.84%。由此可以推断，在不考虑其他因素的影响下，以受教育年限作为衡量劳动力接受学校教育的标准，相对于具有学校教育经历，南疆转移就业劳动力具有职业培训经历更能获得较高的收入。首先，产生该结果的原因可能在于受教育年限仅能代表劳动力接受学校教育的时长，而无法体现劳动力接受学校教育的层次。其次，在大多数南疆劳动力接受学校教育年限的时长相差无几的前提下，具有职业培训经历则显得更加重要。劳动力通过参与职业培训能够弥补学校教育的短板，在接受职业培训的同时不仅能够增加语言交流能力，还能够通过多民族间的交流学习提高工作适应能力。最后，从职业培训类型来看，南疆劳动力参与应用型培训能够获得更高的收益，因为应用型培训主要为劳动力提供更加专业的技能，劳动力的职业技能得以提升，既可以促进劳动力在产业间的流动，又能够提高劳动力的生产效率，从而帮助劳动力获得更高的就业收入。

考虑到南疆转移就业劳动力的收入还可能受到个体特征的影响，故在原有的基础上添加了个体特征变量以及学校教育和职业培训的交互项。模型二的实证结果显示，学校教育年限与职业培训次数的交互项在 1% 的显著水平上通过了统计学检验，但是两者的交互项系数为负值，说明两者的交互虽然能够显著影响劳动力的收入水平，但需要严格控制参与培训的次数，若过度参与职业培训，将导致学校教育和职业培训对收入的影响呈现负向作用。经检验，职业培训类型与学校教育的交互项并不存在统计学意义，即意味着在劳动力受学校教育年限不断增长的条件下，仅接受一般培训并不能有效促进收入的增长。这主要是由于受到地区经济发展迟缓和家庭收入水平较低的双重制约，大多数具有转移就业意愿的南疆劳动力只能被迫选择由政府提供的免费职业培训。在综合考量政府自身的经济承担能力下，免费性职业培训主要以语言类培训以及通用知识为主，缺乏专业技能方面的培训，进而导致南疆劳动力选择的培训类型无法促进收入提升。根据个体特征变量的实证结果可以看出，南疆转移就业劳动力的收入存在性别差异和民族差异，但不受婚姻状况的影响。其中，南疆男性转移就业劳动力获得的教育收益率比女性高7.05%。一方面因为当前南疆主要以劳动密集型产业为主，产业结构升级缓慢，对女性劳动力的需求较低，存在一定的就业歧视；另一方面则是受到就业观念的影响，部分少数民族家庭并不支持女性外出就业，导致女性劳动力的教育资本不具备发挥价值的平台。

为深度检验学校教育对南疆转移就业劳动力收入的影响，将接受学校教育水平作为学校教育年限的替换变量加入模型三，并在此基础上添加相应的控制变量，通过实证结果可以看出，相对于模型一和模型二，模型三的拟合优度值最高，说明模型三的实证结果更加接近客观实际。从学校教育水平来看，南疆转移就业劳动力接受学校教育水平越高，其对劳动力收入的影响则越强，且基本为正向作用。但若劳动力的受教育水平为小学，与小学以下的教育水平相比，该类群体所接受的学校教育并不能促进其收入增长。从教育类型来看，不同的教育类型对南疆劳动力收入的影响也不尽相同，大致表现为义务教育收益率＜中等职业教育收益率＜高中教育收益率＜高等职业教育收益率＜大专以上教育收益率。这与 Brauw 的研究结果相同，即学校教育对劳动力收入的影响基本呈非线性递增。[①]

通过比较三个模型的实证结果不难看出，随着接受学校教育水平的提高，南疆转移就业劳动力收入的民族差异逐渐消失，这充分说明通过学校教育可以促进不同民族间的劳动力群体的收入趋于平衡，即对于少数民族劳动力而言，提升自身的教育水平是促进收入提高和缩小收入差距的有效途径（表 6‑11）。此外，根据实证结果还发现，不论是否加入其他控制变量，工作经验和工作经验的平方对南疆转移就业劳动力收入的影响均具有统计学意义，且工作经验的平方变量的回归系数一直是负值，说明劳动力的工作经验对收入的促进作用在一定时间内达到峰值以后，促进作用将逐渐降低，其与南疆转移就业劳动力的收入存在鲜明的倒 "U" 型关系。

---

① Brauw，A.，Rozelle，S. Reconciling the Returns to Education in Off‑Farm Wage Employment in Rural China [J]．Review of Devel‑opment Economics，2006，12（1）：57‑71．

表 6 - 11　农村转移劳动力收入方程 OLS 回归结果

解释变量	模型一	模型二	模型三
C	7.228 6***	6.924 4***	7.393 5***
Edu	0.052 4***	0.072 1***	
$Edu1$			
$Edu2$			−0.077 3
$Edu3$			0.174 1**
$Edu4$			0.261 6***
$Edu5$			0.375 4***
$Edu6$			0.383 9***
$Edu7$			0.600 9***
$Exper$	0.014 5***	0.017 1***	0.021 0***
$Exper^2$	−0.000 4***	−0.000 5***	−0.000 6***
T_n	0.073 0***	0.177 7***	0.071 0***
T_c	0.178 4***	0.041 8	0.151 4***
$T_n \cdot Edu$		−0.010 4***	
$T_c \cdot Edu$		0.012 1	
Sex		0.070 5***	0.080 1***
$Nation$		0.052 2*	0.022 1
$Married$		0.020 6	0.031 0
R^2	0.351 7	0.377 2	0.416 5
OBS	510	510	510

注：*** 表示在 0.01 的水平上显著，** 表示在 0.05 水平上显著，* 表示在 0.1 的水平上显著。

2. 南疆农村转移劳动力的学校教育和职业培训投资风险分析

为向南疆转移就业劳动力提供有效的人力资本投资决策参考，基于投资风险的视角，本节采用分位数回归分析方法，进一步测算南疆转移就业劳动力选择教育的投资风险（表 6 - 12）。由风险测算结果可以发现，以小学以下的学校教育为参照组，学校教育投资风险随着教育水平的提高而增加，其中，小学的投资风险为 0.005 7%，大专以上的投资风险为 2.683 8%，后者大约是前者的 471 倍，而根据学校教育收益的测算结果来看，南疆转移就业劳动力接受大专以上的教育收益同样显著高于接受小学的教育收益，由此可以推断，依靠学校教育提升人力资本存量存在高收益高风险的现象。为客观分析学校教育投资收益与风险，以劳动力选择的教育类型的视角来看，南疆转移就业劳动力若继续选择接受学校教育，则面临职业教育与高等教育两种选择。通过比较两种选择的收益与风险发现，南疆转移就业劳动力选择接受职业教育，尤其是选择中等职业教育将具备"高收益低风险"的特点，而若选择后续进入高等教育则伴随着"高收益高风险"的特点。此外，根据南疆转移就业劳动力参与职业培训的风险测算结果可以看出，参与职业培训的风险明显高于学校教育。这主要是因为，一方面，南疆转移就业劳动力选择职业培训的内容有限，无法满足全部劳动力进行专业职业技能培训的需求；另一方面，则是因为当前南疆转移就业劳动力的职业培训体系尚未完善，尤其缺乏专业的职业培训规划指导，使得部分劳动力存在盲目或过度参与职业培训的现象，产生培训资源浪费和培训质量较低的问题，从而导致职业培训难以有效发挥自身的经济效益。

表 6 - 12 学校教育和培训投资风险分位数回归结果

分位数	Edu2	Edu3	Edu4	Edu5	Edu6	Edu7	T_n	T_c
0.1	0.144 4	0.450 8***	0.479 4***	0.741 2***	0.699 2***	0.813 4***	0.064 8***	0.237 2***
0.2	0.057 9	0.326 0	0.340 7	0.499 2**	0.494 7**	0.660 9***	0.083 5***	1.083 5***
0.3	−0.141 5	0.072 1	0.130 7	0.225 6*	0.346 1**	0.444 3***	0.078 5***	0.134 8***
0.4	−0.146 9	0.095 5	0.179 5	0.250 5**	0.288 3**	0.459 4***	0.060 8***	0.117 5***
0.5	−0.228 7***	0.061 1	0.124 6	0.200 4**	0.250 1**	0.443 6***	0.045 7***	0.102 7***
0.6	−0.234 4***	0.090 9	0.200 6**	0.288 9**	0.257 9**	0.518 9***	0.034 5**	0.097 3***
0.7	−0.110 0	0.122 7	0.243 2**	0.334 7**	0.315 6***	0.560 6***	0.043 7***	0.130 0***
0.8	−0.027 1	0.181 7**	0.270 1***	0.382 9**	0.304 4**	0.600 4***	0.054 2***	0.137 5***
0.9	0.052 0	0.269 9***	0.397 2**	1.397 2***	2.397 2***	3.397 2***	4.397 2**	5.397 2***
DIFF	0.005 7	0.180 9	0.082 2	0.656 0	1.698 0	2.583 8	4.332 4	4.160 0

注：*** 表示在 0.01 的水平上显著，** 表示在 0.05 水平上显著，* 表示在 0.1 水平上显著。

（五）人力资本对南疆农村不同性别转移劳动力收入的影响

为进一步探究人力资本在南疆转移就业劳动力不同性别间的收入的作用，在该模型中添加了性别与学校教育年限的交互变量。考虑到交互变量与性别变量可能存在多重共线性问题，故并未再添加性别变量。测算结果显示

（表6-13），人力资本对南疆转移就业劳动力不同性别间的收入的影响具有一定的差异，其中，男性参与学校教育的收益比女性所获得的收益高0.6％。这可能是因为劳动力市场中存在一定的性别歧视问题，使得女性劳动力无法充分发挥教育的经济功能，无法达到与男性劳动力相同的收益。

表6-13　教育对南疆农村劳动力转移就业收入影响的性别差异

解释变量	系数值	标准差
Edu	0.068 3***	0.010 7
$Edu \cdot Sex$	0.006 0***	0.002 3
$Exper$	0.017 6***	0.005 8
$Exper^2$	−0.000 5***	0.000 2
T_N	0.169 8***	0.038 5
T_C	0.036 8	0.095 1
$T_N \cdot Edu$	−0.009 7***	0.003 7
$T_C \cdot Edu$	0.012 3	0.008 2
$Nation$	0.049 9*	0.028 2
$Married$	0.021 0	0.022 5
C	6.967 3***	0.143 0
R^2	0.375 9	
OBS	510	

注：*** 表示在0.01的水平上显著，** 表示在0.05水平上显著，* 表示在0.1的水平上显著。

　　为进一步验证上述结论，结合扩展的Mincer收入方程，以性别作为类别变量进行了分样本回归。通过回归结果显示（表6-14），南疆女性转移就业劳动力的教育收益率比男性劳动力高出4.72个百分点，即说明确实存在就业歧视现象，使得女性劳动力实际的学校教育收益低于男性劳动力。除却学校教育收益，南疆转移就业劳动力参与职业培训的收益依旧存在性别差异。从参与职业培训次数来看，男性劳动力的转移就业收入随着参与职业培训次数的增多而降低，两者之间存在明显的抑制关系。而女性劳动力的转移就业收入随着参与职业培训次数的增多而提高，说明南疆女性劳动力更应该积极参与职业培训，从而缩小就业歧视所带来的收入差距。从职业培训类型的结果来看，参与何种职业培训并不能影响男性劳动力转移就业的收入水平，而选择应用型职业培训则可以有效促进女性劳动力收入的提升。该结果说明当前所提供的职业培训已无法满足男性劳动力的实际需求，政府在提供职业培训的同时，应该充分考虑性别差异，为不同性别间的劳动力提供更具有针对性的培训内容。

表 6-14　教育对南疆农村劳动力转移就业收入影响的性别差异

解释变量	男性		女性	
	系数值	标准差	系数值	标准差
Edu	0.037 6**	0.017 2	0.084 8***	0.014 5
$Exper$	0.018 5**	0.007 5	0.010 4	0.009 7
$Exper^2$	−0.000 6***	0.000 2	−0.000 2	0.000 3
T_C	−0.348 8**	0.147 5	0.208 4***	0.051 1
T_N	0.068 9	0.068 2	0.240 4**	0.127 9
$T_C \cdot Edu$	0.041 3***	0.012 5	−0.013 6***	0.004 7
$T_N \cdot Edu$	0.000 7	0.006 6	−0.001 4	0.011 2
$Nation$	0.050 4	0.038 3	0.064 8	0.042 9
$Married$	−0.019 6	0.031 7	0.048 2	0.032 3
C	7.416 3***	0.215 2	6.764 5***	0.201 7
R^2	0.388 6		0.403 8	
OBS	290		220	

注：*** 表示在 0.01 的水平上显著，** 表示在 0.05 水平上显著，* 表示在 0.1 的水平上显著。

值得一提的是，学校教育和职业培训次数交互的结果显示，男性劳动力的培训次数和学校教育的交互项在 1‰ 的水平上通过了显著性检验，说明参与职业培训和学校教育能够共同促进男性劳动力收入水平的提升。而女性劳动力的样本结果显示，职业培训次数与学校教育的交互项对收入的影响虽具有统计学意义，但却为负向的抑制作用。这主要是因为，既有的就业歧视使得女性劳动力大多从事一些简单的文职类工作，随着学校教育年限的增加，女性劳动力已满足所从事工作的需求，若再次参与职业培训，则增加其就业成本，并不能提升收益。另外，从就业竞争力的角度来看，相对于女性劳动力，男性劳动力的数量较多，所面临的就业竞争力显著高于女性劳动力，随着学校教育年限的增加，只有不断参与职业培训，才能使得男性劳动力可以获得额外的人力资本存量，从而促进收入的提升。

（六）人力资本对南疆农村不同民族转移劳动力收入的影响

受地理位置偏远以及信息流通不畅等外界因素的影响，作为以多民族聚居为特征的南疆地区，属于典型的绿洲经济。而由于水资源匮乏，使得第一产业的发展相对有限，大多数南疆农村家庭收入水平较低。为改善家庭经济状况，提高生活质量，南疆劳动力，尤其是农村劳动力具有强烈的转移就业期望。一般而言，劳动力选择转移就业主要受到城乡收入差距以及预期收益等影响，而产生主动性转移就业。但是，与其他地区的转移就业劳动力相比，南疆农村劳动力的民族构成主要以少数民族为主，绝大多数少数民族劳动力不仅人力资本存量低，职业技能欠缺，甚至还有部分劳动力缺乏语言沟通能力，导致南疆农村劳动力仅依靠自身难以顺利转移就业。因此，为促进南疆劳动力转移就业，降低南疆地区的贫苦人口数量，以维系边疆地区和谐稳定发展为目标，南疆应将政府主导的转移就业模式作为主要途径，为劳动力提供免费职业培训。本节以民族变量作为类别变量，进一步探究人力资本对南疆转移就业劳动力收入的影响，以期能够为政府提供更加有效的培训决策，为劳动力个体选择何种途径增加人力资本存量提供支持。

根据不同民族间教育收益率的测算来看（表6-15），学校教育对汉族劳动力的影响高于少数民族劳动力，其中，汉族劳动力参与学校教育所获得的教育收益达到7.66个百分点，少数民族劳动力参与学校教育所获得的收益为6.47个百分点。造成该结果的原因主要在于，相对于汉族劳动力，少数民族劳动力接受学校教育水平较低，在产业结构调整的进程中，面对日益增加的就业压力，少数民族劳动力缺乏一定的就业竞争力，导致绝大多数少数民族劳动力无法顺利进入主要劳动力市场，无法充分发挥学校教育的价值。根据职业培训的收益测算结果显示，汉族劳动力选择参与职业培训或选择进行应用型职业培训均无法影响就业收入的水平。而少数民族劳动力则可以通过参与职业培训获得一定的收益。这恰好说明，由于少数民族劳动力的人力资本存量较低，相对于汉族劳动力而言，职业培训对少数民族劳动力的效果更明显，并可以有效缩短少数民族劳动力与汉族劳动力由于学校教育水平不同而导致的收入差距。但是，需特别注意的是，少数民族劳动力参与职业培训次数与学校教育的交互项在 5% 的显著水平上对收入的影响产生负向的抑制作用。即当少数民族劳动力达到一定的教育年限，职业培训对其收入的影响逐渐降低，过度地参与职业培训将适得其反。

表 6-15　教育对南疆农村劳动力转移就业收入影响的民族差异

解释变量	汉族		少数民族	
	系数值	标准差	系数值	标准差
Edu	0.076 6***	0.015 2	0.064 7***	0.015 1
$Exper$	0.017 2*	0.009 2	0.016 9**	0.007 6
$Exper^2$	−0.000 5*	0.000 3	−0 004***	0.000 2
T_N	0.102 9	0.064 5	0.190 0***	0.050 9
T_C	−0.076 5	0.175 8	0.059 1	0.119 7
$T_N \cdot Edu$	−0.007 2	0.005 5	−0.010 0*	0.005 1
$T_C \cdot Edu$	0.018 0	0.013 6	0.012 6	0.011 4
Sex	0.045 0	0.037 1	0.087 9***	0.033 4
$Married$	0.051 9	0.034 6	0.017 3	0.029 5
C	6.996 9***	0.222 2	6.945 0***	0.192 9
R^2	0.514 7		0.272 5	
OBS	172		338	

注：*** 表示在 0.01 的水平上显著，** 表示在 0.05 水平上显著，* 表示在 0.1 的水平上显著。

（七）人力资本对南疆农村转移劳动力不同收入群体的影响

通过前文的实证结果可以推断，学校教育和职业培训是影响南疆农村转移就业劳动力的核心因素。那么，两种因素对不同收入群体的劳动力的影响是否相同？若不同，其对劳动力收入的影响还具有何种特点？本研究认为有必要采用分位数回归模型，对学校教育和职业培训的作用做进一步测算与检验。

首先，从学校教育对南疆农村转移就业劳动力收入影响的实证结果来看（表 6-16），学校教育主要作用于中等收入群体，而对低收入群体和高收入群体的影响较小，基本呈现"首尾低、中间高"的分布特征。其中，低收入群体的劳动力参与学校教育的经济收益仅为5.50%，中收入群体的劳动力参与学校教育的经济收益基本在8%上，而高收入群体受学校教育的影响最低，仅为5.07%。这主要是因为低收入群体的劳动力大多进入了次要劳动力市场，从事较为简单的体力劳动，使得学校教育的作用并未有效的发挥。对于高收入群体而言，虽然进入了主要劳动力市场，但因其所接受的学校教育水平并不高，使得收入并不能实现可持续的增长。相对于以上两类收入群体，中收入群体所获得的学校教育恰好能够发挥相对更加充分的作用，所以该类群体的学校教育收益更明显。

其次，从职业培训对南疆农村转移就业劳动力收入的影响来看，相较于学校学校教育，职业培训对各类收入群体的影响更加明显。但是，不是所有培训类型都能有效促进收入的提升，即意味着政府需要适当调整当前所提供的培训类型，从而满足劳动力转移就业的实际需求。参与职业培训的次数对南疆转移就业劳动力收入的影响与学校教育对其的影响类似，中收入群体所获得的职业培训收益更高，低收入群体次之，而高收入群体最低。其中，随着培训次数的增加，位于20%分位点的劳动力来说，增加培训次数可以使得其获得27.36%的收益，而对于位于90%分位点的劳动力来说，增加职业培训次数仅能获得8.46%的收益。这充分说明，对于高收入群体而言，盲目地提高培训次数并不能有效促进收入的提升，当然，学校教育年限与职业培训次数的交互变量的实证结果同样在警示，各类收入群体的劳动力都需要结合自身的实际需求，合理控制培训次数，提高培训质量。

最后，其他相关控制变量的测算结果显示，南疆农村转移就业劳动力收入的性别差异集中体现在中低收入群体，高收入群体并不含有性别差异。其中，位于30%分位点的劳动力收入的性别差异最大，达到11.64%，位于60%分位点的劳动力收入的性别差异最小，仅为8.04%。其后，70%、80%和90%分位点的收入群体并不受性别差异的影响。这主要是因为，对于较高收入的群体，无论是男性劳动力还是女性劳动力，其都参与了相对较长的学校教育。也从侧面说明，通过增加学校教育年限是女性劳动力缩短与男性劳动力收入差距的有效手段。从民族变量的实证结果来看，除位于20%和30%的劳动力收入群体，其他各分位点的劳动力收入并不存在收入差异。此外，随着分位点的不断提高，汉族劳动力与少数民族劳动力的教育收益逐步降低，甚至在 60% 分位点和 70% 分位点的收入群体，其收入差异呈现负值。这充分说明，南疆农村少数民族劳动力可以通过不断提高接受学校教育的年限，有效缩短与汉族劳动力之间的收入差距。

表 6-16　教育对南疆农村劳动力转移就业收入差距的影响

变量	Edu	T_N	T_C	$T_N \cdot Edu$	$T_C \cdot Edu$	Sex	$Nation$
0.1	0.055 0*	0.120 8	0.003 0	−0.005 4	0.027 0	0.086 4	0.056 6
0.2	0.084 0***	0.273 6***	−0.141 4	−0.018 8***	0.028 1**	0.110 2***	0.120 4***
0.3	0.081 3***	0.234 7***	−0.095 8	−0.015 7***	0.020 6*	0.116 4***	0.057 7*
0.4	0.085 7***	0.245 8***	0.026 2	−0.017 7***	0.010 5	0.096 7***	0.044 9
0.5	0.082 8***	0.210 7***	−0.001 4	−0.015 7***	0.013 0	0.082 5***	0.031 0
0.6	0.084 8***	0.203 9***	−0.070 7	−0.016 2**	0.016 5	0.080 4***	−0.005 0
0.7	0.079 2***	0.191 0***	0.063 2	−0.014 2**	0.009 0	0.085 1	−0.013 1
0.8	0.074 4***	0.165 6***	0.159 5	−0.010 6**	−0.000 9	0.055 1	0.026 1
0.9	0.050 7***	0.084 6**	0.138 7**	−0.003 6	0.001 8	0.018 4	0.060 2
OBS	510	510	510	510	510	510	510

注：*** 表示在 0.01 的水平上显著，** 表示在 0.05 水平上显著，* 表示在 0.1 的水平上显著。

第四节　研究结论

一、人力资本对南疆农村劳动力转移就业收入具有正向作用

通过测量劳动力参与学校教育和职业培训的收益率发现，劳动力提高受教育水平或教育年限均可促进收入的提升。虽然职业培训类型对收入并未产生积极影响，但具有职业培训经历同样能够促进劳动力提高收入，即说明增加人力资本存量对南疆农村转移就业劳动力的收入具有显著的促进作用。当添加相关控制变量的条件下，学校教育与职业培训的交互变量显示，两者能够在 1% 的显著水平上促进劳动力获得较高的转移就业收入。以学校教育水平替代学校教育年限后发现，南疆转移就业劳动力的收入随着受教育水平的

提高而提升，且通过对比职业培训的收益率发现，当劳动力完成九年义务教育后，选择继续接受学校教育所获得的收益显著高于职业培训对收入的影响。该结果说明，相对于选择参与职业培训，南疆劳动力在选择就业前，继续接受学校教育能够获得更高收益。这也从侧面反驳了当下农村地区存在的"读书无用论"的观点。

二、南疆农村转移就业劳动力选择职业培训的风险高于学校教育投资风险

通过测算南疆转移就业劳动力选择学校教育和职业培训的 DIFF 值发现，学校教育和职业培训均具有收益与风险两种根本属性，且学校教育的投资风险低于职业培训。其中，南疆劳动力参与职业培训的次数与选择的职业类型的 DIFF 分别达到 4.334 2% 和 4.16%。这一方面是因为，南疆当下职业培训体系并未完善，缺乏对南疆转移就业劳动力的科学培训规划，使得部分南疆劳动力出现过度参与培训的问题；另一方面是因为，由于培训经费有限，政府难以全面向南疆劳动力提供完全免费的应用型职业培训，导致职业培训质量较低，无法满足用工单位的实际需求。就学校教育的投资风险而言，学校教育投资风险整体呈现出学校教育水平越高，投资风险越大的趋势。选择接受小学教育的投资风险最低，选择接受大专以上的投资风险最高。但通过对比不同类型的学校教育投资风险发现，当南疆农村劳动力已完成义务教育，选择接受职业教育能够在相对较低的投资风险下获得较高的收入，即说明当下南疆地区的职业教育所培养的劳动力能够满足劳动力市场的实际需求，南疆劳动力选择职业教育更有利。

三、学校教育对南疆农村女性转移就业劳动力的影响低于男性劳动力

为能够客观地验证性别是否影响南疆农村转移就业劳动力的收入水平，本章首先利用独立样本 T 检验证实了劳动力的收入存在性别差异，接着通过添加学校教育与性别的交互变量，进一步测算教育对南疆不同性别的劳动力的收入影响是否同样存在差异。测算结果显示，女性劳动力的学校教育收益在 1% 的显著水平上低于男性劳动力。但不容忽视的是，南疆农村转移就

业劳动力的分性别样本的回归结果显示，女性劳动力选择学校教育所获得的收益为 8.48％，而男性劳动力选择学校教育所获得的收益为 3.76％，前者是后者的两倍。由此推断，南疆劳动力市场存在一定的就业歧视，使得男性劳动力通过接受学校教育能够顺利转移就业或获得较高的转移就业收入的概率更高。从职业培训的测算结果来看，职业培训对女性劳动力的作用显著高于男性。其中，南疆男性劳动力参与职业培训的次数越高，其获得的就业收入反而负向增长。女性劳动力的转移就业收入水平则随着培训次数的增加而上升。此外，由于职业培训类型主要以一般性培训为主，导致培训类型并不能显著影响男性劳动力，而对女性劳动力的收入则具有显著的促进作用。

四、职业培训对南疆农村少数民族转移就业劳动力的影响高于汉族转移劳动力

考虑到南疆农村转移就业劳动力民族构成的特殊性，根据民族变量的类型，同样采用独立样本 T 检验的方法验证南疆农村转移就业劳动力的收入是否存在民族差异，检验结果在 1％ 的显著水平上证实存在民族差异。本章对民族变量做了 Mincer 回归、分位数回归以及分样本回归，测算结果表明，虽然南疆农村少数民族劳动力选择学校教育的收益显著低于汉族劳动力，但少数民族劳动力可以借助提高学校教育水平消除与汉族劳动力的收益差异。从职业培训的测算结果来看，汉族劳动力通过参与职业培训并不能有效促进转移就业收入的提升，而少数民族劳动力的收入水平则在 1％ 的显著水平上，随着参与职业培训次数的增加而提高。即意味着少数民族劳动力不仅可以通过提高学校教育水平来缩短与汉族劳动力的收入差距，还可以通过参与职业培训增加原有较低的人力资本存量，从而获得较高的收入。

五、南疆农村转移就业劳动力高收入群体的教育收益低于低收入群体

本节采用分位数回归模型探究人力资本对南疆农村不同收入群体的转移就业劳动力收入的影响。实证结果显示，学校教育对低收入群体和高收入群体的作用较低，而对中等收入群体的影响较高。说明低收入群体可以通过提高受学校教育水平扩大收入空间，而高收入群体不能仅依靠学校教育获得较

高的收入，在教育收益有限的前提下，应选择其他途径，拓宽自身获得人力资本存量的渠道。与学校教育的作用相类似，职业培训类型并不能有效促进南疆转移就业劳动力获得较高的收入，职业培训次数越高对中等收入群体的作用更明显，但对低收入和高收入群体的影响并不显著。职业培训次数与学校教育的交互变量表明，无论何种收入群体均需要合理参与职业培训，有效控制参与职业培训的次数。

第七章
新疆南疆产业结构调整的战略选择和产业布局分析

在当今经济体系中，产业结构状况与经济发展二者之间互为表里，即合理的产业结构决定着经济发展的程度，经济发展程度是产业结构合理化的表征。在经济发展速度逐渐加快的新疆，其二者间的相互作用明显。产业结构理论是应用经济学理论的分支，其最终目的是探求最优的经济增长途径与产业间的比例关系。通过动态比较法，研究一国内地区（域）间或国际间产业结构的历史、现状及未来，由此预测出产业结构发展变化的一般趋势，为产业结构调整升级奠定坚实的理论基础。[①] 在经济增长过程中，产业结构的调整与国民经济增长之间具有紧密的相互作用关系。社会经济发展是国民经济总量与产业结构相互作用的结果，而在经济发展的过程中，总量与产业结构则是经济发展的基础变量。产业结构调整的高频率是经济总量高增长率的重要影响因素，不仅如此，产业结构的调整还会影响社会非经济领域的制度和意识形态。战略思想的质量会严重影响发展的方向和未来成果。产业结构调整战略会直接影响产业结构调整方向，产业走向、产业效益甚至关乎国民经济的增速，是经济发展速度及质量的重要指向性因素。本章节就产业结构的相关理论，影响产业结构调整的决定性和影响性因素以及产业结构变化规律、产业关联及其效应，基于边疆安全视角下，结合南疆实际情况对南疆产业结构调整提出科学、合理、可行的战略思想和布局构思。

[①] 史忠良．产业经济学［M］．北京：经济管理出版社，2005.

第一节　边疆安全视角下南疆产业结构
调整的战略思路

一、产业结构理论概述

(一)产业结构的涵义

自然科学是最早应用"结构"一词的，是指事物的各个构成部分的组合及其相关关系。经济领域中，社会分工的产生使得部门应运而生，最终形成产业概念。生产部门因其异质性与受到的影响及制约因素的不同，导致其成长速率、就业人员、产值占比及对经济增长的推动作用等方面产生较大差异。于是，产业结构的概念应运而生。最初，在经济问题中，产业结构的含义模糊不规范，既解释产业间关系，又解释产业内部企业间关系和地区产业的分布。[1] 随着相关领域研究的不断深入，产业结构的概念界定与研究领域逐渐明确，产业结构理论也随之形成体系。最终，将产业结构定义为在生产过程中各产业之间的生产、技术、经济联系和数量比例的关系。

(二)产业结构的特征

(1) 客观性。产业结构是客观的经济现象，客观条件决定产业结构的形成状况，调整产业结构需符合客观事实，遵循客观规律性。

(2) 整体性。由于国民经济整体的内部各产业间比例关系所组成的有机整体是产业结构，因此调整产业结构需估计产业结构的整体效应。

(3) 独立性。产业结构被分为高、低层次产业结构，这两者间存在一定关联性与各自的独立性。高层次产业结构与低层次产业结构间不能混淆，随着研究目的的不同，对产业结构的研究既可以对不同层次进行综合研究，也可以对其中的某些产业领域进行侧重研究。

(4) 动态性。产业结构是随着时间的推移不断改变的，具有明显的阶段性特征，一般表现为渐进式，但在一定时期内，某些具有阶段性的产业结构又具有相对的稳定性。

---

[1] 谢勇，柳华. 产业经济学 [M]. 武汉：华中科技大学出版社，2008：174.

二、产业结构的类型

产业类型的多样性是产业结构类型繁多的根本。产业结构动态特征，导致产业结构的状况不同，并且不断发生着改变。研究产业结构状况与发展规律的理论前提是正确划分产业结构类型。根据不同的标准和方法可将产业结构进行分类。根据不同物质生产部门分为农业、轻工业、重工业及其比重构成的类型；按不同的产业发展与加工程度、技术发展水平、生产要素的密集程度、附加值大小可将产业分为劳动密集型产业、资本密集型产业和技术密集型产业；按照产业比例关系状况的不同，可分为协调型和失衡型两大类别。

按照产业在国民经济中的占比与所处地位的顺序，三次产业的产业结构可大致分为金字塔形、鼓形、哑铃形、倒金字塔形。

（一）金字塔形产业结构

金字塔形产业结构即第一产业在国民经济中占比最大，第二产业和第三产业比重较小。依次排列呈金字塔形状，这种以第一产业为主的产业结构，是农业社会或农业国产业结构的主要特征。

（二）鼓形产业结构

鼓形产业结构也叫作橄榄形产业结构，其表征为第二产业产值在国民经济中的占比最大，以制造业为主，这是工业社会或者工业国的产业结构特征。由于成长阶段的不同，其产业结构也有不同。在工业化前期，农业比重大于服务业比重；工业化后期，服务业比重大于农业，出现231型产业结构特征。

（三）哑铃形产业结构

哑铃形产业结构又叫作工字形产业结构，即第二产业在国民经济中的占比最小，而第一、三产业的占比较大。这是在发展中国家或者地区在特殊情况下形成的产业结构。例如一些工业发展比较落后的国家和地区往往会出现这样的产业结构特征。哑铃形产业结构特征为132型产业结构和312型产业结构。

（四）倒金字塔形的产业结构

倒金字塔形产业结构是指第三产业在国民经济中占比最大，第二产业次之，第一产业占比最小。这是以第三产业服务业为主的产业结构特征，这是后工业社会或者发达工业化国家产业结构的表征。[①]

　　新疆南疆地区 2006—2017 年产业结构逐渐发生改变。2006—2015 年南疆的产业结构基本是橄榄型产业结构类型，即二产产值多于三产产值，一产产值始终最小。但到 2016 年第三产业的产值大于第二产业，第一产业产值依旧最小，现阶段南疆在社会稳定、边疆稳固、经济不断蓬勃发展的背景下，产业结构呈倒金字塔形。2006—2017 年南疆的产业结构逐渐从工业化前期向后工业社会甚至发达的工业化产业结构转变（图 7 - 1）。

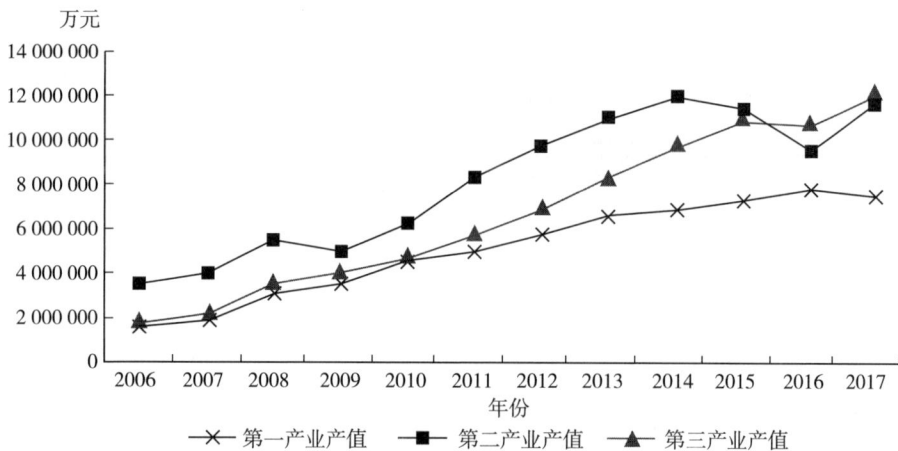

图 7 - 1　2016—2017 年南疆产业结构变化

三、产业结构与经济发展

　　产业结构与经济发展之间互为因果，一个国家或者地区拥有合理化的产业结构，其经济发展必定具有稳定性和增长性的特征；产业结构的高低层次决定了经济发展的实力与质量；产业结构既是经济发展的前提和产物，也是经济不断发展的动力和关键因素。其二者间相辅相成的关系如下：

（一）经济发展的重要组成部分是改善产业结构

　　社会经济发展包括经济数量的增加、经济结构的改善和生活质量的提

---

　　① 简新华，李雪．新编产业经济学 [M]．北京：高等教育出版社，2009：111-112.

高。其中经济结构的改善主要是指产业结构的改善，产业结构的改善意味着经济的不断发展，而经济发展的充分必要条件便是改善产业结构。产业结构的升级优化的有利条件便是经济数量的增加和生活质量的提升。

（二）经济发展水平的主要标志是产业结构的发展状况

产业结构发展状况不仅是衡量社会经济发展水平的标准，而且产业结构的优化程度还是经济发展水平高低的主要标志。区分和界定农业经济社会、工业经济社会和知识经济社会的主要标志是产业结构现状。即以第一产业农业为主的产业结构是农业经济社会，以第二产业工业为主的产业结构是工业经济社会，以第三产业服务业和传播知识为主的产业结构是知识经济社会。

（三）经济协调与可持续发展的必要条件是产业结构的调整

经济协调发展，既要满足合理化的产业结构，恰当化的数量比例，均衡化的投入产出比例关系，又要满足实现社会再生产的条件。经济持续化发展，要坚持"三个必须"即产业结构必须不断优化调整；环保型产业、知识密集型产业必须发展；环保、节约、资源利用高效化产业必须发展。反其道而行，势必会污染环境、破坏资源，打破生态平衡，最终阻碍经济社会可持续化发展。

（四）经济效益高低的决定因素是产业结构的状况

产业结构是决定产业间资源配置优化程度和利用高效程度的关键因素。合理化的产业结构，会使资源得到充分的利用，避免产品的积压和浪费；高级化的产业结构，会使产业资源得到高效的利用。宏观资源优化配置的主要表征是产业间资源的优化配置。产业结构优化所带来的经济效益是决定发展宏观经济的重要因素。当产业效益大于企业效益，如果产业部门的生产过剩，则单个企业效益就算再高，那么也意味着无效益。

（五）优化产业结构是经济发展的强大动力

产业结构合理与否对经济发展有着双重作用：合理化的产业结构拥有协调的比例关系、先进的生产技术、发展层次相对较高，能优化和高效利用产业结构资源，能增加有效供给与需求，平衡供与求之间的关系，促进经济快速、协调、高效的发展。产业结构不合理化则意味着产业比例失调、资源浪费，严重阻碍经济发展。[①]

四、影响产业结构的因素

了解认识产业结构的现状，有利于研究产业结构变动的原因、变动的规律与变动发展的趋势，从而为政府及各方制定相对应的产业结构政策。正确优化产业结构，其目的在于促进经济增长。经长期研究发现，影响产业结构的主要因素有供求关系、科学进步、国际贸易，投资和国家政策等。

（一）供给因素对产业结构的影响

供给因素影响产业结构主要包括以下方面：

1. 自然生态条件和资源禀赋

国家或者地区产业结构的合理化发展必须发挥其自身的生态自然条件与资源禀赋，因地制宜地发展对应产业，能更高效地促进经济发展。影响产业结构的主要因素有水土、森林、矿产等生态自然条件及资源禀赋，这些条件决定了产业结构的优势或者比较优势。优越的气候条件，充足的水资源，土地平坦且肥沃的国家或者地区适宜发展农业，其在产业结构中可能占有非常重要的位置；在拥有独特自然人文景观、旅游资源较为丰富的国家和地区，资源开发型产业可能会在产业结构中占据非常大的比重，或者主导产业是资源开发型产业；但在资源相对匮乏的国家和地区，产业结构往往是以加工业、知识密集型产业和服务型产业为主。随着科学技术的不断发展，生态自然资源对工业部门结构的影响逐渐减弱，先进的科学技术解决了资源难以发掘和开采的窘境，通过综合利用，逐渐用生态绿色可再生的资源代替天然资源。不仅如此，国际贸易是弥补一国资源短缺，缓解自然资源对产业结构制约的必要手段与途径。

新疆南疆地区生态自然条件较为恶劣，资源禀赋较为匮乏，改革开放之前工业几乎为零，在此环境之下，南疆地区人民以第一产业为主积极发展经济，在维稳戍边的夙愿中，积极发挥个人及家庭生产力，改变生产方式，逐渐由农业为主的产业结构不断转向以第三产业为主的产业结构。

2. 劳动力资源

最主要的生产要素是劳动力。不断优化升级的产业结构，其重要条件是

---

① 谢勇，柳华. 产业经济学［M］. 武汉：华中科技大学出版社，2008：117 - 118.

向新兴或者发展扩大中的产业源源不断输送劳动力。劳动力缺乏将会影响产业结构调整及优化。劳动力转移必须保证其质量，这就要求通过教育和培训提升劳动力综合素质，劳动力是否具经济发展过程中所需要的高超技术水平和技能，是其发展过程中至关重要的一个因素。劳动力的数量、质量、价格等相关劳动力资源的现状及变动影响产业结构形成和调整优化。发展劳动密集型产业的地区和国家，其必须具备丰富的劳动力资源，低廉的劳动力价格等特征；为提高产业的发展水平，实现高度化产业结构，发展知识密集型产业，其劳动力必须具备较高的受教育程度，素质相对较高；发展技术密集型产业和资本型产业的地区或者国家，其劳动力价格相对较为昂贵。地区或者国家根据劳动力资源的不同，要形成合理的产业结构，必须充分利用劳动力资源，最终实现经济效益增长。[①]

就南疆地区劳动力资源状况来看，南疆转移就业人数逐年增加，在经过技能培训和学校教育后劳动力技能素质逐渐上升，从就业空间上来说，劳动力不再禁锢于南疆地区，开始向北疆地区转移甚至向更发达的地区转移。就业类型上，南疆劳动力接受培训后农业知识和农产品加工技能提升，通过创办农产品加工企业，提升农产品附加值；经过技能培训后的部分劳动力进入工厂工作，提升其自身价值，最终促进南疆地区第二产业生产总值提升，推进产业结构调整。

3. 资本供应状况

产业的扩张与企业再生产的重要条件之一便是投资。投资结构是指投资配置的比例，这种配置比例是由资金流向不同产业所形成的。不同的投资流向会改变现有的产业结构：对创新型产业进行投资，将会形成新的产业，从而改变现有的产业结构；资金流向部分产业，相较于未投资产业而言会加速发展，并导致产业结构的改变；对产业实行比例投资，会使产业间发展程度具有差异性，从而导致产业结构发生相应的改变。在科技飞速发展、生产设备大规模化的背景下，对重工业和高新技术产业来说，资金规模优势是其生存发展的重要前提。因此，影响产业结构的重要因素之一便是资本积累程度。现代企业利用的资金是以付出股息和利息为代价。"资本价格"是指使

---

① 史忠良．产业经济学［M］．北京：经济管理出版社，2005：15.

用资本时所付出的代价，其与工资水平之间存在的比较关系会相应地影响产业结构。重工业和部分高新技术产业因其耗资巨大，当资本规模达到最低时，才能更好地发展，产出较高的效益。除此之外，其他产业当其资本总量规模越大，越有利于其发展。当不合理产业结构被调整时，则需要充足且价格低廉的资本，发展资本密集型产业和高新技术产业，促进短板产业的发展，从而促进产业结构高级化合理化。[①] 新疆地区正在接受东中部地区的产业转移，政府为加速新疆的建设，为新疆投入大量的资金，增加新疆的资本积累，以期改变地区产业结构，加速地区经济发展。

（二）需求因素对产业结构的影响

1. 需求总量

从需求总量层面来看，总量会影响产业结构构成的数量及规模。不仅如此，需求量还会对产品和劳务需求、产业总体规模和结构产生影响。人口规模、经济发展状况、人均收入与物价水平、投资总量等因素也会影响到需求总量的大小，而这些影响因素的变动必定也会推动产业结构的变化。人口规模增大会为产业提供充足的劳动力，经济发展加快，人均收入水平提高，投资规模扩大，这些为产业提供了资本积累，相关因素数量关系上的增加势必导致需求总量的扩大，最终导致产业规模的增大。

2. 需求结构

立足于结构角度，影响产业结构变化最为直接的因素是需求结构，其促使供给结构与生产结构发生相对应的变化，最终改变产业结构。

3. 人口规模增大与人均收入水平的变化

通常一个国家或者地区人口规模越大，其消费需求量就越多。但对于较为落后的欠发达地区或者发展中国家而言，人口规模的增加不仅不会增加需求量，反而会降低该地区或者国家的人均收入，阻碍产业结构的高度化；但在经济发展较为发达的国家和地区，因为其地区经济发展水平和人均收入水平持续保持在一个较高的水平，产业结构已经达到高度化，适量的人口增加有利于产业结构的稳定并进一步合理化。人均收入水平对产业结构变化的影响是巨大的，人均收入水平与需求量二者之间呈正相关关系，而需求量的变

---

① 谢勇，柳华. 产业经济学［M］. 武汉：华中科技大学出版社，2008：179.

化最终会引起产业结构的变化。

4. 个人消费结构

需求结构中，对产业结构的变动影响最大的便是个人消费结构。因其不仅会对最终产品的生产业结构和规模大小产生影响，更会对中间产品的需求产生影响，最终影响中间产品的生产结构。个人收入的增高会增加消费需求，消费结构发生改变，消费的层级也会随之提高，个人需求也会呈现多层次化和多样化，最终带动产业结构升级的多层次和多样化。

5. 中间与最终需求比例

中间与最终需求比例是需求结构中的重要一种。中间需求是指产品须通过继续生产，再一次转移其全部价值的需求。最终需求即产品停止生产过程，可直接供消费者消费或者投资的需求。产品的需求结构决定着产业的内部结构。中间与最终需求结构的比例关系会使得社会生产的产业结构发生相应的改变。决定这二者之间比例的因素有：专业的协作水平。专业的协作水平程度越高，相同产出的最终产品依赖中间产品的程度越高，生产资源的利用效率越高，相同产出的最终产品对中间产品的消费需求减少；造出最终产品的性能和制造技术的复杂程度越高则对中间产品的需求量越大。

6. 消费、投资比例

消费与投资间的比例关系直接决定着以消费资料为主的产业与以资本资料为主的产业间的比例关系，二者之间互相作用。

（三）技术进步对产业结构的影响

历史的进程告诉我们，科学技术始终是第一生产力，社会经济发展的强大动力是科技创新，科学技术的进步推动产业结构的变化。科学技术的进步使各个生产部门发生变革，通过主导产业扩散效应推动相关产业部门不断调整发展层次，向合理化、高度化发展，从而产生新的需求，促进新产业部门不断提升发展高度。

1. 技术进步推动产业高度化

产业高度化发展的决定性因素是技术进步。随着科学技术的进步，产业结构也会发生相应的变动。具体而言，随着科学技术的进步，产业的技术基础，生产过程中的技术水平都会被直接改变，最终，推动产业结构的高度化。科学技术的进步会使产业由劳动密集型转向技术密集型，社会经济会由农业经济为主导转向以工业经济和知识经济为主导。

2. 技术进步影响需求结构

科学技术的进步，一是有利于开发新产品，提升消费品级别，改变消费者消费结构，提高消费水平，改变消费需求结构；二是可以降低对能源的损耗，可以创新和开发出新的可替代的资源，从而改变生产需求结构；三是能够降低生产成本，提升产品的性价比，从而扩大产品的市场需求量，最终改变需求结构。需求结构是直接制约产业结构发展的因素，通过技术的进步引起需求结构的变化，最终导致产业结构随之而变。

3. 技术进步影响供给因素

技术进步不仅能通过保护生态系统与自然环境，减少自然资源使用量，开发新能源，形成新的比较优势，最终改善产业资源的供给状况；还能降低生产过程中的成本和产品的成本，增加收益，提升资本的积累，从而改善资本供给的状况。不仅如此，随着科学技术的进步，劳动力可以通过接受教育与培训，由此提升劳动力综合素质水平，从而改善劳动力供给状况。因此，科学技术进步通过对供给状况的影响，促进产业结构的升级。

4. 科学技术改善产业结构

科学技术的进步可以推动产业结构高度化，明确社会分工，提升社会生产专业化程度，从而形成新的产业，最终优化企业整体的产业结构；随着科学技术的进步，传统产业得到了改善与武装，提高了传统产业的科学技术水平，增加了传统产业的市场竞争力与生命力，最终改善产业结构；科学技术的进步使企业不再束缚于国内市场，更依附于政策环境向国际市场迈进，打开更大的市场，加入更加激烈的市场竞争，促进了产业的出口发展与产业结构的改善。

（四）国际贸易与国际投资

产业结构不仅受到国内各因素的影响，企业的不断发展促使产业高度化，产业结构的高度化与合理化不断督促企业向更大的市场迈进，国际市场是各个企业为之奋斗的目标，因此，国际因素也会制约产业结构的发展。国际分工、国际产业转移、国际贸易、国际投资等是影响一个国家产业结构变动的主要因素。

1. 国际分工

国际分工是指一个国家在国际市场中发挥比较优势，获得比较利益。一个国家产业结构合理化的标志在于发挥其比较优势。在经济全球化的今天，分工国际化逐渐明晰，每个国家在国际市场中都占据非常重要的位置，没有哪个国家不参与国际分工。国家只有积极参与国际分工，才能促进本国经济又好又快发展。积极参与国际分工的国家，发挥国家比较优势，降低机会成本，必然会影响本国产业结构的形成和变动，最终还会影响国际间产业的转移。

2. 国际产业转移

产业转移国际化即国家拥有充足的资本、先进的科学技术，在一定条件下，将劳动密集型产业和资源消耗型产业转移至劳动力资源充足、其他生产资源充足的国家，其目的是为了得到廉价的劳动力与生产所需要的资源。为改善本国的生态环境，这些资本型国家会在改变本国的生产结构，实施国际产业转移时也改变接受国家的产业结构。如新疆南疆在社会安全稳定、经济持续发展的环境中，接受较发达地区东部、中部的产业转移，将原本以第一产业为主的产业结构逐渐高度化，转向以第二、三产业为主的产业结构。

3. 国际贸易

国际贸易是指国际分工背景下，各个国家打破原有的社会分工规则，冲破国家间的界限，在自然资源、劳动力、产品，技术等方面，进行国家间的交换。国际贸易即出口本国产品，刺激内需，进口外国产品，增加国内供给。国际贸易有利于本国发挥自己的比较优势，获得比较利益。国际贸易对产业结构的影响是通过资源、商品、劳务的出口实现的，同时国际贸易对国内相关产业起到推动作用。国内资源紧张时通过进口劳动力和资源，一方面可以弥补本国市场及其相关产业生产中的不足，另一方面，进口新产品和技术，还可以对本国开拓市场及相关产业，提供有力的环境支持，更有利于本国产业发展的高度化。

4. 国际投资

影响产业结构的另一个重要因素是国际投资。国际投资是指资金在国家间的流入与流出。具体而言便是一国企业在外国的投资与其他国家在这一国的投资。对外投资其产业也会相应地对外转移，外国投资则会导致国外产业向国内产业转移，这两方面同样会引起产业结构的变化，特别是外国直接投资会对国内产业结构产生更大更深远的影响：一是外资企业产品的品种及数量增加；二是国内产业结构会受到外资企业中间产品供应结构与最终产品的销售结构的影响而变动；三是技术创新会直接影响到一个国家或者一个地区的产业结构。

（五）国家政策

产业结构的变化不仅受到上述因素的影响，还受到政府经济政策与市场因素的影响。产业政策是指对产业发展进行规划，对产业结构进行调整的主要依据。为实现政府制定的经济目标，产业依据政府所制定的产业发展战略和政策来鼓励和制约一些产业的发展，产业结构因此而发生相对应的改变。政府通过产业政策对产业结构的各个影响因素进行调整，从而调整产业结构。例如，政府通过投资、管制、财政政策、货币政策等方法，调整供给与需求结构、国际贸易结构和国际投资结构，进而影响产业结构。

市场是社会资源配置的重要手段，市场给出的信号会直接影响人们的投资与消费行为，最终影响产业结构的变动。因此，完善市场的法规与制度也是影响产业结构的重要因素。[①]

五、优化产业结构

（一）优化产业结构的内涵

产业结构的优化即通过调整产业满足产业间发展的协调性和需求的不断增加过程。优化产业结构不是一个绝对概念，指为达到国民经济最大化的目标，一个地区或者一个国家根据其生态环境现状、资源储备的条件、经济发展水平及其发展阶段、科技水平、人口规模、与其他国家或者地区间经济发展的关系等特点，通过调整产业结构，各个产业间能相互协调发展的状态。产业结构优化具有动态性，各个阶段的产业结构优化的内容与方式存在差异。但是一般主要包括产业结构高级化和产业结构合理化两方面的内容。其二者间具有紧密的关系，合理的产业结构是高级化产业结构的基础，产业结构高级化促使产业结构在更高水平上实现合理化的经济利

---

① 谢勇，柳华．产业经济学［M］．武汉：华中科技大学出版社，2008：174－183.

益；合理化的产业结构着重于产业近期的经济利益，而产业结构高级化则着眼于产业的长远经济利益。产业结构调整是产业结构合理化和产业结构高度化的综合。产业结构的优化与升级对南疆整体发展有着重要的作用，对经济发展起到了促进作用，对劳动力转移提供了就业岗位，对社会环境起到了稳定的作用。

1. 合理的产业结构

（1）合理化产业结构的含义。合理化产业结构即各产业内部遵循产业发展的规律与其内在联系的比例关系，保证各产业可持续发展，[①] 产业结构的合理化发展还指三次产业间及各个层次产业内部比例关系的相互适应。这既是经济增长发展的必然结果，也是充分必要条件。因此，三次产业间及各个层次产业内部比例关系的合理化，不仅要实现经济发展过程中关系协调的内在要求，更要适应经济发展中相对紧密的比例关系，并且要具备反映动态过程的一般特点。[②] 合理化的产业结构其存在的意义在于促进产业结构的动态均衡发展和提高产业素质。即产业间作用关系越协调，产业结构整体能力越强，产业结构越合理。

（2）合理化产业结构的标志。包括：①具体产业部门间数量比例合理，投入产出比例均衡，生产力能够充分发挥，社会扩大再生产顺利进行能得到保障。②相互适应的产业与需求结构，产业能够随着需求结构的变动而变动。③协调产业结构与资源结构的关系，提高国内外资源的利用率，积极参与国际分工，接受本国或者本地区适宜的产业转移，充分发挥本国或本地区的比较优势，获得较大的比较利益。④各产业类型恰当，适当发展环保型产业与低耗高产型产业。

当产业结构合理时，一个国家或者地区可以充分有效地利用本国或者本地区的人、财、物资源甚至是国际分工中得到的益处，国民经济发展中的各个部门能够协调发展，社会生产、交换和分配有序且顺利地进行，社会扩大再生产得到顺利发展；国民经济稳定且可持续发展，社会需求得以实现；人口、资源、绿色生态环境可持续发展。

---

① 史忠良. 产业经济学［M］. 北京：经济管理出版社，2005：54-55.
② 李孟刚. 产业经济学（第二版）［M］. 北京：高等教育出版社，2012：131.

（3）衡量产业结构合理化的方式。

• 根据市场需求与供应来判断。各个产业的产品和劳动力供给基本保持平衡关系，没有过度的盈缺，或者产业的各个部门的生产能力符合市场需求，符合上述条件的产业结构才是基本合理的。

• 需求适应性判断法。即产业结构进行自我调节以适应需求结构的变化，达到产业结构与需求结构相互协调适应的关系，最终实现社会生产的总目的。需求适应性的判断方法是：计算产业产品的需求结构收入弹性与生产收入弹性，若相等，则表明这个产业符合社会需求，此产业的产业结构与需求结构相互适应，产业结构合理。需求收入弹性的公式为：

需求收入弹性＝某商品的需求量的变动/消费者收入的变动

• 结构效果法。依据产业结构与国民经济总产值的变化衡量产业结构发展方向的合理化程度，若产业结构的变化使国民经济总量发生相对增长，则产业结构变化的方向是正确的。

• 影子价格分析法。在西方经济学理论中，各产品的边际产出相等，即代表资源的配置合理，各产品实现供需平衡，产业各个部门达到最佳组合。通过线性规划的方式算出影子价格，即反映资源最优使用效果的价格，因此使用各个产业部门的影子价格与整体影子价格的平均值的偏离程度来衡量产业结构的合理性，偏离值越小则代表产业结构越趋于合理，反之则亦然。

2. 产业结构高度化

（1）产业结构高度化内涵。产业结构高度化是指在科学技术进步的作用下，低级的产业结构向高级的产业结构转变的过程，又称作产业结构高级化。产业结构高度化不是一个绝对的概念，一般指产业总体发展水平不断提高的过程。产业结构在需求结构、科学技术等推动因素的作用下，在一定经济发展阶段，针对产业生产水平而言的。产业结构高度化使产业结构作为资源的转换器，在现有科学技术发展水平与可利用资源条件下，产业不断改造自身结构，充分发挥自身的转换能力，提升资源可利用效率，最终使产业结构达到满足需求的最高潜能。

产业结构高度化所要经历的三个阶段如下：①第一阶段是指以重化工业为主的产业结构。其阶段特征是工业结构从以轻纺织业为主升级为以重工业、化工业为主的阶段。②第二阶段是以高加工度阶段，产业结构重心由以原材料为主转向以加工组装工业为主。这一阶段的特点是随着产品的加工深度不断深化，生产的社会化和专业化程度较高，产业结构升级逐渐摆脱由区域性资源结构所带来的强制压力与资源短缺所带来的限制问题，产业结构不断向前推进升级。③第三阶段便是以知识技术高度密集为主的阶段，在生产高度加工的时代背景下，各个产业部门随着科技的发展积累越来越多的客户，导致以知识密集型工业兴起。在此阶段产业结构的成长与国民经济发展开始摆脱资本积累的局限性。产业结构开始向"后工业化"时期的产业结构转移。

（2）产业结构高度化标志。①高加工度化。较低层次的工业结构即其重心为轻纺织工业与原料，向重心为较高级的制造业的工业结构发展的趋势。②高附加值化。在产业结构中高附加值的产业占据较重要的地位，其比重逐渐加大。③产业结构中，随着技术水平的提高，技术水平越先进，则技术密集型产业将会成为主导产业。④产业发展的决定性因素是知识。现如今主导产业已经逐渐转向以生产与传播知识为主的产业结构。⑤在国民经济发展总量中，以服务业为主的第三产业占比逐渐增大，其主导地位越来越凸显。

（3）衡量产业结构高度化的标准。①通过评判产业加工程度来衡量产业结构的发展水平。加工程度越高则意味着产业结构高度化程度越深。②依据产业的附加值大小衡量产业结构的高度化水平。在产业结构中附加值越大的产业所占比例越高，其产业结构高度化水平越高。③通过产业技术集约程度来衡量产业结构的发展水平。技术水平越高，现代化程度越高，在产业结构中技术密集型企业所占的比例越大，其产业结构高度化水平越高。④知识化程度在产业结构中所占的比例大小是衡量产业结构高度化程度的另一个指标。⑤第三次产业比重衡量法。即用第三产业在国民经济中所占的比重大小来判断，在产业结构中生产和传播知识的产业所占比例越大，则产业结构高度化水平越高。⑥参照系数法，又称"标准结构方法""相似性系数法"。即将一个国家或者地区的产业结构与世界上其他国家或者其他地区产业结构的平行高度进行比较，确认本国或者本地区的产业结构发展水平。①

---

① 谢勇，柳华．产业经济学 ［M］．武汉：华中科技大学出版社，2008：193-195.

六、产业结构调整的途径和策略

(一) 主导产业选择很重要

主导产业是经济发展的推动器和领头羊，在主导产业的带领下整个国民经济才能有序发展。与此同时，产业结构的核心是主导产业，主导产业也是形成合理和有效的产业结构的基础。不仅如此，主导产业还要与国民经济发展阶段、产业结构的总体框架、技术发展水平和国家或者地区生态资源条件等相符合。

(二) 大力推进产业技术进步

技术进步可以刺激需求结构，形成新的产业分工，降低能源消耗，提高社会生产率以及推进产业结构高级化进程。

(三) 深化经济体制改革，为产业结构优化奠定制度基础

对我国而言，产业结构合理化、高级化进程与经济体制的深入改革以及市场经济的不断完善紧密相连。经济体制存在诟病，市场经济的不充分发展是制约产业结构协调发展、阻碍产业结构高级化进程的根本原因。因此，为达到市场对产业结构发展调节的目的，要充分发挥市场经济体制的作用，使经济改革与产业结构成长体系之间相互协调，完善以市场竞争为基础的价格形成机制，发挥价格信号对产业结构调整的调节和警示作用。

(四) 制定和完善有利于产业结构优化的产业政策

历史证明，在推进产业结构发展的过程中，市场与政府的作用是相辅相成的。[①] 市场经济背景下，市场在经济发展过程中起到不可替代的主导作用，政府政策的建立与完善可为市场灵活性奠定基础与保障。为此，制定和完善科学合理的产业政策有利于产业结构优化，推进产业发展，加速地区经济发展。

七、南疆产业结构调整的战略思路

(一) 南疆产业生态化

1. 南疆产业生态转型是可持续发展的必由之路

南疆地区正处于产业转型的起步期，传统的经济结构和生产方式与资源

---

① 史忠良. 产业经济学 [M]. 北京：经济管理出版社，2005：64-65.

环境的矛盾日益突出，这表示，南疆不能学习西方发达国家先污染再治理的传统产业发展模式。随着国家的强盛，经济实力的不断增加，我国科技实力与管理方法得到了跨步式的发展，不仅提高南疆企业的经济效益，增加南疆农村地区经济收益，还改善了南疆地区生态环境，从而促进了南疆地区社会发展。但是不容忽视的是，我国传统的产业多是低技术、低效益、低规模、低循环的传统生态农业和高投入、高消耗、高污染、低效益的传统工业，这与国家大力实施产业高质量发展的目标相差甚远。因此创新产业化发展模式，贯彻落实可持续发展战略是实现我国现代化的重要战略之一。而发展生态产业，推进传统产业结构向生态化、绿色化转型，是调整经济结构、转变生产方式、实现社会经济全面协调可持续化发展的必由之路。[①]

2. 南疆生态环境及产业结构发展现状

南疆地区是典型的温带大陆性干旱气候，常年干旱少雨、沙漠化程度严重，人口多集中于塔克拉玛干沙漠周围绿洲地区，由于人口密度与耕地面积之间平衡性较差，加之自然灾害频发，生态环境脆弱，使得南疆地区主导产业农业成为弱质产业，阻碍南疆地区脱贫致富。但新疆矿产资源丰富，矿种齐全、分布广泛，部分矿种查明储量大，矿产资源勘查开发潜力巨大，是我国矿产资源的重要接替区。[②] 就矿产资源来说，南疆四地州拥有铅、锌、锂、锰、铁等较为紧缺和战略性矿产资源，以及石油、天然气等能源矿产资源，开发潜力巨大。近些年，南疆和田地区发现世界超级大型火烧云铅锌矿，世界第二大非硫化物锌（铅）矿床，南疆克州的锰矿调查也取得重要进展，并有望改变我国锰矿开发格局。南疆丰富的资源分布不仅改变了新疆资源分布的格局，还为有效促进资源优势向经济优势转化，加快新兴工业建设，弥补南疆地区弱质产业发展，提供了良好的资源保障。

2008 年以来南疆地区第一、二产业占比逐年下降，第三产业占比逐年上升。但总体而言，南疆地区第二产业的产值占比高于第三产业，是南疆地区支柱性产业，其对资源的消耗大于第一和第三产业，因此，如何调整南疆产业结构成为南疆各级政府大力发展经济，稳固南疆安全局势，打赢脱贫攻

---

① 王如松，周涛. 产业生态学基础 ［M］. 北京：新华出版社，2006：48.
② 新疆维吾尔自治区自然资源厅：《新疆维吾尔自治区矿产资源总体规划（2016—2020）》.

坚战的重要举措。

（二）南疆地区就业及产业结构调整现状

据第三章研究表明，南疆地区总就业人员数量从 2008 年 63.42 万人增长到 2017 年 92.46 万人，绝对值增加 29.04 万人，年均增长 2.97%。通过各级政府的就业政策支持，南疆产业结构逐渐调整，就业岗位增加，剩余劳动力存量正在逐渐减少。南疆由于地缘辽阔，距中心城市远，经济发展迟缓，教育水平有限，劳动力素质普遍偏低。而南疆地区由于机械化改革使得农业生产所需劳动力数量锐减，农村富余劳动力增多，大量的劳动力开始向二、三产转移，2008—2017 年一产就业人员比重不断下降并低于全疆平均水平。第二产业从业人员所占比重基本保持平稳，第三产业就业人数不断上升，且劳动力吸纳能力高于全疆三产劳动力吸纳人数。但是南疆地区就业结构与产业结构存在严重偏离，尤其是第三产业偏离状况较为严重，第二产业次之，第一产业就业结构与产业结构匹配度最高，说明南疆地区第二产业发展形势较好。

（三）南疆产业结构调整的战略思路

1. 推动产业绿色生态化发展

《新疆维吾尔自治区国民经济和社会发展第十三个五年规划纲要》中提到，坚持绿色发展，强调坚持发展要绿色化，加强生态文明建设。坚持环保优先，走资源开发可持续、生态环境可持续的道路。将生态文明建设贯穿在经济社会发展的全程，协同新型工业化、农业现代化、新型城镇化、信息化、基础设施现代化，推动形成资源节约、环境友好的绿色发展方式和生活方式，将新疆建成绿色低碳的生态文明省区，筑牢我国西北地区生态安全屏障。

南疆地区作为生态环境较为脆弱的地区，其经济发展受到生态环境的制约。为推动南疆地区经济可持续发展，产业结构生态化是其实现不断发展的必要手段。首先，应抓紧经济结构调整，通过结构调整促进环境资源产业发展，实现经济、环境和社会协调发展。要将结构调整作为主线，贯穿于以环境建设为基础的西部大开发过程之中。工业发展是经济发展的主力，环境建设离不开工业发展，这是经济发展过程中不可逾越的必经阶段。用先进的科学技术改造与改良传统的农牧业，拓宽产业幅，延长产业链，增加附加值。同时大力发展南疆地区较为特色的生态旅游业、纺织服装业、农产品加工业等特色产业。其次，对水资源利用效率进行严格把控。贯彻落实再生水利用工程，大力发展节水型农业，在城市建设中广泛开展节水型城市创建活动。对地下水实施保护与管理，逐步实现地下水采补平衡，有序实施退地减水。对土地资源的利用进行调整。高效节约使用工业与服务业用地，高效利用土地资源，推动土地利用方式向集约型转变。提高矿产资源的回采率、选矿率和冶炼回收率。最后，加快产业结构调整，优化能源结构，提高能源效率，增加森林碳汇。大力实施节能减排和绿色生态工程建设，推动能源革命，加快技术创新，推动煤炭等化石能源清洁高效利用，提高非化石能源比重。推广低碳技术和产品，加大宣传力度，加快形成绿色低碳的消费模式和生产生活方式。大力发展循环经济，推进各个生产环节的循环发展，构建全面覆盖社会的绿色低碳可循环发展的产业体系。①

2. 协调南疆地区产业结构与就业结构

2017 年南疆地区第三产业产值占 GDP 总量的首位，其次是第二产业。南疆产业结构与就业结构偏离程度较大，说明南疆产业结构与就业结构存在不匹配的现象。为解决南疆就业矛盾问题，应从产业结构与就业结构两方面入手。

产业结构方面，应突出南疆区域资源禀赋结构特点，推进发展根植性强、新疆特色较为鲜明，发展前景好的产业，逐步形成重点突出、资源互补、优势较为明显，有明确定位、可以错位发展的产业新体系。南疆产业结构升级优化，应坚持引进和使用高新技术手段改造传统产业。首先，深化产业融合，优先发展具有专业化和更高端价值链的生产性服务业，推进服务业与第一产业、第二产业在更高水平上的结合，促进产业结构调整升级。其次，南疆地区应该积极发展生活性服务业。以绿色、健康、安全、智能的消费需求为导向，丰富生活性服务业供给，不断满足人民群众消费需求。积极发展完善各类商品市场体系，特色农产品市场，大力发展特色餐饮，积极发展具有南疆特色的地方小吃。积极完善南疆地区房地产业发展体系，大力发展南疆地区文体产业，构建适宜的养老健康服务体系，完善社区服务设施建设。最后，通过高新技术手段改变南疆传统的农业耕种模式，加快转变农产

---

① 《新疆维吾尔自治区国民经济和社会发展第十三个五年规划纲要》。

品加工业发展方式，由生产主导型向消费需求型转变、由数量规模型向质量效益型转变、由初加工向深加工方式转变。支持发展农产品加工特色区域，重点围绕棉花、粮油、林果、畜产品、区域特色农产品，以市场为导向，以新技术、新工艺、新装备加快传统产业结构调整，延长产业链，增加附加值，实现传统产业的转型升级、提质增效。

就业结构方面，南疆地区产业结构的升级转型必然会影响就业结构的转变。南疆地区由于经济因素、历史遗留因素的影响，劳动力素质普遍较低。南疆地区企业通过产业结构调整，积极发展劳动密集型产业，增加就业岗位，增强就业吸纳能力。南疆地区劳动力可以通过职业培训、就业指导等职前培训课程的学习，掌握就业技能，提升劳动素质能力，提高劳动效率，增加产出效益。政府也可以通过发放就业补贴，出台相应的劳动力保障政策等方式，保障南疆劳动力合法权益。南疆地区盛产棉花，由于彩棉机的普及，其对劳动力的需求逐渐减少，但棉花的深加工产业却需要有技术经验的劳动力，延伸南疆棉花产业链，可以增加就业岗位。南疆地区存在大量的农村剩余劳动力，除通过学习前往工厂进行就业外，依靠地理位置的优越性，可以发展特色旅游行业。不仅如此，南疆部分靠近自然景区的地区可以发展"农家乐"产业，"农家乐"隶属服务业，其一方面可以增加南疆劳动力的就业岗位，增加劳动力收入；另一方面也可以成为旅游业的相伴产业，增加旅游景区特色，提升经济效益。

3. 调整产业结构打赢脱贫攻坚战

认真贯彻落实第二次中央新疆工作座谈会、自治区党委南疆工作会议精神和《关于维护南疆社会稳定和长治久安的意见》，坚持把社会稳定和长治久安作为南疆四地州工作的着眼点和着力点，紧密围绕社会稳定和长治久安来发展经济，改善民生、建设党的工作。[①] 产业是南疆四地州经济发展、社会进步的前提条件和基础，坚持创新发展，坚持优势优先，坚持新型工业化方向，逐步改变农业为主的生产结构，构建南疆四地州特色产业体系。以增加农民收入为核心，加快调整产业结构，适应市场供求形势变化，确保南疆地区有机农业的品牌质量。促进农畜牧业发展，加强羊肉良种繁育体系建

---

① 《关于维护南疆社会稳定和长治久安的意见》。

设。积极发展休闲观光农业，支持贫困户发展多元化庭院经济，充分利用南疆地区资源禀赋，发展设施农业。大力发展农产品深加工，促进南疆地区产业市场化、规模化。积极扶持优势特色产业，充分利用中央和自治区下发的支持政策，大力推动纺织服装产业的发展，建设重点纺织园区，争取把纺织服装业发展成为南疆四地州重要的支柱性产业。积极扶持发展手工地毯、艾德莱丝绸等民族特色手工业，维吾尔医药、特色绿色食品等特色产业。坚持把增加就业作为第一任务，基于产业带动就业的立场，大力发展劳动密集型产业，中小微企业与民营企业充分发挥其劳动就业吸纳能力强的特点，基于就地、就近就业原则，提供更多更低门槛的就业岗位，让农村富余劳动人员离土不离乡。立足疆内就业，不断提高疆内解决富余劳动力就业的能力。最大限度发挥产业援疆就业效应，扩大少数民族群众向内地转移就业的规模。

对于南疆地区脱贫战略，应把南疆四地州、边境地区作为全面脱贫的主战场，实施精准扶贫、脱贫。完善"四位一体扶贫机制"，即转向、行业、社会、援疆四位一体扶贫；实现"六个精准"，即扶贫对象、项目安排、资金使用、措施到户、因村派人、脱贫成效精准等。对于脱贫攻坚，南疆地区应因人因地施策，实施贯彻落实"五个一批"工程。即通过发展生产脱贫一批，大力引导和支持有能力的人基于当地资源，发展特色产业，实现就地脱贫；易地搬迁脱贫一批，即择佳地而迁，保证迁移的人员能搬出去，能稳得住，达到能致富的目的；通过生态补偿脱贫一批，在生态脆弱地区实施扶贫政策；教育发展脱贫一批，改善南疆贫困地区办学条件，大力发展职业教育，提高劳动力就业能力；通过社会保障兜底方式扶贫一批，对农村扶贫标准和农村低保标准进行统筹协调，加强医疗保险和医疗救助，对丧失劳动能力的人员实施兜底性保障政策。①

第二节　南疆产业结构调整的主导产业选择

一、主导产业的概念和特征

在经济发展的不同阶段与不同的产业结构系统中，各个产业发展的速度

---

① 《新疆维吾尔自治区国民经济和社会发展第十三个五年规划纲要》。

是不同的，其对国民经济的贡献程度也是不同的。产业发展的速度较快，对国民经济中的其他产业的引导作用较大。一般将发展速度较快，在产业结构中对其他产业的带动引领作用较强，对国民经济贡献较大的产业称之为主导产业。

主导产业与支柱型产业不同之处在于，主导产业本质是指在产业结构中一产业对其他产业的引领和带动作用，决定了该产业结构的发展模式和发展方向。而支柱型产业强调的是其在国民经济中的比重。

主导产业在国家或者地区经济初始和持续增长阶段占据十分重要的地位。现代科学技术的进步与社会分工的明晰，各产业部门之间及其内部之间出现复杂的技术经济联系，这使得主导产业具有一些显著的特征：得到新的科学技术，引入新的创新成果；具有超出国民经济总增长率且持续保持高增长率的部门；拥有较大的市场潜力与光明的发展前景；拥有显著的关联带动和扩散效应，能对其他产业产生带动和引导作用。

主导产业主要是通过其带动和扩散效应，表现出对其他产业的引导和带动作用。其表现形式如下：①前向效应。主导产业持续不断的发展前景使相关科学技术、设施和原料等生产要素的需求量不断增大，并持续推动这些生产要素产业的迅速发展。②后向效应。主导产业的关联性较强，主导产业一般是技术水平较领先，发展速度较快的产业，这些产业往往能为后续的产业提供高质量的产品和过硬的技术支持，为后续的产业发展营造良好的环境，进而带动这些后续产业的积极发展。③旁侧效应。主导产业的蓬勃发展还会引起社会经济、文化等一系列的变化，主导产业在主要分布地区对活跃市场经济，增加就业岗位，扩大就业面，完善基础设施以及催生其他产业的形成与发展产生积极的影响。

二、主导产业的选择基准

主导产业是经济发展的引擎动力，引领整体经济发展与各产业部门高速向前发展，同时也是产业结构高度化和合理化等的重要契机，产业结构要以主导产业为核心向高度化调整。正因为如此，正确选择主导产业是一国家或一地区经济持续稳定发展和产业结构合理有效发展的重要课题。

依据主导产业的特征，选择主导产业要遵循以下原则：主导产业必须经济效益较高，即经济收益较高，增长速度较快；主导产业的发展前景较好，与其他产业相比有明显的比较优势，有持续稳定的增长环境；与其他产业有较强的关联效应。

在遵循主导产业的原则下，不容忽视的是主导产业的选择基准。

（一）从国情和地域情况出发

每个国家的国情和地区间的情况是不一样的，从而导致主导产业也各不相同。在选择主导产业时国家和地区应该从生态环境、资源禀赋、资本积累、经济发展程度、产业结构现状和主导产业发展的实际情况出发，正确选择主导产业。脱离国情和地域情况选择主导产业，不能发挥主导产业的带领和推动作用，还会使产业结构失衡，产业经济效益低下，国民经济发展迟缓等。

（二）赫希曼基准

美国发展经济学家赫希曼认为，对发展中国家，由于其资本积累较为薄弱，国内市场相对狭小，市场经济活跃度不高，应当优先发展后向关联程度较高的最终产业，并提出了后向产业选择主导产业的基准。

1. 发展中国家及地区，经济发展较为迟缓，资本积累较为薄弱，资本投资能力较差，产业间的相互依赖程度较低，在此环境中必须得采取不平衡发展战略。

2. 选择向后连锁的产业效果较好。向前连锁的产业不能形成独立发展的诱导机能，向后联系的主导产业选择意味着以最终产品的制造业部门为主导产业，在市场需求较高的环境下，主导产业的持续需求量能保证经济持续增长状态。赫希曼基准是以需求带动供给增长的非均衡选择战略。

（三）筱原基准

筱原基准又称"收入弹性基准"和"生产率上升基准"，是日本产业经济学家筱原三代平在20世纪50年代中期为日本规划产业结构时提出的基准。

1. 收入弹性基准

收入弹性即在产品价格不变的前提下，产品需求增加率与人均国民收入增加率之间的比值。公式表示如下：

$$某一产业的产品收入弹性系数 = \frac{某一产业的产品需求增加率}{人均国民收入的增加率}$$

通过收入弹性系数的计算结果来看，高收入弹性的产品需求量会随着人均国民收入增加而增加，从供求关系与价格的联系这一层面看来，生产高需求产品的产业就更容易维持较高的价格，从而获得较高的产品附加值，最终必将导致这一产业在生产结构中占有较大的比重，在市场份额中占据有利地位。在不同的工业化阶段，不同产品的收入弹性也是不同的。因此，产品的收入弹性可以揭示某一时间点上工业结构的变化趋势与变化方向，以及在不同时间点上，各工业部门的阶段性和结构性变化。产品的收入弹性是判定产业发展前景和对经济的引领作用的重要指标。

2. 生产率上升基准

科学技术进步较快的产业大多是生产率上升较快的产业，这与该产业的生产成本较快下降是一致的。同时，这一产业也是投入产出效率较高的产业，它受生态环境、资源储存量的限制较小，因此，这种产业在国民经济收入方面占据一定的优势，资源应该向这一产业适当转移。拥有高生产率上升率的产业部门应该在产业结构中占据重要位置，生产率上升率是选择主导产业的重要基准。

从以上分析可见，收入弹性基准是基于社会需求结构对产业结构的影响层面来制定的，而生产率上升基准则是基于社会供给结构对产业结构的影响层面来制定的。综合来说，这两者之间是有内在联系的。

（1）从需求方面来看，收入弹性较高的产品，其产业部门具有广阔的市场前景，活跃的市场竞争力，而这些正是产品大批量生产的先决条件。工业部门的技术进步与大批量生产之间有着必然紧密的联系，同时降低大批量生产的产品成本又是扩大需求量的充分必要条件。

（2）从供给方面来看，如果产业只拥有较高的科学技术水平，没有较好的销售市场条件，那么未必能支持较高的生产率上升率，不断扩大的需求是生产率上升的基础，如随着生产成本下降，价格也随之下降那么劳动生产率也会下降而不会上升。正因为两个基准间存在这样的内部联系，因而表现特征是一致的，同高则高，同低则低。

（四）动态比较优势基准

各国各地区由于生态资源禀赋、经济发展情况各异，具有不同的比较优势，充分利用本国或者本地区的比较优势才能更好地利用国际分工与地区分工，进而取得比较利益，提高本国或者本地区的资源利用率，加大资本的积累，获得更先进的技术，促进一国或者一地区经济又快又好发展。一国或者一地区的比较优势会随着经济发展水平、资源利用效率的提升而发生改变，因此选择主导产业时应该尽可能地选择与本国或者本地区比较优势相一致的产业，并伴随着比较优势的变化而进行调整。

（五）过密环境基准和丰富劳动力基准

过密环境基准是指要选择能提高资源利用率，保护绿色生态环境，防治公害并且具有社会资本扩充功能的产业作为主导产业。过密环境基准是着眼于经济效益与社会效益的可持续发展性。遵循此基准就可以避免西方国家的以发展为第一要义、对于环境先污染后治理的模式。

丰富劳动力基准是指选择能为劳动力提供舒适的劳动场所的产业作为主导产业。该基准反映出，随着时代的进步，经济发展的最终目的是为了提高社会成员的满意程度，但这一凤愿只有在经济发展水平较高的条件下才能做到。

（六）短期替代弹性基准、增长后劲基准和"瓶颈"效应基准

实践证明上述基准的实现是有必要条件的，如产业基础扎实，不存在二元经济结构性矛盾，不存在严重的要素流通障碍等。但这些条件在发展中国家往往是不具备的，因此提出了适应发展中国家选择主导产业的三项标准，即重点扶持替代弹性较小的产业，满足社会迫切而又必不可缺的需求；重点支持增长潜力大，市场前景好，后劲足的产业，以保持整个经济发展持续的后劲；重点发展"瓶颈"产业，以减少其因短缺严重影响国民经济发展，减少其对国民经济增长的妨碍效应。

三、主导产业的发展

主导产业并不是产业结构中的"独行侠"，它与其他产业部门之间存在着相互促进、相互依赖、相互影响、相互制约、相辅相成的关系。主导产业的性质与发展水平是整个产业结构发展性质与水平的决定因素，主导产业的变化也会影响到整个产业结构的变化，从而对国民经济发展的整体水平有制约的作用。但是，主导产业也是产业结构的一环，它的存在离不开其他产业部门的支持，因此主导产业必须和其他产业部门保持协调发展的关系。

随着经济发展和科学技术的不断进步，旧的主导产业一旦完成了特定情况下的使命就会发生新旧主导产业的更替。产业结构成长标志便是旧的主导产业的衰落与新的主导产业的形成。可见，新旧主导产业的更替出现是有序进行的，根据顺序的变化，可将产业划分为新兴产业、成熟产业和衰退产业。随着产业的不断更替，一国或者一地区的主导产业不再是单一的一类产业而是由多种产业并行的产业结构状态。

主导产业及其集群的更替表明，在产业发展过程中，主导产业及其集群的历史演进是从低到高，从简单到复杂，产业总量从少到多的渐进过程。选择主导产业一方面要遵循渐进，但在一些领域会采取"跳跃式"的发展模式；另一方面，要采取兼容并蓄的方式，综合主导产业及其集群的优势，缩短产业结构高度化进程，实现产业及其集群的高度化，实现经济社会现代化。

四、主导产业的实现形式

（一）市场自发调节

由于政府相较于市场而言对主导产业的权威性认识不足，过去西方国家强调产业结构优化依赖产业自身调节，只有在经济发展出现问题时，才会被动地采取有关产业政策。

（二）政府积极干预

国家通过制定产业政策，选择主导产业和确定产业发展的序列，不断督促产业结构的高度化。

（三）大力发展高新技术

科学技术是经济发展的重要动力，也是人类社会进步的重要标志。现如今国际竞争是综合国力的竞争，也是科学技术的竞争，而科学技术的竞争又是整个产业及其集群竞争的焦点。高新技术产业具有高投入、高风险、高渗透、高收益、高附加值的特点。随着时代的进步，以科学技术为主的高新技术产业正蓬勃发展，逐渐在各个国家和各个地区占据主导产业的地位。[①]

---

① 谢勇，柳华. 产业经济学 [M]. 武汉：华中科技大学出版社，2008：196-203.

五、南疆主导产业选择的战略思想与发展思路

(一) 南疆地区主导产业选择背景

南疆地区生态环境脆弱,农业是其弱质产业。但南疆地区昼夜温差大,适宜种植瓜果,其甜度高,质量好,市场需求量较大。但过去南疆地区交通设施建设、生产加工技术较为落后,其瓜果难以向内地及国际市场销售,传统的农业产业产值效益较低。为改善南疆农业经济效益低的状况,中央及地方各级政府积极建设南疆地区交通设施和信息化工程,扩大南疆地区特色农产品销售渠道,延伸南疆农业产业链,增加产业附加值,形成南疆特色林果深加工,林下经济为主的农业产业;对传统棉花加工技术进行改进,将棉花加工编织成具有民族特色的毛毯、毛毡;将农业与工业进行融合,提高南疆产业的经济效益。

南疆地区矿产资源较为丰富,适宜发展石化产业,但其经济效益要建立在生态环境安全的基础上。因此,在发展石化工业时要保护生态环境,严禁触碰生态环境红线。不仅如此,南疆地区由于居住大量的少数民族,其民族氛围较为浓厚。该地区经济发展较为迟缓,随着科学技术与农业科技设备的引入,产生大量剩余劳动力。随着大量中东部劳动密集型产业向新疆转移,南疆地区根据其地域特色,因地制宜,选择以纺织服装业为主的轻工业作为南疆的主导工业,纺织服装业融合南疆民族特色,市场需求较高。此外,林果业、食品加工业也是南疆地区产业发展的主要选择。

南疆地区剩余劳动力数量较大,发展劳动力密集产业是解决其就业问题、保障南疆地区经济发展、社会稳定的重要手段。第三产业的发展能较好地解决就业问题。南疆地区特色景观较为罕见,该地区适宜发展特色旅游业,旅游业的发展可以缓解南疆劳动力存量过多、就业岗位紧张的问题。

新疆南疆地区应着重发展以上产业部门,调整产业结构,优化升级产业结构,提升劳动生产率,加快南疆经济建设步伐,缩小南北疆发展区域差距,以稳定发展为核心内容,以调整产业为必要手段,以增加就业岗位,解决民生问题为根本,通过市场与政府的通力合作,稳定边疆,发展边疆,攻克贫困顽石,努力实现社会稳定、长治久安的目标。

（二）南疆地区主导产业选择战略思想及其路径

党的十八大提出"大力推进生态文明建设"的重大战略。十九大报告中更是对解决生态文明问题提出了切实可行的具体措施。其总体指导思想是既要创造更多的物质与精神财富满足人民日益增长的对美好生活的需求，也要满足人民日益增长的对优美生态环境的需求。① 新疆各级政府为响应国家生态文明建设的战略方针，于 2016 年出台《自治区关于加强全区生态文明建设的实施意见》，对加强全区生态文明建设工作进行全面安排部署。印发《关于贯彻落实〈自治区党委、自治区人民政府关于加强全区生态文明建设的实施意见〉工作任务分工的通知》，进一步明确各单位加强生态文明建设的工作目标和任务，确保生态文明建设各项工作落到实处。《新疆维吾尔自治区"十三五"节能规划》《新疆维吾尔自治区"十三五"循环经济发展规划》《新疆维吾尔自治区节水型社会建设"十三五"规划》《新疆维吾尔自治区城镇生活垃圾无害化处理设施建设"十三五"规划》《新疆维吾尔自治区城镇污水处理及再生利用设施建设"十三五"规划》等 5 个专项规划，为新疆"十三五"城镇节能、循环经济、节水、城镇污水处理设施建设、城镇垃圾处理设施建设科学有序发展奠定了基础。随后在 2017 年，自治区印发《新疆维吾尔自治区"十三五"节能减排工作实施意见》，对自治区"十三五"节能减排工作统一安排部署；结合新疆产业结构较重的实际，《2017 全区能耗和强度"双控"及控制温室气体目标实施方案》将工业增加值能耗下降目标分解至年度，并将下降目标分解至 2 825 家规模以上工业企业，将能耗和强度"双控"目标压力进行有效传导，取得了较好的效果。现在，新疆生态文明体制机制日趋完善——从顶层设计到全面部署，从最严格制度到最严密法治，系统完整的生态文明制度体系加快建立。②

生态文明建设背景下新疆主导工业产业选择，应基于以下几个基准：筱原基准，反映产业增长潜力；赫希曼基准，反映与其他产业间的关联程度；比较优势系数基准，相对于其他地区南疆工业内部各行业的相对规模优势；环境耗损基准，体现生态文明建设的内在要求以及主导产业选择的生态环境

---

① 程广斌，张乐. 生态文明建设背景下新疆主导工业产业选择［J］. 人民论坛，2013（32）：222 - 223.

② 《新疆维吾尔自治区国民经济和社会发展第十三个五年规划纲要》。

约束，以相对环境污染指数来衡量产业的污染状况。依据主导产业基准及相关指标的计算得出，未来新疆应选择石油和天然气开采业、电气机械及器材制造业、纺织业、饮料制造业、有色金属冶炼及压延加工业、石油炼焦及核燃料加工业作为工业经济发展的主导产业。[①]

南疆产业选择其最终目的是带动南疆地区经济发展，人民安居乐业。南疆各级政府应强化促进就业的主体责任，实施积极的就业政策，立足产业带动就业，就近就业，疆内就业，援疆就业，着重拓展就业渠道，努力促进南疆地区城乡居民就业。应以农村富余劳动力转移就业，就业困难人员就业为重点，引导各族群众有序转移就业。进一步完善和落实就业创业扶持政策，切实落实好各类惠民就业政策。减轻企业就业负担，提升企业稳定吸纳就业能力，发挥南疆企业在解决就业问题中的主体作用。对各类求职者采取具有针对性的就业措施，促进城乡居民稳定就业。对就业困难人员，加强就业援助。鼓励南疆地区转移劳动力进城务工或去内地就业。在南疆地区大力发展职业教育，积极开展就业培训，提升劳动力就业能力。加强大学生创新创业就业教育，做好大学毕业生就业工作。

主导产业的选择要以社会稳定和长治久安作为南疆四地州工作的着眼点和着力点，加速南疆地区经济发展，争取早日脱掉贫困的帽子。首先，应该加快构建南疆四地州特色产业体系。以增加农民收入为核心，加快调整产业结构，打好绿色、生态、有机品牌。适应市场发展的变化，确保南疆有机农业的品牌质量。大力发展农产品深加工，延伸产业链，促进一二三产业融合发展。积极扶持优势特色产业，充分用好中央和自治区特殊支持政策，大力发展纺织服装产业，重点建设好阿克苏纺织工业城、喀什经济开发区和阿拉尔开发区、草湖产业园区等纺织园区，努力把纺织服装发展成南疆的重要支柱产业。积极扶持发展手工地毯、艾德莱丝绸等民族特色手工业，维吾尔医药、特色绿色食品等特色产业。其次，加强以昆仑山为重点的矿产资源勘探开发，加强资源性产品如石油，天然气、煤炭等的深加工力度，通过资源开发普惠当地。依靠地缘优势发展面向中亚、西亚、南亚和欧洲的出口加工产

---

① 陈学刚，李勇，孙浩捷. 新疆新型工业化背景下外向型主导产业选择研究［J］. 生态经济，2012（1）：102-106，121.

业，加速发展商贸物流业，着重发展旅游业，重视旅游经济开发。坚持大企业引领带动，创造良好的政策环境，积极吸引企业特别是中央企业投资南疆。着重建设喀什经济开发区和各类园区，努力在南疆打造产业"增长极"。按照"产城融合、宜居宜业"的要求，加强产业集聚能力强的重点城镇建设。让农村富余劳动人员离土不离乡，坚持将就业解决民生问题放在建设南疆的第一位。用产业发展带动就业，大力发展劳动密集型产业、服务业、中小微企业以及民营企业。就地就近就业。基于减少劳动力转移成本的视角，在劳动力家门前提供更多门槛较低的就业岗位，立足疆内就业。立足援疆产业促进就业，最大限度发挥对口援疆产业所带来的就业岗位增加的效应，最大限度增加少数民族转移就业的规模。通过以上路径，重点发展南疆地区主导产业，以产业发展带动就业发展，以就业手段解决贫困顽疾，达到逐步向南发展，稳定全局"棋眼"，促进经济发展的最终目标。[①]

第三节　南疆产业结构调整背景下的产业关联性分析

新疆地处"丝绸之路经济带"核心区，具有极其重要的地缘作用。基于各影响因素与南疆产业调整的关联程度，合理利用各因素对产业结构调整的影响关系，对加快南疆地区产业结构优化升级，推动农村剩余劳动力转移，为南疆地区未来发展建设创造安全、和谐的外部环境有着重要作用。蔡玉蓉、汪慧玲（2018）研究发现，创新投入在所有的分位点均对产业结构升级具有显著的正向驱动效应，且呈明显区域分异特征；政府干预对西部地区的产业结构升级具有促进作用；城镇化在各区域对产业结构升级的效应显著为正。[②] 孟凡杰等（2019）构建 VAR 模型，从产业结构合理化和高级化两个维度进行实证分析，发现内蒙古产业结构变迁与城乡收入差距存在长期均衡

---

①　《新疆维吾尔自治区国民经济和社会发展第十三个五年规划纲要》。

②　蔡玉蓉，汪慧玲. 创新投入对产业结构升级的影响机制研究——基于分位数回归的分析［J］. 经济问题探索，2018（1）：138-146.

关系。^①赵云鹏、叶娇（2018）通过使用各省份对外直接投资数据与产业结构面板数据研究发现，对外直接投资显著地促进了产业结构升级，且对外直接投资在刺激本地区产业结构升级的同时，对其相邻区域的产业结构也有着明显的促进作用。^②贾妮莎、韩永辉（2018）采用非参数面板模型检验外商直接投资的产业升级效应及其动态变化趋势，分析发现，相较资本密集型行业，劳动密集型外商直接投资对产业升级的减缓效率更大；劳动密集型对外直接投资对产业升级的边际促进作用持续增长，资本密集型产业"走出去"所产生的逆向溢出效应还未显现。^③

目前学者们对产业结构调整的研究大多单一从城乡收入差异、人力资本存量、地区经济发展等方面进行。本节基于邓氏灰色关联模型及各因素的独立性，尝试探索南疆产业结构调整优化与其诸多影响因素的关联程度，分析产业结构转型升级与城乡发展、教育发展以及经济发展关联程度的紧密性，对促进产业结构优化调整，加快劳动力转移就业，有重要的理论和现实意义。

一、模型选择

灰色关联度模型比较客观地反映了序列变化的整体趋势，计算方法简明清晰，且序列中数据的意义、量纲均不影响关联度的大小。模型具有规范性、相似性、平行性和无关因素独立性等特征。

（一）研究方法说明

灰色系统理论是我国著名学者邓聚龙教授在 20 世纪 70 年代末、80 年代初提出的。灰色系统概念的提出是相对于白色系统和黑色系统而言的。按照控制论的惯例，颜色一般代表的是我们对于一个系统中信息的明确程度。比如黑色在颜色中代表完全看不见，在信息系统中代表我们对于其内在结构

---

① 孟凡杰，修长柏，安旭涛．民族地区产业结构变迁对城乡收入差距的影响——来自内蒙古的经验证据［J］．中央民族大学学报（哲学社会科学版），2019，46（5）：136-145.

② 赵云鹏，叶娇．对外直接投资对中国产业结构影响研究［J］．数量经济技术经济研究，2018，35（3）：78-95.

③ 贾妮莎，韩永辉．外商直接投资、对外直接投资与产业结构升级——基于非参数面板模型的分析［J］．经济问题探索，2018（2）：142-152.

并不清楚的系统，通常也称为黑箱或黑盒系统。白色在颜色中代表透明可见，在信息系统中代表的是信息充足，指标之间的关系都是确定的；灰色在颜色中介于黑色与白色之间，在信息系统中表达的是运用已知的白色信息去辅助确定黑色未知信息的方式，主要用于处理系统信息部分透明、部分未知的问题。灰色系统理论结合数学模型，对既无经验，又少数据的不确定性问题能实现建模的要求，对相关学科的学术研究起到了推动的作用。

灰色关联度分析（Grey Relation Analysis，GRA）是一种多因素统计分析方法，也是灰色系统理论的重要分析方法之一。其基本原理是依据关联度对系统进行排序，从信息的非完备性出发研究和处理复杂系统的问题，通过对系统某一层次的观测资料加以处理，以期达到在更高层次上掌握系统内部变化趋势。灰色关联度是两个系统或系统中的两个因素随时间而变化的关联性大小的度量，它定量地描述了系统发展过程中因素间相对变化的情况，也就是变化大小、方向与速度等的相对性。通过将分析因素排序，得到一个分析结果，就可以得知所关注的指标与因素中的哪些更为相关。

（二）模型计算步骤

1. 确定母序列与子序列

设母序列为：$X_0i(t)(i = 1,2,\cdots,n,t = 1,2,\cdots,m)$，子序列为 $X_j(t)(j) = 1,2,\cdots,n)$，其中母序列为系统特征行为序列，主要反映系统特征的指标数值构成，子序列为相关因素序列，由影响系统行为的相关因素和反映影响系统特征的指标数值构成。

2. 进行无量纲化

原始数据变换：初值化变换。分别用同一序列的第一个数据去除后面的各个原始数据，得到新的倍数数列，即初值化数列。量纲为1，各值均大于0，且数列有共同的起点。

母序列的无量纲化处理为 $X_0i^*(t) = X_0i/X_0i(1)$，子序列的无量纲化处理为 $X_j^*(t) = X_j/X_j(1)$。通过对各序列的无量纲化处理避免原始数据因量纲和量级过大从而导致的分析偏差。

3. 求差序列，并找出两级之间最大差与最小差

在时刻 t 母序列 $X_0i^*(t)$ 与子序列 $X_j^*(t)$ 之间的绝对差序列为：$\Delta_{ij}(t)=X_0i^*(t)\left|\right|-X_j^*(t)$；其中，当 t 取任意时间，$\Delta\max\Delta\min$ 分别为

$\Delta_{ij}(t)$ 的最大值和最小值为：$M=\max_i\max_t\Delta_i(t)$；$m=\min_i\min_t\Delta_i(t)$。

4. 求关联度

计算灰色关联系数。母序列 $X_0i^*(t)$ 和子序列 $X_j^*(t)$ 的灰色关联系数为：$r_{ij}(t)=(\rho\Delta\max+\Delta\min)/(\rho\Delta\max+\Delta ij)$；其中 ρ 称为分辨系数，$\rho\in(0,1)$，常取 0.5 实数。

5. 计算灰色关联度及排序

计算灰色关联度时需要考察不同观测点在总观察值中的重要程度，确定其权重系数。其计算公式为：

$$r_0i^* = 1/n\sum_{i=1}^{n}r_{ij}(t)$$

当 $\rho=0.5$，$r_{ij}^*\geqslant0.6$ 时，其结果比较理想。最后根据 r_{ij} 数值及其和的大小进行排序，关联度越接近于 1，就表明关联程度越高。[①]

二、南疆产业结构调整关联性影响因素实证分析

(一) 变量选取

在指标的选取上，注重变量选取的全面性以及数据的可获取性，选取 7 个变量作为影响因素，以产业结构为参考序列，变量数据均直接或间接来自 2009—2018 年度《新疆统计年鉴》、各地州统计年鉴以及《高等学校科技统计资料汇编》等。具体选取的模型变量介绍如下：

1. 经济增长（南疆地区生产总值）

地区生产总值是指在一定时期内（一个季度或一年），一个地区所生产出的全部最终产品和劳动的价值，常被公认为衡量地区经济状况的最佳指标。它不但可反映一个地区的经济表现，还可以反映出地区实力和财富。

由于经济增长和产业结构之间存在一种长期的相互促进相互制约的关系。在市场上竞争的引导下，经济的增长可以给产业结构带来不同程度的改变。经济总量的高增长率必然导致产业结构的高变换率；产业结构的合理优化有助于经济的高速增长。本研究引入南疆地区生产总值指标，研究其对产业结构升级的影响。

---

① 刘思峰，谢乃明．灰色系统理论及其应用（第六版）[M]．北京：科学出版社，2013：48-56．

2. 城市化率

城市化是指随着社会生产力的发展、科学技术的进步以及产业结构的调整，一个国家或地区由以农业（第一产业）为主的传统乡村型社会向以工业（第二产业）和服务业（第三产业）等非农产业为主的现代城市型社会逐渐转变的历史进程。在经济腾飞的今天，各国都在努力发展经济，发展工业，以工业化带动城市化，以城市化促进工业化，以工业化和城市化共同推动服务业的发展，促进国家的繁荣富强和人的全面发展。城市化率的公式为：

$$城市化率 = \frac{非农业人口}{总人口}$$

表7-1显示：新疆南疆地区的城市化率在2008—2017年由27.08%上升到28.48%，表明南疆城市化率一直处于上升阶段。根据国家统计局发布的数据，2017年新疆整体城市化率为48.35%。因此南疆城市化率虽处于上升阶段，但相比较于全疆数据而言，南疆城市化发展进程依然处于初级阶段。究其原因是南疆占到新疆总面积的三分之二，但是在新疆现有19座城市中，14座集中在北疆地区，而南疆只有5座。城市布局的不合理成为城市化率低下的主要问题所在。随着南疆"一核、两轴、三组群、多点"的城镇空间布局方案的实施，南疆城市化速度将会逐步提升，从而促进第一产业向第二、三产业转移，带动产业结构的升级转化，推动南疆地区经济发展越来越快。

表7-1　2008—2017年南疆城市化率

年份	城市化率	年份	城市化率
2008	27.08%	2013	27.52%
2009	27.02%	2014	27.10%
2010	27.06%	2015	28.52%
2011	27.01%	2016	28.13%
2012	27.39%	2017	28.48%

城市化的发展不仅可以提高地区公共服务水平，还可以增强城市对区域经济的聚集和辐射能力，利于各类资源更好地优化配置。随着城市化率的提升，产业结构也会相应优化升级，因此本研究引入城市化率这一变量。

3. 城乡差距（城乡居民可支配收入差距）

中国城乡发展不平衡已经成为制约经济均衡发展的重要因素。城乡居民收入差距是表现城乡差距的主要指标之一。城乡发展过程中，两者由于产业发展的不同造成城乡居民收入的差距。城乡居民收入差异吸引了大量农村劳动力进城务工，有利于促进产业结构的转化，进而推动区域经济的增长。城乡居民收入差距的公式为：

城乡居民收入差距 ＝ 城镇居民收入 － 农村居民收入

表 7－2 显示：新疆南疆地区的城乡居民收入差异由 2008 年 6 842.80 元扩大为 2017 年的 17 366.60 元，整体增长 2.54 倍。产生原因是城市居民主要从事第二产业与第三产业，农村居民大多以务农为生，收入较低。南疆地区人口多、底子薄，农村人口占绝大多数。在地区发展过程中，优先发展城市，用城市带动农村发展，城市与农村主导产业的不同，导致农村的经济发展远远落后于城市。近年来，国家虽然加大了对南疆地区的投资，但在一段时期内，因发展的基础不同、条件不同，城乡差距及居民收入差距仍会较大。

表 7－2　2008—2017 年南疆城乡居民收入差异

单位：元

年份	城乡居民收入差异	年份	城乡居民收入差异
2008	6 842.80	2013	11 283.83
2009	7 154.86	2014	11 778.00
2010	7 631.31	2015	14 024.40
2011	8 907.59	2016	15 613.20
2012	10 258.41	2017	17 366.60

人们普遍难以接受因起点、机会和过程的不公平所造成的收入差距。城乡收入差异的增加，推动农村劳动力向城市转移，有利于打破阶层固化，促进产业结构的调整。因此本研究引入南疆地区城乡收入差异这一指标，研究其对产业结构升级的影响。

4. 农业劳动力转移（劳动力转移占比）

农业劳动力转移指工业革命后大工业在城镇集中发展所引起的农村人口持续地向城镇迁移的过程。城市第二、三产业快速发展，创造了大量的就业机会，拉大了城乡居民收入差异，为个人谋求发展提供了广阔的空间。这些因素促成了农业劳动力的大规模转移。南疆地区在推动农村劳动力转移时主要以异地转移和就地转移两种方式进行。异地转移主要是通过加快城市扩张，发展二、三产业，促进产业结构升级，创造非农就业机会来吸纳农业剩余劳动力。就地转移指利用劳动密集型技术发展农业，合理调整第一产业内部生产结构，推进农业产业化，使就业得以深化从而实现就地转移。劳动力转移占比公式为：

$$劳动力转移占比 = \frac{劳动力转移人数}{地区总人口数}$$

表 7-3 显示：南疆地区 2008—2017 年间劳动力转移人数占地区总人口数的比例由 4.1％上升至 7.88％。农村劳动力的转移缓解了因二、三产业发展所造成的劳动力短缺状况，稳定了二、三产业的发展，为南疆产业结构升级储备了良好的人力资本。农村劳动力转移可直接或间接引起城市化率的提升以及产业结构的优化升级。因此本研究采用劳动力转移这一指标，分析其对产业结构的关联情况。

表 7-3　2008—2017 年南疆劳动力转移占比

年份	劳动力转移占比	年份	劳动力转移占比
2008	4.10％	2013	6.30％
2009	4.62％	2014	6.68％
2010	5.04％	2015	6.62％
2011	6.13％	2016	6.93％
2012	5.95％	2017	7.88％

5. 教育水平（教育经费支出）

经济快速发展，产业结构随之发展升级，对劳动力的技能与素质要求都会随之提升。产业结构升级所引起的对劳动力的要求，进一步表现在地区教育水平上。反之，通过对劳动力进行教育培训，提高劳动力素质与劳动技能，可进一步提升劳动生产率，进而推动产业结构的优化升级。因此，教育对产业结构升级起着关键性作用，教育承担着为产业结构升级培育所需人才的基本责任，两者之间存在相互影响的关系，故本研究采用教育经费支出作为研究指标之一。

6. 高等教育人数占比

随着产业结构的升级，产业结构越来越高级化、知识化、复合化、合理化，职业岗位所要求的素质、技能、能力和专业知识水平越来越高。企业生产方式的变革与新技术的应用都推动着社会对更高技能层次的人才需求。高等教育人数占比公式为：

$$高等教育层次人数占比 = \frac{专科人数 + 本科人数 + 研究生数}{地区总人口数}$$

表 7-4 显示：2008—2017 年，南疆地区接受高等教育程度教育的人数整体上处于增加状态，2010—2015 年，接受高等教育的人数相对其他时间区段上升最快，是因为随着促进西部地区经济社会发展若干政策的发布以及"一带一路"倡议的提出，都为南疆地区带来了资金以及技术投入，带动了产业结构的发展，提高了当地居民生活水平及接受高等教育的机会。接受高等教育人数的增加，储备了大量高技能高水平的人力资本，保障了产业结构升级的人才所需。因此本研究引入南疆受高等教育人数占比，研究其对产业结构高级化的影响。

表 7-4 2008—2017 年南疆高等教育层次人数占比

年份	高等教育层次人才占比	年份	高等教育层次人才占比
2008	11.25%	2013	18.11%
2009	11.29%	2014	17.68%
2010	13.86%	2015	24.50%
2011	15.93%	2016	24.48%
2012	18.03%	2017	25.73%

7. 技术创新（高等学校科技经费投入）

随着经济社会的发展，创新是推动产业结构转型升级的着力点。科学技术是经济发展的强大动力和坚实基础。创新是对传统企业的技术结构、生产方式和组织结构进行变革，是传统产业向新兴产业的演进。而高新技术产业具有知识密集、技术密集、人才密集、资金密集等特点，有较强的辐射能力，可以促进地区整体经济高效益运转，并推动产业结构升级。产业结构的转型升级速度的提升也需要进行科技创新。南疆地区地域广阔，民族多样，大多以第一产业为主，大多科研机构都以各高校为依托，地区科技投入主要反映在高校科技经费投入中。地区产业需要升级，离不开创新，创新又离不开科技创新和经费投入，因此在研究产业结构影响时需加入科技因素。

8. 外商投资（外商直接投资数据 FDI）

外商直接投资指外国企业和经济组织或个人按我国有关政策、法规，用现汇、实物、技术等在我国境内开办外商独资企业、与我国境内的企业或经济组织共同举办中外合资经营企业、合作经营企业或合作开发资源的投资，以及经政府有关部门批准的项目投资总额内企业从境外借入的资金。

新疆占据"一带一路"倡议的重要位置，并与多国接壤。通过对外商投资状况的了解，对南疆地区了解国际需求，调节生产模式，调节供需关系，进一步配置产业格局与资源起到了较好的作用。在全球经济一体化背景下，外商投资情况可以影响到区域产业结构，因此引入外商直接投资数据这一变量。

南疆产业结构高级化影响指标体系见表 7-5。

表 7-5　产业结构高级化影响指标体系

指标体系	选用指标及测量单位	变量
经济增长	南疆地区生产总值（亿元）	X_1
城乡结构	城市化率	X_2
城乡差异	城乡可支配收入差距（元）	X_3
劳动力转移	劳动力转移率	X_4
教育水平	教育经费支出（亿元）	X_5
高新人才储备	高等教育人才占比	X_6
技术创新	高等学校科技经费投入（千元）	X_7
对外开放程度	外商直接投资数据（万美元）	X_8

（二）构建灰色关联模型

新疆南疆地区产业结构灰度比较大，相关指标的可获得性比较低，因此灰色关联分析法适合研究产业结构的相关问题。本研究选取 2008—2017 年的时间序列资料作为分析对象，以产业结构高级化程度作为母序列 X_0、以南疆地区生产总值为 X_1、城市化率为 X_2、城乡可支配收入差距为 X_3、劳动力转移率为 X_4、教育经费支出为 X_5、高等教育人才占比为 X_6、高等学

校科技经费投入为 X_7、外商直接投资数据 X_8 作为子序列，构建灰色关联系数，求得相应的关联度（表 7-6）。

表 7-6　特征序列与比较序列数值

年份	X_0	X_1	X_2	X_3	X_4	X_5	X_6	X_7	X_8
2008	2.96	1 210.14	27.08%	6 842.80	4.10%	54.00	11.25%	8 079	3 749
2009	2.59	1 251.66	27.02%	7 154.86	4.62%	69.02	11.29%	11 872	230
2010	2.48	1 538.60	27.06%	7 631.31	5.04%	80.49	13.86%	16 123	2 825
2011	2.86	1 901.18	27.01%	8 907.59	6.13%	99.41	15.93%	24 948	3 762
2012	2.88	2 245.35	27.39%	10 258.41	5.95%	170.77	18.03%	28 569	6 471
2013	2.94	2 576.39	27.52%	11 283.83	6.30%	184.40	18.11%	35 541	6 848
2014	3.16	2 844.74	27.10%	11 778.00	6.68%	197.87	17.68%	30 074	7 486
2015	3.11	2 963.39	28.52%	14 024.40	6.62%	229.87	24.50%	48 346	7 116
2016	2.62	2 794.21	28.13%	15 613.20	6.93%	241.50	24.48%	70 444	2 192
2017	3.20	3 112.95	28.48%	17 366.60	7.88%	284.13	25.73%	77 569	2 745

1. 无量纲化

由于各影响因素有着不同的计量单位，因而原始数据存在量纲和数量级上的差异，不同的量纲和数量级不便于比较，或者比较时难以得出正确的结论。因此，在计算关联度前，对原始数据要进行无量纲化处理。无量纲化包含有三种方法：初值化、均值化、区间法。

一般地，初值化方法适用于较稳定的社会经济现象的无量纲化，因为社会经济现象数列多数呈稳定增长趋势，通过初值化处理，可使增长趋势更加明显。故本研究采用初值化方法进行系统因素分析（表 7-7）。

表 7-7　各变量初值化变换表

年份	X_0	X_1	X_2	X_3	X_4	X_5	X_6	X_7	X_8
2008	1.000 0	1.000 0	1.000 0	1.000 0	1.000 0	1.000 0	1.000 0	1.000 0	1.000 0
2009	0.875 3	1.034 3	0.997 8	1.045 6	1.128 5	1.278 3	1.003 6	1.469 5	0.061 3
2010	0.836 9	1.271 4	0.999 1	1.115 2	1.229 5	1.490 7	1.232 0	1.995 7	0.753 5
2011	0.966 3	1.571 0	0.997 5	1.301 7	1.494 8	1.841 1	1.416 0	3.088 0	1.003 5

（续）

年份	X_0	X_1	X_2	X_3	X_4	X_5	X_6	X_7	X_8
2012	0.971 6	1.855 4	1.011 4	1.499 2	1.451 1	3.162 6	1.602 7	3.536 2	1.726 1
2013	0.992 3	2.129 0	1.016 3	1.649 0	1.538 3	3.415 1	1.609 8	4.399 2	1.826 6
2014	1.066 9	2.350 8	1.000 6	1.721 2	1.629 4	3.664 5	1.571 6	3.722 5	1.996 8
2015	1.048 8	2.448 8	1.053 1	2.049 5	1.615 8	4.257 2	2.177 8	5.984 2	1.898 1
2016	0.883 1	2.309 0	1.038 7	2.281 7	1.689 9	4.472 6	2.176 0	8.719 4	0.584 7
2017	1.080 0	2.572 4	1.051 5	2.537 9	1.921 8	5.262 1	2.287 1	9.601 3	0.732 7

2. 计算差序列及极差

从几何角度看，关联程度实质上是母系列与子系列曲线形状的相似程度。凡子系列与母系列的曲线形状接近，则两者关联度较大；反之，如果曲线形状相差较大，则两者间的关联度较小。差序列计算见表 7-8。

表 7-8　差序列计算表

年份	X_0	X_1	X_2	X_3	X_4	X_5	X_6	X_7	X_8
2008	0.000 0	0.000 0	0.000 0	0.000 0	0.000 0	0.000 0	0.000 0	0.000 0	0.000 0
2009	0.159 0	0.122 5	0.170 3	0.253 2	0.403 0	0.128 3	0.594 2	0.814 0	0.159 0
2010	0.434 6	0.162 3	0.278 4	0.392 7	0.653 9	0.395 1	1.158 8	0.083 3	0.434 6
2011	0.604 8	0.031 2	0.335 5	0.528 5	0.874 9	0.449 7	2.121 7	0.037 2	0.604 8
2012	0.883 8	0.039 7	0.527 5	0.479 5	2.191 0	0.631 1	2.564 6	0.754 4	0.883 8
2013	1.136 7	0.024 1	0.656 7	0.546 1	2.422 9	0.617 5	3.406 9	0.834 4	1.136 7
2014	1.283 9	0.066 3	0.654 3	0.562 5	2.597 6	0.504 7	2.655 6	0.929 9	1.283 9
2015	1.400 0	0.004 3	1.000 7	0.567 0	3.208 4	1.129 0	4.935 4	0.849 3	1.400 0
2016	1.425 9	0.155 7	1.398 8	0.806 8	3.589 5	1.292 9	7.836 3	0.298 4	1.425 9
2017	1.492 4	0.028 4	1.458 0	0.841 8	4.182 1	1.207 1	8.521 3	0.347 8	1.492 4

极差表示在任意时间点，所有对应差序列的最大值与最小值。通过运用灰色系统理论建模软件 7.0 对 $|X_{01}(t)-X_j(t)|$ 的运算，计算出每个时间点上母序列与子序列的绝对值，即：

$$\Delta(\max) = \max_i \max_t \Delta_i(t) = 8.521\ 3$$

$$\Delta(\min) = \min_i \min_t \Delta i(t) = 0.000\ 0$$

3. 指标的灰色关联系数（表 7 - 9）

表 7 - 9　灰色关联系数

年份	X_0	X_1	X_2	X_3	X_4	X_5	X_6	X_7	X_8
2008	1.000 0	1.000 0	1.000 0	1.000 0	1.000 0	1.000 0	1.000 0	1.000 0	1.000 0
2009	0.964 0	0.972 0	0.961 6	0.943 9	0.913 6	0.970 8	0.877 6	0.839 6	0.964 0
2010	0.907 4	0.963 3	0.938 7	0.915 6	0.866 9	0.915 1	0.786 2	0.980 8	0.907 4
2011	0.875 7	0.992 7	0.927 2	0.889 6	0.829 6	0.904 5	0.667 6	0.991 3	0.875 7
2012	0.828 2	0.990 8	0.889 8	0.898 3	0.660 4	0.871 0	0.624 3	0.849 6	0.828 2
2013	0.789 4	0.994 4	0.866 3	0.886 4	0.637 5	0.873 4	0.555 7	0.836 2	0.789 4
2014	0.768 4	0.984 7	0.866 9	0.883 4	0.621 2	0.894 1	0.616 0	0.820 8	0.768 4
2015	0.752 7	0.999 1	0.809 8	0.882 6	0.570 4	0.790 5	0.463 3	0.833 8	0.752 7
2016	0.749 2	0.964 7	0.752 9	0.840 8	0.542 7	0.767 2	0.352 2	0.934 6	0.749 2
2017	0.740 6	0.993 4	0.745 1	0.835 0	0.504 7	0.779 2	0.333 3	0.924 5	0.740 7

4. 灰色关联度的具体运算和排序

由于每个子系列与母序列的关联程度是通过多个关联系数来反映的，关联信息较为分散，不便于从整体上进行比较，因此对关联信息要进行集中处理，将各时刻关联系数取平均值作为关联度，并对关联度排序（表 7 - 10）。

表 7 - 10　灰色关联度

	X_1	X_2	X_3	X_4	X_5	X_6	X_7	X_8
关联度	0.837 6	0.985 5	0.875 8	0.897 6	0.714 7	0.876 6	0.627 6	0.901 1
排序	6	1	5	3	7	4	8	2

表 7 - 10 显示，当 $\rho = 0.5$ 时，计算所得的关联度均大于 0.6，表明 2008—2017 年产业升级高级化程度与所选指标的关联度较为显著。

综上可得：$X_2 > X_8 > X_4 > X_6 > X_3 > X_1 > X_5 > X_7$。可见产业结构高级化程度紧密的前四个变量为城市化率、外商直接投资数据、劳动力转移率、高等教育人才占比；关联度比较弱的变量为城乡可支配收入差距、南疆地区生产总值、教育经费支出、高等学校科技经费投入。

（三）结果分析

与产业结构高级化程度紧密的前四个变量为城市化率、外商直接投资数据、劳动力转移率、高等教育人才占比。城市化率的提高可以促进城乡一体化，城市二、三产业辐射范围加大，可为劳动力提供较多工作岗位，吸纳就业，解决了劳动力就业问题，增加消费，使经济得以更好地发展，城乡结构得以调整，促进产业结构更好更快地转型升级。南疆地区地处偏远，外商投资可以使南疆地区更快更准确地接收前沿信息，并为地区发展带来先进的技术、资源、经验、就业岗位与机会，提高南疆地区的经济发展与综合实力，推动地区产业结构升级。劳动力转移率代表农村劳动力向城市转移的速度，劳动力转移速率的加快表明大量农村劳动力涌入城市，进入二、三产业就业，提供了二、三产业发展所需的人力资源，承担了产业结构升级转型的重要责任。高等教育人才是各产业高精尖技术的人力资本保障，科技发展是经济增长、产业结构转型升级的动力源泉。南疆地区要加快地区产业发展就要提升科技水平，高等教育人才则是推动科技发展的生力军。因此，可以从与南疆地区产业结构高级化程度关联度较强的四大因素入手促进产业结构升级。

1. 城乡发展维度分析

本研究所选取的与产业结构高级化程度相关的影响因素有：城市化率为 X_2、城乡可支配收入差距为 X_3、劳动力转移率为 X_4，三者从不同的角度分析城乡发展与产业结构的关联。从实证结果分析：$X_2 > X_4 > X_3$，即城市化率的关联度大于劳动力转移率关联度，大于城乡可支配收入差距关联度。相对于城市化来说，劳动力转移与城乡可支配收入影响具有一定的滞后性。通过促进城市化率来调节城乡结构促进城乡发展，对产业结构转型升级的影响最大。城市化的发展带动农村向城市转型，使二、三产业得到更好的扩张，加大二、三产业的辐射范围，吸纳更多的农村劳动力进行产业间转移，提高收入水平，进一步缩小城乡差异。

2. 教育发展维度分析

根据所选取的各类教育指标与产业结构高级化程度的关联度值分析可以发现，在教育经费支出 X_5、高等教育人数占比 X_6、高等学校科技经费投入 X_7 中，三者与产业结构高级化的灰色关联度为：$X_6 > X_5 > X_7$。究其原因是，新疆南疆地区二、三产业处于刚刚起步阶段，高等教育人才的迅速加入填补了产业发展所需，对产业结构升级产生了较大的作用。而科技经费从投入到产出，需要一个长期的研发与适应过程，因此高等学校科技经费投入而产生产业结构高级化影响短时间内相对较小。加大高等教育支持力度，提供更多的高等教育机会，能推动产业结构高级化平稳发展。

3. 经济发展维度分析

对比南疆地区生产总值 X_1 与外商直接投资数据 X_8 两项指标的灰色关联度可以看出，外商直接投资数据与产业结构高级化程度的关联度为 0.901 1，大于南疆地区生产总值关联度 0.837 6 共 0.063 5 个单位。外商投资状况对于南疆地区产业结构发展有着重要影响。南疆地区位于大陆深处，与多个国家接壤，外商的直接投资主要以第二产业为主，可以使南疆地区接触最前沿的科学技术，也为南疆地区提供更多的工作岗位，从而提高了南疆居民收入与地区生产总值，促进南疆地区城市化发展。

（四）对策建议

一是推进促进城镇化制度政策改革，加快城镇化建设，有利于扩大城市人口数量，促进农民转化为市民，增添城镇人力资本新的动力，有效地推动城市化的进程。农民数量的减少致使土地流转加速，有利于实现土地相对集中和规模化经营。随着城市化的扩大，第二、三产业的辐射力度也随之增加，农村劳动力转移速度提升。由于城市就业机会较多且大多以第二、三产业为主，农村劳动力实现转移就业，使其收入得到相应的提高。二是加大教育经费投入，重视高等教育人才的培养。产业结构转型升级需要大量高素质、高技能人才的补充。积极响应"十三五"规划所提出的向南发展战略，改善教育保障机制，完善和推进减贫制度、精准扶贫等社会保障机制，为更多贫困学子创造学习机会；引导农村居民树立正确的教育观，扩大地区尤其是农村的受教育需求，提高农村地区劳动力人力资本存量，为劳动力转移就业提供技能保障。三是发展地方特色产业，吸引外商投资。南疆地区以温带大陆性气候为主，昼夜温差大，瓜果含糖量较高，棉花产量较高质量较好，因此南疆地区特色农业主要是以瓜果与棉花为主。南疆地区多聚居少数民族，其民族文化氛围浓厚，第二产业可以选择具有民族特色的纺织业为主。南疆地区由于地形条件和民族特色，以旅游业为主的第三产业也具有较大发展空间。其特色产业的发展前景为吸引外商投资创造良好的条件，随着外商投资力度的增加，南疆地区特色产业加快发展，提供就业岗位不断增多，从而促进南疆富余劳动力就业。

第四节 边疆安全视角下南疆地区的产业布局

产业布局是指一个国家或者地区的产业在一定范围内的空间分布与组合。产业结构是具备全局性、长远性的经济建设战略部署。产业布局的战略性表现在其既有宏观上的国家的大区布局，也有省域的区域布局和产业选址的微观布局。在现今社会大生产背景下，合理地产业布局不仅有利于发挥一国或者一地区的比较优势，合理地使用自然资源，保持生态健康，企业可持续发展，更有利于取得良好的经济、社会和生态效益。反之，则会落入只追求经济利益忽视生态利益的恶性循环，最终自食恶果。因此，产业布局是百年大计，是具有长远影响的战略问题，应该谨慎选择。①

一、产业布局的影响因素

产业布局是百年大计，合理的产业布局对社会经济、文化发展具有重要的意义。但是在进行合理化的产业布局之前，必须了解与分析影响产业布局的因素，必须遵循客观规律。

（一）地理位置

首先，影响产业布局的一个基本因素是地理位置即事物之间的空间关系。

受地理位置影响较大的是第一产业，因为农、林、牧、渔这些行业会受到水、光、土壤等自然资源的影响和限制。一个地方所处的地理环境往往会影响第一产业的发展方向。

当然，地理环境并不仅指自然环境，还有国家或者地区的交通环境、信息发展水平等一系列社会经济条件。产业布局的差异性取决于地理位置与交通便利程度。

放眼世界产业的发展格局，许多产业布局并不是选在自然资源较多、资源禀赋较好、生产原材料较为丰富的国家或者地区，而是选在地理位置相对

---

① 史忠良. 产业经济学［M］. 北京：经济管理出版社，2005：13，64-65.

优越，交通便利程度较高的地区，例如，综合交通枢纽、海港、铁路沿线等地区，且多为规模各异的加工产业与第三产业部门。不仅如此，地理环境还会影响到地区开发利用自然资源的顺序。

（二）自然因素

自然因素包括自然条件与资源。自然条件既指未经过人类加工改造的原始的自然环境，又指经过人类改造与利用后的自然环境。自然资源则指在一定时空条件下，能够提升当前与未来人类福利，产生经济效益的自然因素。产业布局的物质基础与前提是自然因素。

第一产业劳动对象源于自然，因此，自然资源对第一产业的影响比较直接，从而第一产业的布局往往也受到自然资源的制约。土地、气候、水与生物资源决定着农业生产的地域分布。而对第二产业的影响则在于自然资源中的矿产资源等。以农产品为原料的加工业，较多分布在农业资源较为丰富的地区。对于第三产业来说自然资源多为旅游资源，尤其是特色旅游资源。如新疆南疆地区由于沙漠、戈壁等特色自然环境，使得南疆地区大力发展旅游业，尤其是结合少数民族特色的旅游景点和美食，每年会吸引大量的游客不远万里来到南疆，一睹美景。

（三）社会因素

产业布局的社会因素主要有人口因素与历史因素。

1. 人口因素

对产业布局影响深刻的有生产与消费，而人类既是生产者也是消费者。

（1）人作为生产者对产业布局的影响。人口的数量规模既是市场规模大小的基础，也是资源开发的前提。人口的数量规模是产品需求量的保证，也是产业发展劳动力资源的保证，劳动力资源丰富，产业布局多以劳动密集型产业为主导；在人口数量规模较少的地区，产业布局多选择有效利用当地的自然资源及条件，其优点在于提高劳动生产率，弥补开发地区的投资不足。

人口数量是影响产业布局的重要因素，人口素质的高低也是影响产业布局的重要因素。劳动力素质是产业向高层次发展的重要基础。

（2）人作为消费者对于产业布局的影响。消费水平的高低也影响着产业布局。各个国家或者地区的人口密度、民族结构和消费水平的高低差异，要求产业布局要符合其消费的特点、数量。不仅如此，人口结构的组成导致了市场需求的多样性，这要求产业布局要因地制宜地选择发展的项目和规模，最大程度地满足各类人口对物质文化生活的需求。

2. 历史因素

产业布局具有历史继承性，现有的社会经济基础对产业再布局有着重大影响。经济基础原始积累较好的国家或者地区，对产业再布局会产生积极影响，反之亦然。但不可避免的是原有的经济基础、设施等是在原有的基础上建成的，会对新的产业布局产生不利的影响，在进行新的产业布局时，要充分利用原有的积极因素，改变不利的因素，使产业布局达到最大限度的合理化。

(四) 政治经济因素

影响产业布局的政治经济因素主要包括宏观调控、市场条件、国际政治条件、价格和税收等。

1. 宏观调控

正确的政府政策有利于推动经济发展和产业布局。价格政策是国家对市场经济宏观调控的表征，适宜的价格政策对产业布局有积极的影响作用。地区产品的差价和可比价格等是国家价格政策对产业布局影响中的具体体现。基于空间差异，产品生产和消费也存在差异与矛盾，合理的地区差价有利于企业依据价值规律选择最适宜的产业布局地点。产品的比价关系对产业结构的调整与产业布局有着重要的影响。合理的税制结构可以避免重复建设，减少地区封锁现象，从而提升地区产业布局的合理性与地区经济发展的协调性。通过税率的调整可以对产业布局较为分散的企业进行控制与改善。

2. 市场条件

市场是产业布局的重要影响因素之一。在进行产业布局前需充分了解一个国家或者地区对产品的需求量。激烈的市场竞争会促进产业专业化协作能力提升与产业的集聚效应，使产业布局区位选择更加合理。在产业布局前，必须对国家或者地区的市场进行摸底调查，了解其需求状况，合理布局。同时还要对市场行情的变化趋势进行预测，及时对产业结构进行调整，改变产业布局，适应市场的变化需求。

(五) 科学技术因素

科学技术是第一生产力，同时也是产业布局的重要影响因素之一。随着科学技术的进步，人们对自然资源的应用程度更加深入更加广泛，使得自然资源有了更多的经济意义。科学技术的进步提升了矿产资源的价值。丰富了各类资源的开采与利用水平，拓展产业布局的地域范围。不仅如此，不断进步的科学技术还能提高资源的综合利用效率，改变市场产品的单一性，从而扩展生产部门的规模。

随着科学技术的进步，产业结构也在发生着改变，催生新的产业部门。而这些产业部门对产业布局有着不同的指向性，这必然对产业布局产生影响。科学技术的进步，生产力水平的提升，产业结构的改变，使得人类在生产、生活的地域选择与生活方式上产生了重大的改变。这些将导致城市化进程加快，最终对产业布局产生较大影响。

二、产业布局的目标、原则和规律

（一）产业布局的总体目标

产业布局的总体目标是实现产业合理布局与空间资源合理有效配置。这一总目标可以分解为效率和公平这两个子项目。产业布局的效率目标是在宏观上追求整个区域国民经济又快又好且可持续性地增长，最终取得良好的宏观效应；产业布局的公平目标则在于不断缩小区域间经济发展水平与居民收入的差距。从长远来看产业布局的效率目标和公平目标两者是相互统一的。只有一定的发展速度和经济效益才能积累资本帮助落后地区开发；而如不开发欠发达地区，发达地区产业发展所需要的资源得不到保障，同时不利于社会的稳定和谐发展。因此，国家及地方政府在制定产业布局的目标时，必须兼顾效率与公平，并根据社会发展情况和产业发展状况，确定二者的主从关系。

在经济发展的不同阶段，国家需要制定不同的地区经济发展政策。从长远利益来看，区域经济发展与地区经济差距之间是矛盾统一的。一方面，区域经济发展使产业的空间结构发生改变，从而导致地区经济差距的拉大，这种差距是动态的也是永恒的，是很难通过政策、战略措施来彻底克服的，区域的均衡发展是相对的而不是绝对的；另一方面，地区经济发展差距过大会影响区域经济的发展，这就要求国家各级政府通过宏观调控等政策缩小地区间差异。从国民经济发展的全局进行考虑，需要不断在二者之间寻求平衡，而调整产业布局是实现二者平衡关系的重要手段之一。

产业布局是国民经济可持续协调增长的要求，是一种具有全局性、长远性和战略性的安排。产业布局是否合理，不仅关系到产业本身，而且对整个经济建设、科学技术进步、自然生态保护、民族团结、社会稳定、国防安全等方面都产生重大的影响。产业布局的合理程度会影响经济发展的效益、地区产业结构的合理化和国民经济的发展速度等。

（二）产业布局的基本原则

1. 全局原则

国家产业布局应该具有全局性和长远性。从范围来看，产业布局的长远性使得国家可以根据地区的不同条件，确定地区的专业化发展方向，使不同地区在国家产业布局中扮演不同角色，担负不同的责任，充分发挥区域的比较优势，协调局部和全局的关系，当二者之间出现矛盾时，要做到全局利益大于局部利益。从时期阶段来看，国家可以根据各个时期的经济建设情况来确定产业布局，确定重点建设地区和项目，协调好长远利益与当前利益的关系。当二者之间出现矛盾时，要遵循长远利益大于当前利益的原则。通过全局原则的贯彻落实，地区充分发挥地缘比较优势，避免地区产业布局中出现重复生产和盲目生产，有利于实现地区生产模式多样化与专业化，有利于全国产业布局合理化分工。

2. 经济效益原则

产业布局是否合理的基本标志之一是消耗最低成本创造最大的效益。以经济效益为准则，根据地区的差异，因地制宜地选择产业，既要突出区域的资源基础，又要发挥地区的比较优势，减少经济投入和生产成本，达到增加经济产出，提高经济效益的总目标。对农业来说，产业布局应该选择农、林、牧、渔自然资源较好的地方；对于工业来说，应该选择矿产资源较为发达，交通较为便利的地区；对于第三产业来说应该选择人口数量较大，劳动力充足的地区。这就要根据产业具体的技术经济特点确定产业布局。

3. 分工协作原则

产业布局的分工协作原则主要体现在劳动的地域分工和地区的综合发展相结合、地区生产专业化和多样化相结合。在科技不断进步，生产社会化、市场化、社会分工不断深化，生产的专业化程度日益加深的今天。在专业化分工的条件下，必然要进行专业化协作。因此合理的产业布局应当充分发挥地区的比较优势，最大程度地节约生产成本，促进地区间商品的流通与交换，加速经济一体化进程，形成地域经济综合体。在分工协作原则下，产业布局时既要保证产业的专业化程度，又要在专业化程度上依据地区优势与特色发展多样化产业，以保证地区各产业协调增长。

4. 地区比较优势

由于地区的资源禀赋各不相同，区域分工角色不同，技术发展水平不同等，使得产业发展在空间分布与组合上表现出地区差异性。这就要求产业布局应该遵循产业自身协调发展的规律，促使少数优势产业优先发展。比较优势可以体现在原料指向、市场指向、能源指向、劳动力指向和科学技术指向等方面。

5. 集中与分散相结合原则

区位集中是社会大生产化的客观要求，也是扩大再生产、提高经济效益的有效组织形式。产业集中必须在合理的限度内才能取得较好的效益，如无限制地集中下去，会导致各种各样的问题。适当分散的产业布局有利于充分利用地区的资源禀赋，促进相对落后地区的经济发展，均衡产业布局。

6. 可持续发展原则

可持续发展是指经济和社会发展既要满足当前发展的需求又不能牺牲后代人的利益来满足当代人的利益。在过去，人们只追求经济利益忽视环境利益，导致环境污染。在农业上，我们不能为了产值就破坏环境，糟践植被。在工业上，我们不能忽视环境污染，随意排放。如若任其发展，则产生的后果必将是我们的后代所承受不起的。人类发展正确的道路是可持续发展，可持续是社会稳定的必由之路，是产业布局的合理选择。

（三）产业布局的一般规律

1. 生产力发展水平决定产业布局

纵观历史不难发现，生产力发展水平决定着产业布局的条件、内容、形式和特点，这是在任何社会形态下都发挥作用的普遍规律。

2. 劳动地域分工影响产业布局

劳动地域分工代表地区间经济分工的协作，社会经济按比例按空间发展，客观反映地区产业布局的条件差异。地域分工的形成和发展推动着产业部门从低级向高级不断进化。地域分工的合理性有助于充分发挥各地区的资源优势，促进商品的流通，取得最大的经济利益。产业布局的最终目的也是实现合理的地域分工。

3. "分散—集中—适度分散"螺旋式演变

在产业发展初期阶段，产业布局带有明显的分散性；产业革命后，产业布局开始由分散逐渐集中，产业布局相对集中所带来的集聚效应非常明显。然而，随着工业化、城市化的过度集中发展，又出现了很多集聚不经济的现象，随之而来的是第三产业分散的趋势，经济发展重心由发达地区向欠发达地区推进，这也导致产业逐渐从集中转向分散。产业的集中与分散是产业布局的演变过程中相互交替变化。集中则体现了经济活动产业布局的不平衡性，而分散则体现了均衡性。二者是矛盾的两个方面，螺旋式演变是产业布局高级化的路径。

（四）地区生产专门化和多样化

由于地区或者国家具有不同的自然条件和经济发展水平，自然禀赋与资本积累状况不同，这些就导致劳动地区分工基础不同。在经济利益的驱使下，地域根据自身的优势进行劳动地域分工，当地域分工达到一定规模时，就形成了地域的专门化，出现专门化生产基地。专门化在提高产品生产质量、生产效率、设备利用率等方面拥有较大优势。

同时，专业化产业布局也会促进产业布局的多样化，一个地区或者国家的产业布局的专业化程度越高，对产业部门的多样化程度的需求越高。国民经济是综合的有机体，产业专门化和多样化共同存在。

（五）地区差异性与非均衡性

影响产业布局的因素众多，由于地区资源禀赋存在差异，这导致地区产业分布存在不均衡性。对于单个产业部门和企业来说，在特定产业生产力水平下，选择有利的区位进行布局，取得最大的经济效益是最常见的手段。由于地区禀赋差异性，所以导致产业分布不平衡是绝对规律。随着科学技术的进步，这种绝对的不平衡开始向相对的平衡状态转变，使产业布局由低级向高级转变，由集中向适当分散转变，使产业分布逐渐扩展，由地区差异性向地区协调性转变。但是受众多因素的影响，绝对的平衡无法达到。地区差异性与产业发展非均衡性成为产业布局的一个重要规律。

三、南疆产业布局战略思想与发展路径

合理的布局产业有利于促进区域分工，加强区域经济协作，有助于充分利用地区资源，提高各地区资源综合使用效率和经济效益，促进各地区经济社会的协调发展，有助于地区产业结构调整优化，进而促进整个国民经济持续稳定发展。南疆地区经济发展离不开合理的产业布局。南疆地区产业布局应按照各个区域要素禀赋结构特点，不仅依靠现存的资源数量进行布局，还要引进和学习高新技术，在产业发展与经济发展中充分发挥科学技术的引导支撑作用。政府应发挥主体作用，优化创新产业基地的布局，集中力量支持关乎新疆全局发展的科学技术发展。加快高新技术产业开发区、农业科技园区建设，推进新疆国家现代农业科技城建设。积极采用国际先进科学工艺技术装备，建设"三城七园一中心"纺织服装产业集聚区，高标准承接中东部产业转移，确保新疆纺织服装业高质量高水平发展。加快建设高新技术产业开发区、农业科技园区，加快园区基础建设，提升产业的承载能力，建设排污处理设施，推进纺织服装产业绿色可持续发展。按照布局合理、分工明确、错位发展、各具特色的原则，统筹规划发展纺织服装产业，重点发展投资少、见效快、就业容量大的服装服饰、家纺、针织、地毯等终端消费品产业，不断延伸产业链，提高产品附加值。依托新疆丰富的化工原料，推进聚酯、化纤产业配套发展。对于农产业布局，南疆地区应以特色林果精深加工为主，并在南疆农村地区发展就地初加工和深加工项目。在南疆矿产资源丰富的地区，适量布局石化、煤油等工业产业，既保证资源的有效利用，又保证生态环境的持续安全发展。①

南疆地区扮演着中央全局发展战略形态下的"棋眼"角色，因此南疆地区产业布局，不仅要满足产业发展，更要满足南疆地区民生发展，即就业发展。以巴州、阿克苏地区为重点，以能源矿产资源和特色农业资源为依托，以加快推进新型工业化，形成特色产业集群为主要目标，着力建设我国重要的石油天然气化工基地、农产品精深加工基地、纺织服装工业基地。加快产业集聚园区建设，重点发展库尔勒经济技术开发区、轮台工业园区、库车化

---

① 《新疆维吾尔自治区国民经济和社会发展第十三个五年规划纲要》。

工业园区、拜城重化工业园区、阿拉尔工业园区，使其成为天山南坡产业发展的重要载体和增长点。加快推进库尔勒、阿克苏轻工业综合产业区建设，引导石油天然气化工下游产业、农副产品加工业集聚发展。优化和静、拜城现代钢铁工业，积极发展罗布泊钾盐工业。大力推进库尔勒、阿克苏纺织服装工业城建设。南疆地区棉花生产坚持优化布局、主攻单产、节本增效，积极支持棉花种植向优势产区集中，重点抓好优质高产棉区基地建设，加强良繁体系建设，不断增强棉花综合生产能力，巩固棉花产业在全国的优势主导地位，辐射和推动南疆乃至全疆纺织服装工业大发展。①

　　南疆地区产业布局，特色产业体系建立都能解决南疆就业问题。南疆地区棉花产业加工及畜牧业产业链的延伸，产品的深加工都会增加就业岗位。南疆地区就业岗位的增加，意味着需要南疆劳动力素质与就业岗位的刚性需求之间平衡，但是南疆地区劳动力素质普遍偏低，这就要求各级政府重视南疆职业教育发展，提升南疆办学条件，保障师资队伍建设，平衡职业教育专业结构与产业布局就业结构。南疆地区大力发展劳动密集型产业、服务业、中小微企业和民营企业等吸纳就业多的产业。立足就地就业，在南疆劳动力家门口提供更多低门槛的就业岗位，让农村富余劳动力离土不离乡。不断提高新疆地区解决疆内就业的能力，不断开展援疆扶贫工程，发挥援疆产业所带来的就业效应，加大少数民族群众转移就业规模。产业布局战略的提出，不仅从生态环境、资源利用效率出发，还从促进就业，稳定民生的角度出发。南疆是重度贫困地区，因此，要从产业结构、主导产业选择及产业布局三个层面出发，从增加就业岗位，发展南疆地区特色产业，优化产业结构，合理布局，提高劳动力综合素质②。

---

①②　《新疆维吾尔自治区国民经济和社会发展第十三个五年规划纲要》。

第八章
新疆南疆产业结构调整与劳动力转移就业的特殊保障和政策支持

一、南疆产业结构调整与劳动力转移就业对制度政策的特殊要求

（一）充分发挥维护边疆社会稳定的政府职能，构建劳动力转移就业和谐环境

研究表明，基于安全稳定的社会环境，南疆劳动力具有较高的转移就业意愿，并且南疆劳动力转移就业显著影响劳动力远离宗教极端组织。所以本研究认为，第一，政府要充分发挥维护边疆社会稳定的职能作用，贯彻落实国家安全观，实施国家安全战略，依法严密防范和严厉打击敌对势力渗透颠覆破坏活动、暴力恐怖活动、民族分裂活动、宗教极端活动，坚决维护国家政治、经济、文化、社会、信息等安全。牢牢把握反恐维稳斗争重点，推动反恐维稳工作实现常态化、法治化，依法打击各类违法犯罪活动。第二，建立以政府主导、相关部门协作、各类群体参与的维稳工作机制，形成契合新疆区情的法律法规体系，弘扬社会主义法治精神，深入开展法治宣传教育。以民族团结作为社会稳定的基石，增强各民族的国家安全意识，从而促进各民族共同发展。第三，政府要坚持以稳疆固疆的战略高度来认识和解决南疆劳动力转移就业问题，明确各级政府促进就业的主体责任，以产业带动就业，拓宽就业途径，促进南疆劳动力就地就近就业。加强法制工作队伍建设，为全面推进依法治疆提供坚强有力的组织保障。

（二）加快南疆新型城镇化进程，促进城乡统筹发展，实现边疆社会稳定

首先，要完善城乡一体化发展机制，打破传统的城乡二元结构，推动劳动力要素在城乡间的流动以及公共资源均衡配置，有效利用南疆的区位特点，提升南疆整体对外开放水平，加快建设口岸城市，促进南疆对外贸易的

发展，进而推进丝绸之路经济带核心区的建设。其次，建立城乡融合机制。一方面要实施乡村振兴战略，实现与新型城镇化协调发展，促进城乡在产业发展、公共服务、生态保护等方面相互融合和共同发展，形成"以工促农、以城带乡、城乡一体"的新型工农城乡关系。另一方面，完善城乡基本公共服务均等化体制机制，按照"产城融合，宜居宜业"的要求，促进产业集聚和产城融合发展，增强城市就业吸纳能力。强化城市间专业化分工协作，推动大城市形成以服务经济为主的产业结构，增强中小城市产业承接能力，构建大中小城市和小城镇特色鲜明、优势互补的产业发展格局。最后，完善农村基础设施建设机制，拓宽南疆农村建设的经费来源。进一步实现南疆地区城乡基础设施互联共享，鼓励社会群体积极参与农村基础设施建设，优化南疆城乡交通结构，强化其综合交通运输网络支撑的能力，使得城乡之间交通协调衔接，形成高效便捷的交通体系，从而降低南疆农村劳动力转移就业的基础成本，提高南疆城乡间的信息交流，突破南疆偏远地区信息流通不畅的困境，加快城乡统筹和一体化进程。

二、南疆产业结构调整与劳动力转移就业的制度政策安排

（一）优化南疆地区产业结构调整战略，拓展南疆产业发展空间

首先，要保障第一产业、第二产业和第三产业可持续发展，形成长期有效的协调发展机制，实现产业的合理布局和资源在空间上的合理有效配置。在经济发展条件比较好、产业结构较高级化的地州，要顺应产业结构高级化趋势，推动本地州由劳动密集型产业向资本密集型产业和技术密集型产业方向发展，在产业集聚的进程中逐步建立现代化产业结构运行发展机制，并持续引导富有地区特色的产业结构形成。

其次，要实现高污染、高消耗的产业绿色发展。南疆地区需结合自身特殊地理位置和特有的自然资源，有效承担具有竞争优势的劳动密集型产业的转移，同时要根据南疆实际劳动力实际情况，注意资本密集型产业和技术型产业的发展速度，尽可能使得劳动力转移与产业结构调整同步发展，形成全新的特色型绿色产业结构格局。

第三，以劳动密集型产业为基础，大力发展资本和技术密集型产业，形成联动效应的产业结构格局，将分散的产业结构形成有序的产业结构，联动

的产业结构机制将能从内部根本解决就业问题，从而形成健康的产业结构发展和就业效应机制。

从目前来看，工业部门仍是南疆地区吸纳劳动力转移的主要部门。然而传统的工业发展已进入产能过剩的瓶颈期，导致工业部门无法进一步带动劳动力就业的发展。因此，①要积极推进南疆地区产业园区的发展，合理布局园区主导产业，建立新型工业化的重要载体和优势产业聚集区，加快南疆传统产业的优化升级。②南疆地区要根据国家提出的"中国制造2025"战略，有效发挥政府职能与市场机制，树立战略性目标，打破传统掣肘，提质增效。在承接发达地区产业转移的同时，优先发展地区内具有明显创新能力和较强行业竞争力的产业，大力支持南疆地区特色产业的发展，形成特有的民族文化产业群。③以转化南疆地区优势资源和增加南疆地区劳动力就业为着力点，以布局合理、错位发展、各具特色为原则，统筹规划发展纺织服装产业。尤其要重点发展成本低、效益快，并具有较大吸纳就业能力的纺织业，不断拓展纺织业的产业链，打造成具有区域特色的"丝绸经济"，不仅拓宽了南疆地区产业发展的空间，同时还增强了产业的承载力，增加其吸纳劳动力就业的容量。

（二）强化南疆教育培训体系，提高南疆劳动力转移就业能力

研究结果表明，南疆农村转移劳动力借助学校教育或职业培训可以获得更高的收入。首先，要继续扩大南疆农村教育经费，建立多元化农村教育经费筹措途径，鼓励社会团体积极支持农村教育发展，有效保障农村教育的经费来源，从而降低南疆农村劳动力受学校教育的成本，分担农村贫困家庭的教育投入压力，让越来越多的农村家庭具有充裕的教育支付能力，提高南疆农村地区的入学率。其次，要持续推进"向南发展"的总目标，加快南疆地区教育现代化发展。加大南疆农村教育政策扶持，有效吸引高层次人才和高质量教师等人力资源流入南疆，大力提高南疆教育发展质量。第三，提高南疆地区的教育资源利用率，调整南疆地区的教育结构。不仅要夯实基础教育发展，更要结合南疆实际情况优先发展职业教育，完善南疆职业教育结构，培育更多适应南疆劳动力市场需求的专业技术型人才，促进南疆产业结构优化升级，提高南疆农村转移劳动力的生产效率，保障南疆劳动力的工资性收入能够可持续增长。

政府还应构建完善的南疆农村转移劳动力职业培训体系，切实提升南疆地区职业培训质量。第一，要持续扩大南疆职业培训的经费投入，减少南疆劳动力参加应用型技能培训的成本，给予相应培训补贴，提高应用型技能培训的参与率，但须合理控制南疆农村少数民族转移劳动力参与职业培训的次数，减少培训资源不必要的浪费。第二，建立企业、政府和职业学校三位一体的长效机制，根据当地产业经济发展特征和企业实际用工需求，制定相对合理的职业培训计划，一方面为南疆农村转移劳动力提供一般性培训，另一方面也要为其提供适合企业实际需求的应用型技能培训，进而提升南疆转移劳动力的专用性人力资本，增强南疆农村少数民族转移劳动力在劳动力市场中的竞争力。第三，相较于南疆汉族转移就业劳动力，职业培训对提升南疆少数民族转移就业劳动力的工资性收入所发挥的经济效益更加显著。对此，应针对各族劳动力对职业培训的实际需求，为南疆农村转移劳动力提供分类的职业培训与指导。第四，搭建逐渐完备的职业培训成本分担机制，鼓励用人单位为南疆农村少数民族转移劳动力提供专业的职业培训，对南疆农村少数民族转移劳动力提供多方面指导，促进南疆农村少数民族转移劳动力由劳动生产率低的部门向劳动生产率高的部门流动，最终提高南疆农村少数民族转移劳动力务工收入可持续增长。收入分布的差异结果显示，教育对南疆农村贫困转移劳动力收入的正向作用显著高于高收入群体。因此，要提升南疆农村贫困转移劳动力的受教育水平，通过教育对贫困劳动力进行精准扶贫，提高这部分劳动力的教育人力资本积累水平，增加其职业技能存量，进而促进其务工收入的可持续增长。由于南疆农村贫困转移劳动力的家庭经济条件差，参加职业培训将增加其家庭经济成本，政府应对南疆农村贫困转移劳动力制定专项资助计划，提高"精准培训"和"精准扶贫资助"力度，并进一步扩大免费培训政策覆盖面，通过学校教育和职业培训缩短南疆农村贫困转移劳动力与高收入群体间的收入差距，实现共同富裕。

（三）完善南疆劳动力就业市场制度，鼓励南疆劳动力理性安排教育投资

劳动力市场中存在一定的性别歧视，导致南疆农村女性转移劳动力的教育人力资本对务工收入的影响作用难以发挥，抑制了教育促进南疆农村转移劳动力收入提高的作用。因此，要完善南疆劳动力市场制度，加强实施反性别歧视法的力度，查处用人单位违反性别歧视法的行为，保护南疆农村女性转移劳动力的权益，切实发挥教育对南疆农村女性转移劳动力收入的正向作用。其次，建立反性别歧视的激励机制，为消除就业性别歧视的企业提供适当的税收减免政策，降低其运营成本，从而促进南疆农村女性转移劳动力的就业。政府要加强对南疆农村女性转移劳动力的反性别歧视法的政策解读，增强南疆农村女性转移劳动力主动维护自身权益的意识。随着南疆农村女性转移劳动力受教育水平的不断提高，其与南疆农村男性转移劳动力之间的收入差距逐渐降低。

当然，南疆劳动力市场不仅有对劳动力人力资本质量提升的需求，也表现为对人才层次与人才专业结构的需求。因此，南疆农村转移劳动力要树立正确的教育投资理念，平滑教育投资风险。一方面，不能一味地追求较高的受教育水平，另一方面也不能盲目和过度地参加职业培训。南疆农村转移劳动力要综合考量自身参与学校教育和职业培训的收益和风险，充分了解职业培训政策，理性进行教育投资，从而降低教育风险。比如，对于家庭经济情况相对较低的南疆农村转移劳动力，完全可以在完成义务教育阶段以后，选择接受中等职业教育，从而在较低的投资风险下获得相对较高的务工收入。针对教育培训的高收益伴随着高风险的特点，政府也要对教育和培训制度实行创新，以便降低农村转移劳动力参与教育培训的投资风险。

三、南疆产业结构调整与劳动力转移就业的政策支持

（一）倾斜公共财政资源，保障南疆地区公共服务质量

南疆地区经济发展水平薄弱，区域建设相对落后，为促进南疆产业结构调整与劳动力转移就业：第一，需进一步完善南疆公共财政政策，确保公共财政资源配置优先向劳动力就业、教育培训和社会保障等有关南疆劳动力转移就业的领域进行政策倾斜，为南疆劳动力转移就业提供坚实的政策保障。第二，继续发挥投资在调结构、惠民生方面的重要作用，建设资金优先支持南疆地区民生工程、重大基础设施工程等建设。第三，制定建设支柱产业、培育战略性新兴产业、发展循环经济和低碳经济等扶持政策，推动产业结构优化升级。实施就业优先战略，把产业带动就业作为对口援疆的优先目标，重点扶持和优先发展劳动密集型产业和特色优势产业，引导群众就地就近就

业，推动农村富余劳动力向产业工人转变。第四，加大招商引资力度，加强南疆各产业项目承接与招商引资工作，建立多元的产业援疆推进机制，实施差别化、精准化产业招商。

（二）规范南疆劳动力社会保障制度，营造良好的就业环境

经调研发现，虽然二元户籍制度的壁垒已被打破，劳动力就业处于相对公平状态，但当前仍有部分南疆劳动力转移就业时，主要从事具有临时性、不稳定性的工作，而此类工作对南疆劳动力而言存在一定的社会保障隐患。对此，政府应针对流动性强，收入水平低等特点的南疆转移就业劳动力，制定适合该类劳动力群体自身的社会保障制度，规范南疆劳动力转移就业制度。首先，要建立层级式保障机制，根据不同收入层级的转移劳动力，提供相应的医疗保障、养老保障以及工伤保障等制度，并及时给予南疆劳动力详细的就业保障政策解读。其次，要规范南疆地区的劳动用工制度，各级政府应继续清除含有歧视转移劳动力的政策性规定，贯彻落实《劳动合同法》，规范各用人单位的用工行为，充分保障南疆转移劳动力的就业权益。最后，各级政府要贯彻落实《就业促进法》，进一步明确政府在加强南疆劳动力教育培训的职责，根据南疆社会的经济发展环境以及劳动力市场的实际需求，全面推广免费的转移就业培训，提高南疆劳动力培训质量，进而为南疆劳动力提供一个良好的就业环境，增强南疆劳动力转移就业率。

（三）加大财税扶持力度，促进中小微劳动密集型产业发展

由于南疆劳动力人力资本积累水平较低，以及南疆"二三一"的产业结构布局，使得中小微劳动力密集型企业发展与南疆劳动力转移之间存在紧密联系。在产业结构不断调整的进程中，中小微劳动力密集型企业能够更快地为南疆劳动力提供就业岗位。因此，为促进南疆中小微企业劳动密集型产业的发展，首先，加大对中小微企业的财政扶持，建立中小微企业发展基金，采取贷款贴息、无偿资助投入等方式，为中小微企业发展提供经济保障。以增加南疆地区就业为导向，大力推进"短平快"项目建设，依托各地现有产业基础，以"短平快"项目为载体促进中小微企业发展，促进中小微企业吸纳农村劳动力就业，夯实中小微企业发展基础。其次，继续扩大中小微企业发展专项资金规模。第三，强化对南疆地区中小微企业的金融支持。建立金融机构小微企业贷款的风险补偿机制和贷款奖励机制。优化融资环境，建立

中小微企业信用信息平台，推动形成中小微企业融资政策体系，进一步拓宽融资渠道，扩大中小微企业融资规模。第四，加强税收支持。加大中小微企业税收优惠政策的宣传力度，做好中小微企业的纳税服务，对于积极吸纳南疆转移劳动力的中小微企业，进一步落实好各项税收优惠政策，提高南疆中小微企业吸纳转移劳动力的积极性，更好地促进南疆劳动力顺利转移就业。

参考文献 REFERENCES

阿布都外力·依米提.2006.制约少数民族农村劳动力流动因素的分析及其对策——以维吾尔族为例 [J]. 黑龙江民族丛刊 (5)：64-69.

白利娜.2013.我国劳动力职业流动的影响因素及其对收入的影响研究 [D]. 济南：山东大学.

蔡昉.1990.中国的二元经济与劳动力转移：理论分析与政策建议 [M]. 北京：中国人民大学出版社.

蔡昉.2012.如何进一步转移农村剩余劳动力 [J]. 中共中央党校学报 (1)：85-88.

蔡玉蓉，汪慧玲.2018.创新投入对产业结构升级的影响机制研究——基于分位数回归的分析 [J]. 经济问题探索 (1)：138-146.

曾湘泉，陈力闻，杨玉梅.2013.城镇化、产业结构与农村劳动力转移吸纳效率 [J]. 中国人民大学学报 (4)：36-46.

曾湘泉，陈力闻，杨玉梅.2013.城镇化、产业结构与农村劳动力转移吸纳效率 [J]. 中国人民大学学报，27 (4)：36-46.

陈学刚，李勇，孙浩捷.2012.新疆新型工业化背景下外向型主导产业选择研究 [J]. 生态经济 (1)：102-106，121.

陈叶玲，肖昊.2011.我国高等教育私人投入风险分析 [J]. 现代教育管理 (9)：24-27.

陈宇.2018.总体国家安全观视野下的边疆安全复合体：边疆安全的区域和整体视角 [J]. 西北民族大学学报 (哲学社会科学版) (3)：23-30.

程广斌，张乐.2013.生态文明建设背景下新疆主导工业产业选择 [J]. 人民论坛 (32)：222-223.

程红莉.2006.我国产业结构与就业结构的偏离及对失业的影响 [J]. 统计与决策 (3)：97-98.

程名望.2007.中国农村劳动力转移：机理、动因与障碍——一个理论框架与实证分析 [D]. 上海：上海交通大学.

崔玉平，吴颖.2017.教育培训对苏州市农民工收入的影响——教育培训经济收益率的再检验 [J]. 教育与经济 (2)：42-50.

代杨龙，韦瑜佳.2019.劳动力转移、产业结构优化与新型城镇化发展——以中西部地区为例 [J]. 新经济 (4)：53-59.

单信凯，王健.2017.新疆南疆四地州片区贫困现状分析及对策建议［J］.实事求是（1）：
　　87-91.

党晶晶.2017.我国产业结构调整与农村劳动力转移协调发展研究［J］.农业经济（3）：109-110.

杜传中.2017.技术进步与产业结构升级的就业效应——2000—2014年省级面板数据分析
　　［J］.科技进步与对策（13）：6.

杜鹰.1997.走出农村：中国农村劳动力流动实证研究［M］.北京：经济科学出版社.

段成荣，孙磊.2011.转移劳动力的收入状况及影响因素研究——基于2005年全国1‰人口
　　抽样调查数据［J］.中国青年研究（1）：54-61.

段刚.2012.安庆市农民工收入水平变动的影响因素研究［D］.南京：南京农业大学.

方超，罗英姿.2016.教育能够缩小劳动力的收入差距吗？——兼论中国人力资本梯度升级
　　的问题［J］.教育发展研究，36（9）：9-17.

龚刚敏，江沙沙.2019.个人教育回报率差异的实证研究——基于劳动力市场分割视角［J］.
　　东北师大学报（哲学社会科学版）（4）：1-18.

关海玲，丁晶珂，赵静.2015.产业结构转型对农村劳动力转移吸纳效率的实证分析［J］.
　　经济问题（2）：81-85.

郭凯明，杭静，颜色.2017.中国改革开放以来产业结构转型的影响因素［J］.经济研究，
　　52（3）：32-46.

郭小弦，张顺.2014.中国城市居民教育收益率的变动趋势及其收入分配效应——基于分位
　　回归模型的分析［J］.复旦教育论坛，12（3）：51-56.

杭雷鸣，屠梅曾.2005.论收入差距扩大化对剩余劳动力转移的阻碍效应［J］.经济问题
　　（9）：38-40.

郝爱民.2006.我国城乡收入差距、经济结构变化与农村劳动力转移的实证分析［J］.生产
　　力研究（12）：39-40，56.

何明.2013.边疆观念的转变与多元边疆的构建［J］.云南师范大学学报（哲学社会科学
　　版），45（5）：1-5.

何晓姣.2014.健康人力资本对农村劳动力收入的影响［D］.湘潭：湘潭大学.

何璇，张旭亮.2015.浙江省产业转型升级对劳动力需求的影响［J］.经济地理，35（4）：
　　123-127.

胡凤霞，叶仁荪，陆军.2015.教育、非正规就业与劳动力收入差异——基于动态面板数据
　　模型的实证分析［J］.江西社会科学，35（3）：242-250.

黄国华.2010.农村劳动力转移影响因素分析：29个省市的经验数据［J］.人口与发展（1）：
　　2-10.

黄静，王周伟，杜永康.2015.收入差距分化、城市化发展与教育收益率——基于分位数回

归的实证分析 [J]. 教育与经济 (6)：18 - 24，68.

黄照旭，郑晓齐 . 2011. 个人高等教育投资风险的研究 [J]. 高教发展与评估，27 (4)：34 - 37，100，122.

贾妮莎，韩永辉 . 2018. 外商直接投资、对外直接投资与产业结构升级——基于非参数面板模型的分析 [J]. 经济问题探索 (2)：142 - 152.

简新华，李雪 . 2009. 新编产业经济学 [M]. 北京：高等教育出版社：111 - 112.

江小涓 . 2017. 高度联通社会中的资源重组与服务业增长 [J]. 经济研究，52 (3)：4 - 17.

蒋江林 . 2018. 农村劳动力转移与产业升级的内生性关系的实证分析 [J]. 统计与决策，34 (12)：128 - 131.

敬莉，张胜达 . 2012. 基于资源型区域的新疆产业结构调整与可持续发展 [J]. 新疆大学学报（哲学人文社会科学版），40 (2)：18 - 22.

乐志强 . 2014. 我国农村家庭高等教育投资风险的分类及其成因 [J]. 高等农业教育 (10)：8 - 11.

李斌，吴书胜，朱业 . 2015. 农业技术进步、新型城镇化与农村剩余劳动力转移——基于"推拉理论"和省际动态面板数据的实证研究 [J]. 财经论丛 (10)：3 - 10.

李得元 . 2016. 中国城镇居民教育回报率及工资性别差异研究 [D]. 昆明：云南财经大学 .

李孟刚 . 2012. 产业经济学（第二版）[M]. 北京：高等教育出版社 .

李妞妞 . 2017. 河南省产业升级与劳动力匹配研究 [D]. 郑州：郑州大学 .

李仙娥，杨勇 . 2006. 农村剩余劳动力迁移与城乡收入差距的相关关系分析——以陕西为例 [J]. 生产力研究 (12)：28 - 30，49.

李新华 . 2012. 影响新疆南部地区环境变化的因素分析 [J]. 干旱区研究，29 (3)：534 - 540.

李学军 . 2016. 新疆南疆三地州精准扶贫与精准脱贫问题研究 [J]. 新疆社科论坛 (6)：32 - 40.

李烨，毛宇飞 . 2017. 劳动力转移、产业结构与城乡收入差距内在作用机制研究 [J]. 青海社会科学 (4)：104 - 112.

李子奈 . 2000. 如何转移农村剩余劳动力 [J]. 经济学家 (4)：92 - 94.

林道立，刘衍，刘正良 . 2016. 普通教育与职业教育收益率的实证比较——基于中国数据的经验分析 [J]. 黑龙江高教研究 (8)：21 - 25.

林恬竹 . 2017. 劳动力流动与产业结构高级化的互动研究 [D]. 重庆：西南大学 .

林毅夫 . 2004. 解决三农问题的关键在于发展农村教育、转移农村人口 [J]. 职业技术教育，25 (9)：31，34 - 35.

刘戈戈 . 2017. 劳动力流动与深圳产业结构调整关系研究 [D]. 深圳：深圳大学 .

刘思峰，谢乃明 . 2013. 灰色系统理论及其应用 [M]. 6 版 . 北京：科学出版社：48 - 56.

刘小翠 . 2007. 劳动力流动与城乡收入差距的协整分析 [J]. 温州大学学报（社会科学版）

（4）：70 - 74.

刘雅娇，胡静波 . 2018. 劳动生产率、劳动力转移与产业结构变迁——基于鲍莫尔—福克斯假说实证分析 [J]. 税务与经济（2）：34 - 40.

刘燕梅 . 2013. 农民受教育程度对其家庭收入的影响 [D]. 兰州：甘肃农业大学 .

刘易斯 . 1989. 二元经济论 [M]. 北京：经济学院出版社 .

龙翠红 . 2017. 中国的教育回报率是如何分布的？——基于分位数回归的实证分析 [J]. 经济经纬，34（4）：135 - 140.

罗彩琴，陈娟，叶阿忠 . 2009. 教育投资风险的区域差异分析——基于分位数回归 [J]. 统计教育（2）：20 - 25，60.

吕蕾，彭荣胜 . 2008. 河南省城市经济发展水平对农村劳动力转移的影响 [J]. 安徽农业科学（7）：3003 - 3005.

吕新军，代春霞 . 2019. 劳动力市场分割、人力资本投资与收入回报 [J]. 北京理工大学学报（社会科学版），21（1）：88 - 96.

马戎 . 2007. 南疆维吾尔族农民工走向沿海城市——新疆喀什地区疏附县劳务输出调查 [J]. 中国人口科学（5）：23 - 35，95.

马晓强，丁小浩 . 2005. 我国城镇居民个人教育投资风险的实证研究 [J]. 教育研究（4）：25 - 31.

马岩，等 . 2012. 我国城乡流动人口教育回报率研究 [J]. 人口学刊（2）：64 - 73.

孟凡杰，修长柏，安旭涛 . 2019. 民族地区产业结构变迁对城乡收入差距的影响——来自内蒙古的经验证据 [J]. 中央民族大学学报（哲学社会科学版），46（5）：136 - 145.

孟兆敏，吴瑞君 . 2016. 流动人口与户籍人口的收入差异及其影响因素——以上海市为例 [J]. 城市问题（6）：82 - 91.

莫堃 . 2011. 职业教育对中国西部农村劳动力转移的贡献研究 [D]. 重庆：西南大学 .

邱小云，贾微晓 . 2018. FDI、产业转移和就业联动变化——以江西省赣州市为例 [J]. 江西社会科学，38（8）：77 - 86.

屈小博 . 2013. 培训对农民工人力资本收益贡献的净效应——基于平均处理效应的估计 [J]. 中国农村经济（8）：55 - 64.

沈健 . 2014. 教育扩展背景下新生劳动力收入及其影响要素变化研究 [J]. 教育科学，30（6）：1 - 7.

史忠良 . 2005. 产业经济学 [M]. 北京：经济管理出版社：13.

舒强，张学敏 . 2013. 农民工家庭子女高等教育个人投资的收益风险 [J]. 高等教育研究，34（12）：50 - 59.

孙百才 . 2013. 西北少数民族地区农村居民的教育收益率研究 [J]. 西北师大学报（社会科

学版），50（1）：65-71.

孙俊芳，鲍玥，颜文廷 .2019. 人力资本、家庭禀赋、制度环境与农村女性劳动力就近转
移——基于江苏省 597 份调查问卷的分析 [J]. 西部论坛，29（4）：88-96.

谭林，崔静 .2017. 农村劳动力流动与三次产业结构调整的内生性研究 [J]. 中国农业资源
与区划，38（3）：14-19.

王国洪 .2018. 人力资本积累、外出就业对民族地区农村居民收入的影响——基于 2013—
2015 年民族地区大调查数据的实证研究 [J]. 民族研究（3）：27-41，123-124.

王如松，周涛 .2006. 产业生态学基础 [M]. 北京：新华出版社：48.

王卫，佟光霁 .2013. 农业技术进步、非农技术进步与农村劳动力转移——基于 1978—2011
年全国数据的实证研究 [J]. 山西财经大学学报（11）：57-67.

王云多 .2007. 劳动力教育程度对个人收入分配变动趋势的影响 [J]. 内蒙古社会科学（汉
文版）（4）：93-96.

王忠山，陈虹，孙淑萍 .2015. 新疆南疆地区就业问题研究 [J]. 新疆财经（1）：33-46.

吴颖 .2017. 教育培训对农民工收入和市民化水平影响的实证研究 [D]. 苏州：苏州大学 .

西奥多·舒尔茨 .1990. 论人力资本投资 [M]. 北京：经济学院出版社：17.

西蒙·库兹涅茨 .1985. 各国的经济增长 [M]. 常勋，等，译 . 北京：商务印书馆 .

谢勇，柳华 .2008. 产业经济学 [M]. 武汉：华中科技大学出版社：10.

邢春冰，贾淑艳，李实 .2013. 教育回报率的地区差异及其对劳动力流动的影响 [J]. 经济
研究，48（11）：114-126.

徐丹丹 .2015. 我国城镇居民教育投资收益与风险研究 [D]. 济南：山东大学 .

薛继亮 .2013. 产业结构转型和劳动力市场调整的微观机理研究：理论与实践 [J]. 上海财
经大学学报，15（1）：66-73.

亚当·斯密 .2001. 国富论 [M]. 杨敬年，译 . 西安：陕西人民出版社 .

姚知非，彭现美 .2016. 产业结构升级对农村转移劳动力影响研究 [J]. 太原理工大学学报
（社会科学版），34（1）：62-67.

于刃刚 .1996. 配第—克拉克定理评述 [J]. 经济学动态（8）：63-65.

詹鹏 .2014. 教育质量与农村外出劳动力的教育回报率 [J]. 中国农村经济（10）：21-34.

展进涛，黄宏伟 .2016. 农村劳动力外出务工及其工资水平的决定：正规教育还是技能培
训?——基于江苏金湖农户微观数据的实证分析 [J]. 中国农村观察（2）：55-67，96.

张驰，叶光 . 中国教育回报率的分布特征与收入差距——基于分位数回归的经验证据 [J].
经济经纬，2016，33（1）：78-83..

张俊 .2015. 新生代农民工在职培训的工资效应 [J]. 财经科学（11）：129-140.

张宽，漆雁斌，沈倩岭 .2017. 农业机械化、农村劳动力转移与产业结构演进——来自河南

省 1978—2014 的经验证据 [J]. 财经理论研究 (4)：39 - 49.

张丽丽. 2012. 培训的就业效应和收入效应 [D]. 长春：吉林大学.

张清泉. 2008. 二元经济结构条件下的中国农民工研究 [M]. 北京：经济科学出版社.

张世伟，赵亮，万相昱. 2009. 人力资本对农村迁移劳动力收入的影响研究 [J]. 重庆大学学报（社会科学版），15 (1)：20 - 23.

张兴祥. 2012. 我国城乡教育回报率差异研究——基于 CHIP2002 数据的实证分析 [J]. 厦门大学学报（哲学社会科学版）(6)：118 - 125.

张永丽，杨志权. 2008. 劳动力市场分割对农村转移劳动力收入水平的影响——来自甘肃省十个样本村的调查与分析 [J]. 西北人口 (2)：22 - 26.

张植荣. 2005. 中国边疆与民族问题：当代中国的调整及其历史由来 [M]. 北京：北京大学出版社.

赵德昭，许和连. FDI、农业技术进步与农村剩余劳动力转移——基于"合力模型"的理论与实证研究 [J]. 科学学研究，2012 (9)：1342 - 1353.

赵楠. 2016. 劳动力流动与产业结构调整的空间效应研究 [J]. 统计研究，33 (2)：68 - 74.

赵云鹏，叶娇. 2018. 对外直接投资对中国产业结构影响研究 [J]. 数量经济技术经济研究，35 (3)：78 - 95.

钟岸堂. 2016. 职业教育对河源市农村剩余劳动力转移的影响与对策研究 [D]. 广州：华南农业大学.

周秘. 2017. 人力资本、劳动密集型产业转移与区域产业升级 [D]. 广州：广东外语外贸大学.

周绍森，胡德龙. 2011 中部地区人力资本先导和技术赶超 [M]. 北京：科学出版社：15.

周晓蒙. 2015. 就业结构缘何滞后于产业转型 [D]. 大连：东北财经大学.

朱瑜. 2012. 新型农民培训与农民收入增长的相关性分析 [D]. 合肥：安徽农业大学.

祝坤艳. 2017. 农村劳动力转移对河南省农业产业结构发展的影响研究 [J]. 中国农业资源与区划，38 (11)：191 - 197.

邹薇，郑浩. 2014. 贫困家庭的孩子为什么不读书：风险、人力资本代际传递和贫困陷阱 [J]. 经济学动态 (6)：16 - 31.

Acharya R C. 2017. Impact of Trade on Canada's Employment，Skill and Wage Structure [J]. World Economy，40 (5)：849 - 882.

Autor D，Dorn D. 2013. The growth of low skill service jobs and the polarization of the U. S. labor market [J]. American Economic Review，103 (5)：1553 - 1597.

Blundell R.，Dearden L.，Meghir C.，Sianesi B. 1999. Human Capital Investment：the Returns from Education and Training to the Individual，the Firm and the Economy [J]. Fiscal Studies，20 (1)：1 - 23.

Bogue D J. 1969. Principles of Demography [M]. John Wiley and Sons.

Clack C. 1940. The conditions of economic progress [M]. London: Macmillan and Company.

Drucker J. 2013. An Evaluation of Competitive Industrial Structure and Regional Manufacturing Employment Change [J]. Regional Studies, 49 (9): 1 – 16.

George Psaeharopoulos. 1994. Returns to investment in education: A Global Update [J]. World Development, 22 (9): 1325 – 1343.

Groot, W. 1996. The incidence of, and returns to over education in the UK [J]. Applied Economics (28): 1345 – 1350.

Gustavranis, John C. H. Fei, 1961. A Theory of Economic Development, The American Economic Review, 51 (4): 533 – 558.

Heckman, James J, Xuesong Li. 2003. Selection Bias, Comparative Advantage and Heterogeneous Retuans to Education: Evidence from China in 2000 [R]. NBER Working Paper: 9877.

Iammarino S, Mccann P. 2006. The structure and evolution of industrial clusters: Transactions, technology and knowledge spillovers [J]. Research Policy, 35 (7): 1018 – 1036.

John R. Harris and Michall P. Todaro, 1970. Migration, Unemployment and Development: A Two – sector Analysis [J]. The Economic Journal, 60 (1): 126 – 142.

Jorgenson D W. 1967. Surplus Agricultural Labor and the Development of a Dual Economy [J]. Oxford Economic Papers (3): 288 – 312.

Lee Everett S. 1966. A theory of migration [J]. Demography, 3 (1): 10 – 14.

Lewis W A. 1954. Economic Development with Unlimited Supplies of Labor [J]. Manchester School of Economic and Social Studies (22): 139 – 191.

Mary Tiffen. 2003. Transition in Sub – Saharan Africa: Agriculture, Urbanization and Income Growth [J]. Economics Record (27): 121 – 124.

Mortensen D. T. , C. A. Pissarides. 1999. Unemployment Responses to 'Skilled – Biased' Technology Shocks: The Role of Labour Market Policy [J]. Economic Journal (4): 65 – 72.

Psacharopoulos, G. and Maureen W. 1985. Education for Development: an Analysis of Investment Choices [M]. New York: Oxford University Press.

Rains. G Fei. J C. 1961. A Theory of Economic Development [J]. The American Economic Review (9): 533 – 565.

Rosenbaum, P. R. , Rubin, D. B. 1983. The Central Role of the Propensity Score in Observational Studies for Causal Effects, Biometrika, 70 (1): 41 – 55.

Spence M. 1973. Job Market Signaling [J]. The Quarterly Journal of Economics, 87 (3): 355 – 374.

Todaro M P. 1969. A Model of Labor Migration and Urban Unemployment in Less Developed Countries [J]. The American Economic Review (59): 138 – 148.

Ulla H., Roope U. 2008. Signalling or human capital: evidence from the finish polytechnic school reform [J]. The Scandinavian Journal of Economics, 110 (4): 755 – 775.

W. Jorgenon, 1961. The Development of a Dual Economy [J]. The Economic Journal, 71 (282): 303 – 334.

Weiss Y. 1972. The Risk Element in Occupational and Education Choice [J]. J. pol. econ, 90 (6).